Um cirurgião
SOB O OLHAR
DE DEUS

RAUL MARINO JR.

Um cirurgião SOB O OLHAR DE DEUS

Uma introdução às ciências do cérebro, da mente e do espírito

Copyright © 2020 Editora Manole Ltda., por meio de contrato com o autor.

Editor-gestor: Walter Luiz Coutinho
Editora: Eliane Otani
Coordenação e produção editorial: Eliane Otani/Visão Editorial
Projeto gráfico e diagramação: Eliane Otani/Visão Editorial
Capa: Sopros Design
Ilustração da capa: @2006 Marcos Claudio Caldas

CIP-BRASIL. CATALOGAÇÃO NA PUBLICAÇÃO
SINDICATO NACIONAL DOS EDITORES DE LIVROS, RJ

M293c

Marino Jr., Raul
Um cirurgião sob o olhar de Deus : uma introdução às ciências do cérebro, da mente e do espírito / Raul Marino Jr. - 1. ed. - Barueri [SP] : Manole, 2020.
288 p. ; 24 cm.

ISBN 978-85-204-6385-7

1. Marino Jr., Raul, 1936-. 2. Neurocirurgiões - Brasil - Biografia. 3. Autobiografia. I. Título.

| 20-64714 | CDD: 926.1748 |
| | CDU: 929:616.8-089 |

Meri Gleice Rodrigues de Souza - Bibliotecária CRB-7/6439

Todos os direitos reservados.
Nenhuma parte deste livro poderá ser reproduzida,
por qualquer processo, sem a permissão expressa dos editores.
É proibida a reprodução por xerox.
A Editora Manole é filiada à ABDR – Associação Brasileira de Direitos Reprográficos.

1ª edição – 2020

Editora Manole Ltda.
Av. Ceci, 672 – Tamboré
06460-120 – Barueri – SP – Brasil
Tel.: (11) 4196-6000
www.manole.com.br – atendimento.manole.com.br

Impresso no Brasil
Printed in Brazil

São de responsabilidade do autor as informações contidas nesta obra.

TE DEUM

Dedico este livro Àquele cujo sopro sagrado
outorgou-nos o nascimento e a vida do corpo,
da alma e do Espírito, e cuja manifestação,
entre nós, aboliu o mistério da morte.

RMJ

SUMÁRIO

Prefácio 9

Epígrafe 13

Apresentação 15

CAPÍTULO **1.** NA FACULDADE 21

CAPÍTULO **2.** O SERVIÇO MILITAR 29

CAPÍTULO **3.** COMEÇA A RESIDÊNCIA 31

CAPÍTULO **4.** A LAHEY CLINIC – BOSTON 45

CAPÍTULO **5.** *RESEARCH FELLOW* 53

CAPÍTULO **6.** RUMO A MONTREAL 65

CAPÍTULO **7.** RETORNO AOS ESTADOS UNIDOS 83

CAPÍTULO **8.** CONCLUSÕES DOS ANOS FORA DO BRASIL 91

CAPÍTULO **9.** CONCLUSÕES DE TODOS ESSES ESTUDOS 95

CAPÍTULO **10.** DE VOLTA AO BRASIL 105

CAPÍTULO **11.** LIVRE-DOCÊNCIA .131

CAPÍTULO **12.** CRIAÇÃO DO LIM-45 133

CAPÍTULO **13.** SERVIÇOS À COMUNIDADE NEUROCIRÚRGICA 135

CAPÍTULO **14.** ANOS DOURADOS DA DIVISÃO DE NEUROCIRURGIA

FUNCIONAL DO HCFMUSP 137

CAPÍTULO **15.** O INSTITUTO DO CÉREBRO E O INCOR 141

CAPÍTULO **16.** O INSTITUTO NEUROLÓGICO DE SÃO PAULO (INESP) 147

CAPÍTULO 17. NEUROCIRURGIÃO TAMBÉM É OPERADO 153

CAPÍTULO 18. O CENTRO DE ESTUDOS EM NEUROCIÊNCIAS (CENEC) DO
INSTITUTO NEUROLÓGICO DE SÃO PAULO (INESP) 157

CAPÍTULO 19. CONCURSO PARA PROFESSOR TITULAR 161

CAPÍTULO 20. UM NOVO SERVIÇO. 167

CAPÍTULO 21. AS FUNÇÕES SUBLIMES DO CÉREBRO. 175

CAPÍTULO 22. AS REVELAÇÕES DA NEUROTEOLOGIA 177

CAPÍTULO 23. O DIVINO CÉREBRO: O UNIVERSO QUE HABITA EM NÓS 191

CAPÍTULO 24. FASE BIOÉTICA. 197

CAPÍTULO 25. O INSTITUTO BRASILEIRO DE ÉTICA E BIOÉTICA (IBRAEB) 213

CAPÍTULO 26. UMA NEUROFILOSOFIA 215

CAPÍTULO 27. O FENÔMENO DA CONSCIÊNCIA. 217

CAPÍTULO 28. CÉREBRO E GLÂNDULA PINEAL. 227

CAPÍTULO 29. A VERDADE SOBRE A MORTE 231

CAPÍTULO 30. O CÉREBRO, NOSSO AMIGO 233

CAPÍTULO 31. A ACADEMIA PAULISTA DE LETRAS 237

CAPÍTULO 32. A ACADEMIA CRISTÃ DE LETRAS 255

CAPÍTULO 33. ACADEMIA DE MEDICINA DE SÃO PAULO 257

Apêndices 259

Posfácio. 267

Referências e Bibliografia com comentários 277

Agradecimentos 285

PREFÁCIO

Um ser sensível, para ser admirado.
José Renato Nalini*

DESDE SEMPRE, O MÉDICO foi mitificado. Detentor dos mistérios que separam vida e morte, sua profissão é considerada missão ungida pela divindade. Se o Criador concedeu a dádiva da existência, o prolongamento dessa ventura está quase sempre condicionado à atuação médica.

O respeito conquistado pela medicina não permitia questionar a lisura procedimental de seus operadores. É muito nítida a atuação de meio, não de resultado. O médico empenha-se ao infinito. Se a morte sobrevém, ela deriva, exclusivamente, dos insondáveis desígnios da Providência.

Tal concepção perdurou por muitos séculos. Hoje, é questionada nos tribunais. Há uma crescente incidência de processos judiciais atribuindo-a aos facultativos erros, equívocos, negligência e omissões. Tenta-se expungir do profissional de medicina a sua intimidade com a transcendência, assim como ocorre com a carreira da Magistratura.

No momento em que o exercício médico está sob a alça de mira da mídia e da sociedade, o livro *Um cirurgião sob o olhar de Deus* adquire fundamental importância.

Raul Marino Jr. oferece aos leitores um testemunho enternecedor. A começar pelo relato de sua epopeia no exterior. Se hoje os intercâmbios favorecem milhares de jovens e o trânsito pelo planeta se tornou trivial, naqueles tempos heroicos era uma verdadeira odisseia permanecer durante longos anos longe da família, distante de sua pátria, e enfrentar idioma, cultura e costumes totalmente diversos. A narrativa desse período representa notável incentivo a moços e moças que pretendem se especializar em países que levam a sério a Quarta

---

* Presidente da Academia Paulista de Letras, 2019-2020.

Revolução Industrial e cujos governos cuidam de oferecer à juventude todas as condições de contínuo aprimoramento, para que os avanços tecnológicos da ciência estejam acessíveis aos realmente interessados.

Vários fatores ocasionaram uma perda de prestígio de atributos como sacrifício, empenho, esforço e devotamento, que foram as forças impulsionadoras do jovem Raul. Hoje, na tentativa de facilitar o trajeto da prole, os pais, com as melhores intenções, entregam pronto aquilo que deveria ser conquista individual. A obtenção de benesses que não derivem da própria vontade não gera entusiasmo. Tudo aquilo que sobrevém por doação, embora significativo, não consegue inebriar o beneficiário. Só faz sentido, para aquele que venceu uma etapa de relevo no caminho árduo da ascensão existencial, saber-se protagonista e regente de seu rumo.

A trajetória do renomado neurocirurgião Raul Marino Jr. é também um documento que resgata um dos atributos mais negligenciados neste século XXI: a gratidão.

Todas as menções aos seus mestres e aos seus influenciadores são impregnadas de carinho. Há trechos que fazem jorrar aquilo que tentamos economizar: lágrimas por emoções que despertam o lado bom, apesar de, às vezes, desprezado, que habita nossa alma.

Gratidão parece algo em desuso para considerável parcela da espécie considerada racional. Como chegamos a isso? O que fizemos com a humanidade que olvida os seus maiores, que não cultiva aqueles que lhes estenderam a mão e lhes aplainaram caminhos, que relega ao esquecimento os que partiram? Não nos ocorre que eles só nos antecederam no destino comum a nós todos?

Reconhecer a importância dos formadores de nosso caráter, dos que nos abriram os olhos para uma realidade até então ignorada ou apenas parcialmente detectada é uma característica raríssima. Vivencia-se uma era de culto ao poder, de reverência aos exercentes de comando, de subserviência aos cargos, no vexaminoso culto às aparências. A "tática das homenagens" é o culto falacioso dessa praxe de se reverenciar o chefe de plantão e de sepultar, quantas vezes ainda em vida, os que já não podem nos oferecer algo, ainda que sejam as sobras do banquete do poder.

A obra de Raul Marino Jr. é um tratado sobre gratidão. Tomara encontre mentes abertas a encetarem o retorno aos hábitos saudáveis do respeito ao mestre. O mundo, principalmente o Brasil, precisa reencontrar a vereda hoje pouco perfilhada de um itinerário de virtudes. Desprezar os valores perenes compromete a escalada civilizacional. Explica, em boa parte, a policrise brasileira que teve início com o depauperamento da ética.

A ciência do comportamento moral do ser humano em sociedade, tão debilitada em nossos dias, sempre acompanhou a prolífica e exuberante órbita de Raul. Foi pioneiro em sua área. Criou instituições, desenvolveu disciplinas, ampliou o conhecimento titubeante e comprovou que era o cérebro, não o coração, o grande condutor dessa aventura planetária. Foi ao cérebro, "essa massa amolecida de neurônios e vasos, que se desfaz ao contato e ao manuseio", que foram outorgadas "funções tão elevadas quanto a consciência, a visão e todos os outros sentidos, a respiração, as funções do coração, o pensamento, o intelecto, a linguagem, a memória, o aprendizado, além das emoções, sentimentos, faculdades mentais e controle à distância de todos os órgãos e hormônios".

Raul Marino Jr. é um apaixonado e isso explica o êxito evidenciado no seu percurso glorioso de médico, professor, pensador, intelectual e empreendedor. Somente a paixão pelo que perseguiu, descobriu, aperfeiçoou e realizou – e continua a concretizar – explica o fervor devotado ao cérebro, esse órgão que ele considera a "obra-prima da criação e templo de nosso pensamento e criatividade, a estrutura viva mais complexa, mais perfeita e, certamente, a mais importante de nosso universo – o mais belo instrumento jamais saído de mãos divinas".

Aqui, é notável a contribuição do neurocirurgião para continuar o projeto da Providência. O afinco empregado no apuro do conhecimento converteu Raul Marino Jr. em artífice mágico de inúmeras curas, algumas das quais narradas como casos clínicos. Tais relatos constituem outra conclamação a que se estude com profundidade e sem termo final. A cada dia, a quem preserva acesa a chama da curiosidade, é dada a chance de perscrutar algo de novo na busca da lapidação do saber.

Homem ativo, atleta e esportista, apreciador do bom e do belo, o interesse maior do pesquisador estudioso é penetrar os recônditos do pensamento, esse "pensamento abstrato que nos torna verdadeiramente humanos e nos permite avaliar a natureza de cada experiência e aprender com ela. São essas funções que nos permitem antecipar, planejar e prever o futuro, fazer escolhas, exercitar a vontade e o livre-arbítrio".

Nessa peregrinação devota, com trabalho e estudo contínuo, surge a maravilha da descoberta. O cérebro tem a "capacidade de planejar, de pensar abstratamente, de calcular, de filosofar, de fazer ciência, de meditar, de rezar e fazer teologia, de ter uma religião e de entrar em contato com a transcendência".

Enquanto se manifesta ceticismo em razoável parcela dos profissionais da saúde, Raul Marino Jr. tem a coragem de confessar sua crença. E seu destemor de crente o faz reconhecer que "a mente humana ainda não conseguiu entender as coisas do espírito, mesmo em Medicina. Pois muitos de meus colegas ainda não se convenceram de que a vida humana é sagrada e de que a morte é apenas um novo começo".

Esse fenômeno ajuda a explicar a gradual perda do caráter sagrado do exercício da Medicina. No momento em que ela é considerada profissão eminentemente técnica, desvinculada de qualquer outro significado, o tributo será cobrar dela os resultados propiciados pela perícia, não mais a aceitando como atividade-meio. Esse contributo de Raul Marino Jr. há de ser objeto de atenta ponderação por parte de uma parcela da comunidade médica.

Raul é um ser humano que percorreu todas as etapas de sua evolução. Seu circuito vital reconstitui a vocação de perfectibilidade do ser humano. Atingiu a plenitude possível. Na profissão, na docência, na criatividade. Todavia, sobretudo na esfera espiritual.

Em paz com sua consciência, e consciência "é a percepção pelo organismo do seu próprio ser (*self*) e do seu ambiente", ele conseguiu a façanha de equacionar, com excelente resultado, o difícil equilíbrio entre as quatro esferas de relacionamento: consigo mesmo, com o próximo, com a natureza e com a transcendência.

Tudo mediante determinação e propósito firmes de se tornar melhor a cada dia, na opção pela Neurocirurgia, responsável por concretizar o seu objetivo: "servir de instrumento para melhor conhecer as funções mais elevadas e sublimes de nosso cérebro. Afinal, somos aquilo que pensamos, assim como somos aquilo que nos alimenta. Mas é nosso cérebro que pensa e que nos torna humanos. Por isso, somos o nosso cérebro!".

O livro *Um cirurgião sob o olhar de Deus* é, na verdade, um conjunto primoroso de lições. Em uma linguagem coloquial e elegante, incursiona por eloquente autobiografia. Estimula a juventude a assumir postura capaz de impulsionar sua carreira e de concretizar seu projeto de vida. Recupera o culto à gratidão, valor esmaecido em convívio impregnado de egoísmo fútil. Recupera a história da Neurocirurgia e de seus primórdios até alcançar o *status* de excelência que hoje tem.

Mais importante ainda: comprova que ciência e fé não se antagonizam, mas se complementam.

Raul Marino Jr. é um cirurgião que mereceu o olhar benevolente do Criador. Atestam-no sua vida e obra. Seu primoroso livro o expõe, agora, à admiração dos coetâneos e das gerações vindouras, em um momento histórico em que é tão necessária a presença de padrões humanos paradigmáticos.

É um privilégio ser mais do que contemporâneo de Raul: ser seu amigo, seu confrade na Academia Paulista de Letras e seu leitor, no crescente arrebatamento que sua multímoda personalidade nos impõe.

EPÍGRAFE

Há MUITOS ANOS, QUANDO eu era ainda estudante de Medicina, caiu-me às mãos um livro interessante, que ainda está comigo, escrito pelo cirurgião alemão Hans Killian, intitulado *Sob o olhar de Deus*. Lembro-me de que o referido médico, que operava ainda sob as circunstâncias técnicas do início do século passado, citou, em uma das páginas de sua obra, a realização de uma intervenção extremamente difícil e delicada para a época, quando, abandonado por todos que então não acreditavam no sucesso da operação, afirmando que o doente morreria na mesa, disse a si próprio antes do procedimento: "Mas eu não estava só, e sim sob o olhar de Deus" [27]. Tratava-se de um tumor da medula espinal cervical, portanto, uma intervenção neurocirúrgica, localizada na fossa posterior do crânio.

Na época, eu já nutria simpatia por essa especialidade tão difícil e delicada, a qual desafiava nossas habilidades manuais e conhecimentos de anatomia e fisiologia. Posso afirmar, no entanto, que aquela frase foi a gota d'água que faltava para transbordar minhas vocações. Ela tornou-se parte do meu subconsciente, e eu sempre a evocava durante minhas cirurgias, sobretudo mais tarde, quando tive de enfrentar casos cada vez mais difíceis e melindrosos. Desde então, a frase sempre me vem à mente quando, durante minhas intervenções, observo minhas mãos trabalhando, a olho nu ou através do microscópio, executando quase automaticamente os delicados movimentos que me permitem retirar um tumor, extirpar uma área epiléptica, clipar um aneurisma ou estancar uma hemorragia. Sempre me pareceu que aquelas mãos enluvadas não eram minhas e que alguma outra força as estava movimentando. Que espécie de energia seria aquela que estava me guiando, desde a incisão até o fechamento do corte? Antes de iniciar qualquer intervenção, desde a primeira delas, sempre invoquei solenemente a presença da Providência. Isso tornou-se um hábito sagrado, uma rotina em todos os meus casos cirúrgicos. Já que estou sendo apenas "intermediário" em salvar vidas que me foram confiadas, geralmente com graves problemas neurológicos cerebrais, basta um pequeno deslize, mesmo que seja milimétrico, para produzir alguma sequela, assim como basta a confiança de que será um sucesso cirúrgico. Não é pecado, nesses casos, sentirmo-nos como reles intermediários, destinados a servir de instrumento de uma cura ou de uma tragédia, determinada pelo Amor que rege nosso Universo.

Muitos de meus colegas atuais, alunos ou ex-residentes, podem não concordar com essas elucubrações, talvez em razão da ateização médica, muito comum hoje em dia, desde que a Medicina vem perdendo seus atributos de sacerdócio e que muitos esculápios chegam a se julgar verdadeiros "deuses" da Medicina, desenvolvendo o que alguns denominam "complexo de Deus", para, mais tarde, virem a descobrir que todos somos simples mortais. Tanto médicos como pacientes. A única divindade, por assim dizer, é aquela que nos mantém vivos, dirige os nossos destinos e determina o dia da nossa morte, que é sinal de igualdade na equação da vida!

Certa feita, caiu em minhas mãos um novo livro, com o mesmo título do citado anteriormente, ou seja, *Sob o olhar de Deus*, cujo autor havia intitulado a edição anterior de *O aviso da morte*; tal obra foi escrita por Malba Tahan, heroico escritor de minha juventude. Naquela época, eu e meus colegas delirávamos com seu famoso livro *O homem que calculava*, que nos motivou tantas fantasias [84]. *Sob o olhar de Deus*, de Malba Tahan, tratava da história de um escritor que teve contato com a figura humana da morte, a qual, por meio de um acordo, assentiu em não o levar, dizendo que, da próxima vez, o avisaria antecipadamente. Quando surgiu mais uma vez, levou-o definitivamente por não ter reconhecido tais avisos, não aceitando novos acordos.

Creio que o fato de ter adotado esse título tão significativo para estas memórias se prendeu ao respeitoso culto Àquele que nos criou e dirigiu nossos passos durante toda a nossa existência, mantendo-nos sob *Seu olhar* durante todos os nossos progressos e malogros, ajudando-nos sempre a corrigir os nossos caminhos através da vida e da Medicina, fazendo-nos sempre sentir Sua presença e Sua proteção – e não somente Seu *olhar* sobre nossas incumbências, mas também o apoio de Suas mãos, a todo santo momento guiando as nossas mãos.

Não posso deixar de agradecer a meus antecessores toda a inspiração e iluminação que pude colher de seus consagrados livros, que hoje tentamos emular e refletir.

Estas páginas representam o relato de minhas vivências junto àqueles a quem devo todos os exemplos e toda a minha formação e meu aprendizado cirúrgico, dentro e fora do país, mas, principalmente, deixo o meu preito de extrema gratidão aos gigantes da Neurocirurgia, da neurofisiologia, da neuroanatomia e das funções cerebrais que hoje nós, neurocirurgiões, procuramos emular, por nos terem permitido olhar do cimo de seus ombros de gigantes de nossa especialidade, a partir dos quais conseguimos enxergar mais longe. A todos eles, fica aqui minha mais profunda gratidão pelos seus ensinamentos, que ora procurarei transmitir aos leitores.

O autor

APRESENTAÇÃO

O MÉDICO QUE ESCREVE estas linhas nasceu na capital de São Paulo, filho de outro Raul Marino, um exímio dentista de bairro em cuja oficina fazia suas próprias próteses (coroas, dentaduras, pivôs, etc.), e de dona Brígida Quartim de Albuquerque, cujo pai possuía uma fazenda muito próxima da capital paulista, onde criava cavalos que depois eram vendidos à Light para puxar seus bondes na época.

Raul Marino, pai, com o autor no colo

Atualmente, essa fazenda é o conspícuo bairro do Tatuapé, na capital paulista, onde as casas dessa família foram tombadas por serem históricas (de taipa) e pelas quais passaram escravos. E onde o menino, que hoje, já com idade avançada, vos escreve, subia nas árvores de gabiroba, enquanto os adultos dividiam os bens do último tio que havia restado.

Meu avô materno, Antônio, faleceu em 1918, fulminado pela famigerada gripe espanhola, que ceifou milhares de vidas paulistas e gente pelo mundo afora. Sua esposa, Ida Bergamaschi, casou-se com ele aos treze anos (sic) e, depois de viúva, com dois filhos e duas filhas para criar, gastou caixas de libras esterlinas (de ouro), logo dissipando a herança que havia recebido. Parece-me que a família Quartim tinha alguma relação com a marquesa de Santos, pois, quando eu ainda era menino, participei de seus deixados pertences do outro lado da rua, onde hoje se localiza a Fundação Estadual para o Bem-estar do Menor (a chamada Fundação Casa), antiga Febem. Aliás, depois da partilha,

Dona Brígida, mãe do autor deste livro

Avós paternos de Raul Marino Jr., Antonio e Carmen

todos os descendentes ficaram a ver navios e todos os seus terrenos no Tatuapé foram vendidos, inclusive os que couberam à minha mãe, tornando-se o populoso bairro que se instalou ao redor da atual Fundação Casa. Minha mãe e meus tios costumavam pescar no que foi o limpíssimo rio Tietê, que, caudaloso, passava ao fundo da fazenda onde moravam.

Meus avós paternos, Antonio e Carmen, ele calabrês e ela espanhola, tiveram onze filhos – e eu, Raul Marino Jr., tenho três netos, Theo, Igor e Daniel.

Já maiorzinho, fui colocado em um externato na rua Piratininga, no Brás, como medida educativa, após ganhar o prêmio de um concurso local de robustez infantil. Na família, todos se lembram de que certa feita fui chamado pela professora para ir à lousa. Neguei-me a fazê-lo, dizendo à professora que ela não era minha mãe e não mandava em mim. Ato contínuo, no primeiro dia de aula, já fui levado à diretoria e dali para casa, de volta, sendo dispensado da escola como mau exemplo às outras crianças, para o desgosto de minha progenitora. Logo trocamos de bairro, e eu fui colocado em outro jardim da infância, já mais

Raul pai e Raul filho: a curiosidade do autor por livros

Muitos anos depois, a cena se repete: o autor com seu primeiro neto, Theo

Raul Marino Jr., nos dias atuais, comemorando seu aniversário com os netos Igor e Theo

Raul e seu neto Daniel

disciplinado. Mudamo-nos para o Ipiranga, próximo ao Museu Histórico, onde muito brinquei em seus jardins com meus coleguinhas.

Costumava nadar com eles na foz do riacho Ipiranga, onde quase me afoguei, sem saber nadar, pego por um rodamoinho, sendo retirado dali por um heroico vizinho. Já maior, muitas vezes nos reuníamos para invadir terrenos próximos para furtar frutas, geralmente sendo escorraçados pelos donos. Matricularam-me em um grupo escolar das proximidades (Murtinho Nobre), onde terminei o curso primário (atual ensino fundamental I).

No quarto ano do antigo primário, contraí febre reumática e, como ainda não havia penicilina (durante a Segunda Guerra Mundial), fui condenado a seis meses de repouso absoluto, ganhando uma extirpação das amídalas sob anestesia de clorofórmio, a fim de suprimir os germes causadores. A indução anestésica foi horrível e, até hoje, lembro-me da sensação de ser sugado por um buraco negro. Recordo-me claramente que fui tratado por um dos mais famosos catedráticos da Faculdade de Medicina da Universidade de São Paulo (FMUSP), o professor doutor Celestino Bourroul, que vinha até a modesta residência de minha família aplicar enormes ampolas de salicilato intravenosas no moleque rebelde. Nunca mais me esqueci de sua dedicação em ter me salvado a vida, quando ainda não havia antibióticos. Meu tio Rogério, farmacêutico, o sucedeu na prolongada terapia, continuando as injeções.

Foi nessa época que passei a me interessar por livros e pela leitura, desenvolvendo verdadeira paixão por eles, que perdura até hoje. No Natal daquele ano, pedi como presente os dezoito volumes do *Thesouro da Juventude*, meus constantes companheiros, ainda com sua antiga ortografia com ph e th, que me acompanham até hoje, juntamente com meu radinho de cabeceira, o qual escutava dia e noite e conhecia todos os seus programas. Foi nessa época que descobri Monteiro Lobato, e a primeira obra dele que eu devorei foi *O poço do visconde*, na qual ele já previa a descoberta do petróleo neste país – algo em que poucos acreditavam (e a Petrobrás deu no que deu).

Nesse ínterim, nasceu minha irmãzinha Vera Regina, após muito ter atormentado minha mãe para que ela a "arranjasse" para mim, como de fato aconteceu. Ela tornou-se minha companheira de quarto e, juntos, rezávamos todas as noites, guiados por nossa mamãe, que nos ensinava suas orações.

Formatura no ginásio
(atual ensino fundamental II)

No fundo da garagem de casa, fui montando um pequeno laboratório de química, onde eu fazia "misturinhas" e outras experiências ensinadas pelo meu tio farmacêutico.

Pouco depois, mudamos para a Vila Mariana, para uma nova casa construída por meu pai, e fui matriculado no ginásio (atual ensino fundamental II) do Liceu Pasteur, onde também terminei o colégio (atual ensino médio).

Na casa da Vila Mariana, montei novo laboratório de química, também na garagem, desta vez mais evoluído e mais sofisticado, adquirindo balões, Pyrex®, retortas e tubos de ensaio em casas especializadas, usando a minha mesada. Livros de química tornaram-se companheiros inseparáveis e todas as experiências práticas de manuais eram ali realizadas. Eu queria ser químico!

Baile de formatura do colégio
(ensino médio), com Vera
Regina, irmã de Raul Marino Jr.

No Natal, ganhei dois grossos volumes de química analítica, um do autor Treadwell e outro do padre Ignacio Puig, SJ. No Liceu Pasteur, apaixonei-me pela língua francesa, pelo professor de História e também pelos de química e biologia: Dr. Hermann Nabholz e sua esposa, dona Nely. Durante o curso científico, recebi de presente um microscópio Zeiss® binocular, trazido da Alemanha por meu amigo de classe Horst Reiche, o qual veio mudar a minha vida. Jamais me esquecerei dos mundos novos que comecei a descobrir: protozoários do jardim, insetos, plantas e algas, tecidos corados; tudo que me caía nas mãos era levado sob as objetivas, para o meu deleite.

Ainda durante o curso científico (uma das três antigas divisões do ensino médio), comecei a frequentar o Museu Zoológico do Ipiranga e, uma vez que eu era caçador durante minhas férias no município de Santa Branca, SP, passei a me interessar por taxidermia, a fim de empalhar as aves que eu abatia na fazenda de meu tio. Lá no Museu, conheci Paulo Vanzolini, que estudava ofídios, e seu colega Dr. Helio, que estudava aracnídeos, junto com Vieira, que era ornitólogo. O diretor,

Dr. Olivério Mario de Oliveira Pinto, presenteou-me com seus dois volumes sobre os pássaros do Brasil, preciosidade de cuja dedicatória me orgulho até hoje [59].

De tanto empalhar as pobres aves, fui me interessando pelos órgãos que dissecava, decidindo me tornar zoólogo, ideia da qual logo fui dissuadido pelo Dr. Helio, que me aconselhou a ser médico como o Paulo Vanzolini, que, depois, se tornou zoólogo por vocação. Segui seu conselho e me matriculei no cursinho pré-médico Brigadeiro, onde também ajudei nas aulas de zoologia, que me auxiliaram a ingressar na Faculdade de Medicina da USP no ano seguinte. Eram oitocentos candidatos para oitenta vagas e um mês corrido de exames escritos, teóricos e práticos. Só em biologia, eram seis examinadores. O exame de português era duríssimo, assim como os seus examinadores. Tive sorte de compartilhar o curso com oitenta colegas formidáveis, estudiosíssimos, muitos deles se tornando professores titulares e assistentes de nossa Faculdade.

Amei aquela escola, da qual jamais tirei um dia de férias sequer, do primeiro ao sexto ano. Desde o primeiro ano, interessei-me pelo cérebro como órgão do pensamento e cogitei cursar Psiquiatria, aproximando-me do referido departamento. Até o terceiro ano, eu já havia lido os dezoito volumes da obra de Freud e vários livros sobre o assunto, sobretudo de psicossomática, como o importante livro de Iracy Doyle [17]. Fui me tornando cada vez mais espiritualizado e passei a me interessar pela glândula pineal, que, segundo Descartes e a filosofia hindu, era a sede da alma. Até essa época, desconhecia-se totalmente suas funções e pouco havia sido escrito sobre ela. Meus colegas de laboratório zombaram de mim quando solicitei ao catedrático de histologia, o professor Luiz Carlos de Uchôa Junqueira, o uso de seu laboratório e seu biotério para operar ratos e extrair sua pineal para ver o que acontecia. Deu-me sua permissão muito a contragosto, já que era para um primeiranista inexperiente, que ousava intervir nos pobres animais, extraindo essas glândulas dos pobres animais sob o microscópio binocular, quando esse instrumento ainda não era usado em Neurocirurgia – o que ocorreu apenas nos idos de 1965 por Yaşargil e depois por todos os neurocirurgiões.

Note-se que a pineal dos ratos é bem superficial, mas de difícil acesso em virtude dos seios venosos que a circundam; apesar de os meus instrumentos legados pela taxidermia serem bem utilizados, as hemorragias eram abundantes e de difícil controle. Procurei, então, um dos cirurgiões plantonistas do pronto-socorro do Hospital das Clínicas (HC) da FMUSP para me fornecer algum hemostático, e o jovem cirurgião me doou dois frascos de Oxycel®, observando com pouco apreço aquele calouro antipático. Em 1990, eu e esse cirurgião prestamos concurso juntos para Professor Titular de Neurocirurgia, fato que comentarei ulteriormente neste volume. Acabei ganhando um cantinho no imenso laboratório de Histologia, onde passei a praticar os métodos de coloração do sistema nervoso e da pineal, lá ficando até o quarto ano da faculdade. Meus ratos ainda estavam vivos e gordos, mas pouco se publicava sobre a glândula. E meus colegas de laboratório não entendiam como eu podia perder tanto tempo com um órgão considerado vestigial e sem função, então considerado apenas resquício do olho parietal dos primitivos lacertilianos pré-históricos. Outrossim, bem mais tarde, em 1970, Julius Axelrod ganhou o prêmio Nobel pela descoberta da melatonina, o hormônio secreto da pineal, responsável pelo ciclo vigília-sono e pelos ritmos circadianos, logo seguido pelo discípulo Wurtmann [4], os quais vim a conhecer no meu estágio no National Institutes Health (NIH) em 1969, em Bethesda, Maryland, EUA.

Atualmente, muitas outras descobertas acumulam-se sobre a referida glândula, a qual mereceu, até mesmo, uma revista especializada. O primeiro trabalho que publiquei na carreira, já como residente de Neurocirurgia, junto com o meu mestre James Poppen, em Boston, Massachusetts, EUA, foi sobre os tumores da região pineal. Hoje, a Amazon.com, por exemplo, apresenta uma lista de mais de trezentos livros sobre o assunto [66,74,76-80,83,87], e o Youtube está inundado de vídeos sobre a pineal, seja em relação às suas funções fisiológicas ou às espirituais.

NA FACULDADE

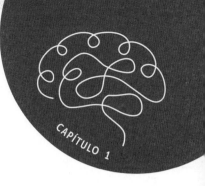

CAPÍTULO 1

INGRESSEI NA FACULDADE DE Medicina da Universidade de São Paulo (FMUSP) em 1956, na 44ª turma. Já no primeiro ano, enturmei-me com os colegas Marcel Cerqueira Cesar e Dario Birolini, meus parceiros no laboratório de anatomia, matéria que, naquele tempo, durava três anos do curso de graduação em Medicina. Éramos inseparáveis.

Os exames com o professor Odorico Machado de Souza eram duríssimos. Resolvi flanar um pouco no primeiro ano, em função dos esportes, principalmente da competição chamada MacMed, e das namoradas, tentando recuperar o ano de reclusão pré-vestibular, em que estudava até às sete horas da manhã para me preparar para os exames. Já na Faculdade, tive problemas oftalmológicos pelos esforços visuais do vestibular e depois pelo formol do laboratório de anatomia,

Raul com o estimado colega de turma e amigo Marcel Cerqueira Cesar (grande cirurgião gastroenterologista)

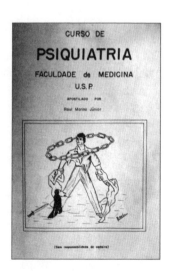

Apostila criada por Raul Marino Jr. durante a graduação em Medicina (com desenho da capa também idealizado por Raul)

21

que foram compensados com novos óculos. Em vez de aves, passei a dissecar cadáveres por três anos. No fim do segundo ano, sempre com o pensamento no cérebro e na Psiquiatria, resolvi prestar vestibular na Faculdade de Filosofia da USP, então ainda localizada na Rua Maria Antônia, a fim de utilizar o pensamento dos filósofos nas ciências da mente. Eu saía de bonde da FMUSP e descia próximo ao Mackenzie, universidade com a qual vivíamos em disputa. Passei no vestibular do curso noturno, para o qual fiquei estudando durante as férias de fim de ano, tornando-me um dos poucos não marxistas do curso noturno, do qual o famoso Vladimir Herzog fazia parte – e que, mais tarde, foi sacrificado pelos torturadores da ditadura. Ali, conheci mestres excepcionais, como Linneu Schutzer, na Lógica; João Cruz Costa e Lívio Teixeira, na História da Filosofia; Walter A. Cunha, na Psicologia e Estatística; bem como tantos outros. Permaneci na Faculdade de Filosofia até o início do internato, quando decidi trancar a matrícula.

Meus colegas de turma na Medicina estranharam a minha entrada na Filosofia, pois o curso de graduação em Medicina já era suficientemente pesado. No entanto, foi mais uma tentativa de me humanizar na medicina e me preparar para o pensamento psiquiátrico e o estudo da mente humana, pois o cérebro sempre foi meu maior interesse dentro desses cursos, dos quais sempre procurei absorver todo o conhecimento que pudesse contribuir para o estudo do pensamento.

POR QUE FILOSOFIA?

Bem, a filosofia deveria ser o assunto central deste livro. Sem dúvida, ela nasce no nosso cérebro; no cérebro dos que a praticam. A ideia, aqui, será a de entender como a filosofia funciona e como são geradas nossa consciência, nossa ética, nossa moral, nossa teologia, nossa religião, nossa espiritualidade, nossa ciência – todos capítulos dessa ciência das ciências.

Mas... por que a Filosofia? O intuito foi entrar em contato íntimo com os pensadores clássicos gregos e latinos, os pensadores cristãos da Idade Média, os reformadores da Idade Moderna e os cientistas da atualidade. Durante o curso de Filosofia, estabeleci os primeiros contatos com os homens do passado que honraram a Filosofia, no tempo em que nada era tido mais em conta do que o amor à verdade. Aprendi que a Filosofia pode proporcionar uma sadia unidade da alma, evitando que sejamos negligentes e contraditórios em nosso pensar. A Filosofia dá-nos coerência, libertando-nos dos desejos sem nexo; assegura unidade ao espírito, de onde vem a unidade do caráter e de propósitos que constroem a personalidade, dando ordem e dignidade à vida. A Filosofia dá-nos, ainda, maturidade e disciplina que nos levam à severidade e, ao mesmo tempo, à liberdade de pensamentos e ideais.

As primeiras aulas de Lógica e Filosofia da Ciência, ministradas pelo meu então futuro amigo e padrinho de casamento Linneu de Camargo Schutzer, ensinaram a mim e aos meus colegas de sala de aula, quando ainda jovenzinhos, o que é a verdade e como tirá-la do caos, como encontrar a partir dela a unidade, escapar à confusão, colocando-nos ao alto dos acontecimentos para, assim, termos uma ampla visão de conjunto e não perdermos as perspectivas.

Por meio da epistemologia, aprendemos com Kant e Heidegger a avaliar os limites da compreensão humana em magníficas aulas do professor Lívio Teixeira. Por meio das aulas do professor João Cruz Costa, outro saudoso professor, vibramos com as nossas primeiras noções de metafísica, como: o que é o materialismo? Seria o pensamento uma função da matéria? Seria o livre-arbítrio uma função de nossa máquina existencial transitoriamente animada?

Professor Linneu Schutzer, professor de Lógica na USP e, depois, professor de Ética Médica na FMUSP, e Raul Marino Jr.

Nos estudos de ética e moral, muito aprendemos sobre a construção do caráter, sobre **educação**, sobre o que é felicidade e aprendemos que só a filosofia pode estabelecer relação com os interesses reais da sociedade e do homem, trazendo valor e respeito ao significado da vida humana. Aprendemos, ainda, que a nossa cultura de hoje é muito superficial e que os nossos conhecimentos são apenas informações, algumas delas perigosas, pois fazem com que a riqueza em ciência e em mecânica contraste com a pobreza em propósitos. Isso nos conscientiza que o equilíbrio de espírito que nossos ancestrais hauriam de uma fé ardente já se foi e que, depois que a ciência se incumbiu de destruir as bases sobrenaturais da ética e da moral, o mundo todo parece se consumir em um desordenado individualismo, como reflexo da caótica fragmentação do caráter do homem, cuja única saída talvez seja voltar ao problema central proposto por Sócrates: encontrar uma ética natural que venha a substituir as sanções sobrenaturais já sem influência sobre a conduta do homem.

Esses estudos nos ensinaram a melhor compreender os destinos de nossa civilização e a entender o que significa qualidade de progresso, o que é uma hierarquia de valores e desejos, e como o homem tem malbaratado sua herança social em corrupção cínica de um lado e em loucuras revolucionárias de outro. Passamos a entender como o homem tem abandonado o seu idealismo pacífico para mergulhar nos suicídios em massa da guerra, vendo surgir cem mil políticos e nenhum estadista sequer, políticos esses que levam os governos a esforços erráticos ao dirigir a economia e ao coordenar seus ministérios; e como os homens se movem cada vez mais velozmente, mas sem saber para onde estão indo, nem se, no fim da viagem, alcançarão qualquer espécie de felicidade. Percebemos que o excesso de informações tem embebedado os homens com o poder que lhes dá, mas, ao mesmo tempo, os destruído pela falta de sabedoria.

Ainda por meio da filosofia política, eu, então noviço aluno da rua Maria Antonia, consegui entender as diferenças entre anarquismo, comunismo, democracia, aristocracia e ditadura. A filosofia da religião introduziu-me às questões sobre Deus e imortalidade, sobre passado e futuro do cristianismo, sobre como o homem moderno perdeu sua visão de unidade da vida e se perdeu dos propósitos que o projetariam para além da morte, tornando-nos apenas fragmentos de homem e nada mais. Poucos de nós ainda ousamos encarar a vida em conjunto; parece que cada qual sabe apenas a sua parte, tentando ignorar o significado da peça toda. A vida da humanidade, como resultante, parece progredir sem significado, vazia, quando deveria estar mais cheia. Só o espírito e a filosofia poderiam fazer surgir novamente a unidade a partir do caos, trazendo de volta valor e significado para nossas vidas.

É impressionante, ao reescrever este livro no ano corrente de 2020, originalmente escritos por mim, com alguma ajuda de meus colegas,na década de 1950, tentando à época justificar nossas aventuras filosóficas, verificarmos que, hoje, pouca coisa mudou em nosso país desde então, sobretudo na esfera política e no campo da ética, em todos os setores.

Esses fatores acabaram, aos poucos, por nos introduzir também às ciências do psiquismo, embasando nossos estudos futuros de psiquiatria, psicologia, neuropsicologia, psicocirurgia, neurofisiologia do sistema límbico e, futuramente, à ética e à bioética, dedicando a esta última grande parte de nossa idade madura.

Creio que os parágrafos anteriores demonstraram claramente que o estudo da Filosofia influenciou fortemente o modo de pensar das pessoas, desde que o grande filósofo Aristóteles a havia considerado a ciência de tudo que existe, portanto, a ciência das ciências. Uma das muitas funções do cérebro, portanto. E, por meio dela, resolvemos pautar nossa existência desde então. Ela se tornou, em nós, o desejo de conhecer a natureza de todas as coisas, como um sistema de conhecimentos naturais metodicamente adquiridos e ordenados, que tendem a explicar todas as coisas em suas razões fundamentais, procurando encontrar a **verdade** por meio da lógica, da evidência e da ciência, e responder, sobretudo, às principais questões da vida:

1. Qual é a verdadeira natureza da existência? A resposta é dada por meio da **metafísica**.
2. O que é o homem? Por meio da **antropologia**.
3. O que devo fazer? Por meio da **moral**.
4. O que posso esperar? Por meio da **teologia**.
5. Qual é a conduta ideal do indivíduo? Por meio da **ética**.
6. O que posso conhecer? Por meio da **gnosiologia**.
7. Qual é a conduta ideal do estado? Por meio da **política**.
8. O que é a arte? Por meio da **estética**.

9. Qual é o raciocínio que guia o pensamento? Por meio da **lógica**.
10. Qual é a ciência da vida psíquica? Por meio da **psicologia** ou **ciência da alma**.

Essas eram as matérias que nos preocupavam durante o curso de Filosofia e que nos colocavam diante de algumas das cinco questões mais importantes da vida, como:

- Origem – De onde viemos?
- Identidade – Quem somos?
- Propósito - Por que estamos aqui? (significado)
- Moralidade – Como devemos viver?
- Destino – Para onde vamos?

São todas questões clássicas da Filosofia e da Teologia, e as respostas para cada uma dessas perguntas implicam a existência de um Deus. E, se Deus existe, então existe propósito e significado para a vida que Ele mesmo criou, assim como há uma maneira certa ou errada de viver, a qual teria consequências eternas, já que a vida é uma só e não poderia terminar com a morte do corpo. É possível haver crenças contrárias, sim; mas verdades contrárias são impossíveis de existir entre si, do ponto de vista lógico e filosófico, pois as verdades excluem os seus opostos, como pude aprender pelo estudo dessa matéria. Foi talvez por essas razões que resolvi considerar este livro uma Filosofia das ciências do cérebro. Razões que continuam a me inspirar até hoje para continuar esses estudos, já que tudo o que o ser humano faz é por meio desse nosso órgão-mestre. Razões que têm pautado a existência da humanidade – e também da Medicina.

Voltando novamente ao cérebro, creio ter ficado patente que, desde o início, ele sempre foi meu maior interesse dentro do curso de graduação em Medicina, e que procurei, através dele, absorver todo o conhecimento que pudesse contribuir para o meu estudo do pensamento. No segundo ano da graduação de Medicina, o curso de neuranatomia durava seis meses. Hoje, dura pouquíssimo tempo, como se o cérebro tivesse se tornado apenas uma víscera secundária, de menor importância (*sic*). Empenhei-me com todas as forças no estudo do volumoso tratado de Ranson e Clark [76], o livro adotado na época. O capítulo sobre o rinencéfalo foi pulado pelo professor da cadeira, dizendo ser o olfato uma função pouco importante no homem, diferentemente dos animais inferiores, e que, por isso, essa matéria não seria dada nem constaria das provas. Ulteriormente, veremos os danos que essa decisão causaria na minha formação relativa aos estudos do cérebro: uma catástrofe, já que as estruturas ligadas a esse sistema constituem cerca de um terço do cérebro e se revelariam para mim, mais tarde, na importância do estudo das emoções, da afetividade, dos instintos e das funções mais sublimes (ia quase dizendo "espirituais") do cérebro humano.

Quando meus estudos na Faculdade de Filosofia, lá pelo segundo ano do curso noturno, começaram a conflitar com minhas preocupações espirituais e religiosas, meu amigo e futuro psiquiatra Galvão Bueno levou-me à escola Caetano de

Raul no sítio do filósofo Huberto Rohden

Meditação diária à luz do Sermão da montanha, escrito por Raul Marino Jr.

Campos, para assistir a algumas palestras do filósofo e ex-jesuíta Huberto Rohden.

Fiquei fascinado com aquele homem. Até os meus jovens vinte anos de idade, eu nunca tinha ouvido alguém falar como ele. Naqueles dias de palestra, Rohden discorria sobre o Sermão da Montanha, do Novo Testamento. Tenho suas palavras anotadas até hoje em mui reverenciado caderninho. Transcorria o ano de 1958 (meu terceiro ano na graduação em Medicina) e, trinta anos mais tarde, em 1988, eu publicaria meu primeiro livro, sobre o mesmo tema, mas como um manual de meditações. *Meditação diária à luz do Sermão da montanha* [49] foi publicado pela própria editora do mestre Rohden, alterando muito a minha vida futura, depois de ter devorado seus mais de sessenta livros publicados, todos verdadeiros tratados sobre as revelações de Cristo.

Seguiram-se anos de verdadeira graça e espiritualidade, que me permitiram incorporar a filosofia do cristianismo no seio e no significado dos estudos médicos, humanizando-os e dando sentido e significado às artes da Medicina, as quais abeberava dos professores, que também me inspiravam. Com a proximidade do internato, no sexto ano da graduação em Medicina, em que ficava 24 horas do dia nas enfermarias do Hospital das Clínicas (HC) da FMUSP, rodiziando pelos diversos serviços (Pronto-socorro, Obstetrícia e Ginecologia, Clínica Médica, Cirurgia Geral, Ortopedia, etc.), fui obrigado a trancar a matrícula da Faculdade de Filosofia e abandonar meus estudos de línguas, pois o internato nos absorvia todo o tempo.

Entrada da Faculdade de Medicina da Universidade de São Paulo (FMUSP)
Fonte: Google

Jamais, porém, abandonei os livros do mestre Rohden nem as escapadas para comparecer às suas aulas, que eu considerava minha nova bússola, meu Norte. Sempre levava, no bolso do avental, um livrinho que cabia na palma da mão: *Imitação de Christo*, de Thomas Kempis [26], escrito em fins da Idade Média. Ainda hoje o tenho, com sua encadernaçãozinha de couro já bastante machucada. Poucos sabem desses fatos, que sempre considerei secretos, mas, como discípulo que fui, revelo-os agora para que meus futuros e ex-discípulos possam entender os ideais que sempre me moveram.

No internato, trabalhávamos em "panelas", ou seja, um punhado de cinco ou seis alunos que se reuniam para dividir as tarefas e os plantões nas enfermarias.

Tive muita sorte na formação de minha "panela": Marcel, Ruy, Dario, Eugênio, Alice, eu e outro estagiário. Todos tornaram-se Livres-docentes ou Professores

Os jovens componentes da 44ª Turma de Medicina da FMUSP

Titulares, que, no futuro, muito iriam contribuir em suas respectivas especialidades. Nas discussões de casos, os nossos monitores, preceptores e assistentes tremiam com nossas atividades em razão do nível das discussões. Marcel e Ruy haviam entrado em primeiro lugar no vestibular, e, naquele tempo, isso já era um enorme título na Faculdade; tanto que nos apelidaram de "panela dos professores", título que não foi do meu agrado.

Formatura do autor na 44ª Turma de Medicina da FMUSP no Theatro Municipal de São Paulo

Após um ano de internato, fui eleito presidente da comissão de formatura, junto com Marcel e Adanor. A cerimônia foi realizada com becas no Theatro Municipal de São Paulo, seguida de um bonito baile no Esporte Clube Pinheiros, sob a regência do maestro Sylvio Mazzucca. Dancei a valsa com minha mãe e minha irmã, pois não tinha uma namorada eleita. Alguns já estavam casados ou se preparavam para fazê-lo.

Fui o último da turma a casar, depois de muitos anos fora do Brasil em aperfeiçoamento.

O SERVIÇO MILITAR

Após passar no vestibular para cursar Medicina, surgiu, aos vinte anos de idade, a obrigação de cumprir o serviço militar, que então aguardava. Foi um chamado ao patriotismo que, nos garotos daquela idade e em mim, palpitava. Apesar de os novos acadêmicos não terem mais obrigação de pertencer à tropa como soldados rasos, patrioticamente fiz a inscrição para o Centro Preparatório de Oficiais da Reserva (CPOR), junto com outros colegas de turma da faculdade. Pleiteamos, inicialmente, pela Arma de cavalaria, que possuía mais charme do que a infantaria, intendência ou artilharia.

Entretanto, naquele ano, fora criado o Corpo de Saúde para futuros oficiais e, como cursávamos Medicina, destinaram-nos para esse novo agrupamento, com a enorme vantagem de frequentá-lo apenas nos finais de semana e nas férias. Foi no velho quartel do Alto de Santana que recebemos todo o treinamento de disciplina militar e muito treinamento físico, como fazer ginástica, subir em cordas e barras fixas e realizar provas de tiro de fuzil e pistolas .45 nos estandes do Bairro Branco. Vários colegas de turma juntaram-se a nós, no quartel, onde chegávamos às seis da manhã, fardados, quase sempre de ônibus, pois ninguém possuía automóvel.

O soldado Raul Marino Jr., futuro tenente

O sargento que nos treinava tinha o cognome de sargento Duro (e esse era mesmo seu nome) e não tardou em dar a cada um de nós um apelido ou "nome de guerra". O meu era Gigante, pois era o mais alto da turma, o que me valeu marchar em ordem unida sempre à direita da primeira fila, como o "homem da direita", que obedecia as ordens de comando, junto com os outros pirulões que guiavam as marchas cotidianas.

29

Um capitão médico de cabelos brancos orientava o grupo nas aulas de primeiros cuidados a feridos de guerra e nas funções dos padioleiros. Adorava os treinamentos com fuzil no estande do Bairro Branco, pois sempre fui ligado a campeonatos de tiro ao alvo no extinto Clube Tietê, além de caçador e taxidermista.

Foi um ano muito proveitoso em nossa formação, que nos preparou para o estágio no fim do curso como futuros oficiais em treinamento e para os acampamentos no Hospital Militar do Cambuci, ao fim da graduação em Medicina, após a qual recebemos a honrosa patente de segundo-tenente. Essa patente foi muito útil durante o prolongado governo militar que se avizinhava.

Naquele hospital, cada um de nós praticava as especialidades que havíamos escolhido, inclusive participando de algumas cirurgias em militares e seus parentes. Fui membro da comissão de formatura, realizada solenemente no estádio do Pacaembu, junto com as outras Armas, que receberam seus espadins, sendo que nós, médicos, recebemos apenas as nossas divisas de tenentes. O baile de formatura realizou-se no antigo salão de festas do aeroporto de Congonhas, e todos os formandos levaram suas namoradas para as tradicionais valsas vienenses. Assim, cumprimos com nossos deveres patrióticos e criamos fortes sentimentos pelas Forças Armadas do Brasil. Também nessa fase, compusemos um hino para o corpo de saúde do CPOR.

COMEÇA A RESIDÊNCIA

CAPÍTULO 3

AS DECISÕES AO FIM da graduação em Medicina não foram fáceis. Passei dias e noites meditando sobre qual seria o destino dos meus estágios ainda como estudante, se na clínica de Psiquiatria ou de Neurologia, pelo fato de haver convivido intensamente com ambos os tipos de pacientes. Naquela época, não havia nenhum livro sobre essas especialidades escrito em língua portuguesa e, por isso, estudávamos utilizando apostilas elaboradas com base nas aulas e escritas pelos próprios estudantes durante o curso, datilografadas à máquina de escrever e depois mimeografadas, já que os modernos computadores ainda não existiam. Na minha turma, aceitei a incumbência de escrever as apostilas de Neuropatologia, Neurofisiologia, Psiquiatria e, do quarto para o quinto ano, nas férias, escrevi a de Neurologia, em dois volumes, na gráfica de Massao Ohno, datilografando-a com apenas dois dedos.

Essa apostila de Neurologia foi a primeira impressa em sistema *off-set* da Multilith [46]. Eu mesmo fiz todos os desenhos, a nanquim, do sistema nervoso e suas patologias. Cedi os direitos autorais ao Centro Acadêmico Oswaldo Cruz, pertencente à Faculdade de Medicina da Universidade de São Paulo (FMUSP).

O departamento de publicações da FMUSP quase não conseguia atender a todos os pedidos de impressão das apostilas vindos de outras faculdades, inclusive de outros países, como Paraguai, Uruguai e Argentina, em razão da total ausência de livros de texto sobre o assunto em nossa língua. Mais tarde, o professor Horacio Canelas

O autor, ainda residente, com sua apostila de Neurologia

Professor A. C. Pacheco e Silva, professor de Psiquiatria durante o curso de graduação em Medicina de Raul Marino Jr. e criador do Centro de Psicocirurgia
Fonte: FMUSP

transformou as apostilas em livros, que foram ulteriormente adotados.

Naquele tempo, o curso de Neurologia durava seis meses e era considerado um dos mais difíceis da graduação em Medicina, mas meus colegas de turma tiveram notas bem altas nos exames práticos e teóricos. É preciso enfatizar que o corpo docente das clínicas neurológica e neurocirúrgica era composto por expoentes nacionais na especialidade que muito nos ajudaram na preparação dos textos das apostilas. É verdade que eu também morria de amores pela Psiquiatria, tendo me tornado frequentador assíduo desse serviço e amigo de seus assistentes, acompanhando as discussões de casos e de tratamentos nas enfermarias, inclusive merecendo a atenção do catedrático da cadeira, o querido e saudoso professor A. C. Pacheco e Silva, que via em mim alguma promessa na especialidade. Anos mais tarde, ele foi padrinho de meu casamento.

Entretanto, fui obrigado a reconhecer que eu tinha algumas habilidades manuais, evidenciadas enquanto operava meus ratinhos, fazia minha taxidermia e dissecava sapos nas aulas de zoologia que eu ministrava no cursinho pré-médico. Naquele tempo, as terapias em Psiquiatria ainda não estavam desenvolvidas como hoje, farmacologicamente falando. O eletrochoque, a insulinoterapia e a psicoterapia eram as poucas ferramentas disponíveis, e psicopatas e neuróticos permaneciam longos períodos nas enfermarias e nos ambulatórios, parecendo não responder aos tratamentos. Um caso da enfermaria marcou-me sobremaneira: tratava-se de um paciente com um quadro de esquizofrenia catatônica, internado por várias semanas, que permanecia o tempo todo em um canto do corredor, quieto, voltado para a parede. Ninguém jamais o ouvira pronunciar uma palavra e todos os tratamentos citados haviam sido ineficazes. Nada o movia daquele canto e ele emagrecia a olhos vistos em razão dos problemas alimentares. Certa feita, os psiquiatras resolveram aplicar um tratamento mais agressivo. Surgiu, na época, uma nova técnica, denominada "borrasca vascular", que consistia em injetar rapidamente, na veia do paciente, um *bolus* de acetilcolina; o paciente era acompanhado por um anestesista, já que os efeitos eram catastróficos, traduzidos por cianose, convulsões, produção de secreções e, até mesmo, paradas cardíaca e respiratória. Após realizarem esse procedimento no paciente catatônico, as lágrimas pareciam esguichar de suas órbitas, e o anestesista que o acompanhava teve bastante trabalho para ressuscitá-lo. No dia seguinte, passando a visita rotineira na enfermaria, encontrei-o no mesmo canto e perguntei a ele: "Como está, senhor Antonio?". E ele soltou a única frase que havia pronunciado em meses: "A coisa está preta, doutor". E nunca mais disse nada. Passei a odiar esse tipo de esquizofrenia.

A partir daquele dia, pensei que, com meu amor de tantos anos consagrados ao cérebro, eu prestaria melhores serviços aos pacientes se pudesse remover, com minhas próprias mãos, as lesões, os tumores e

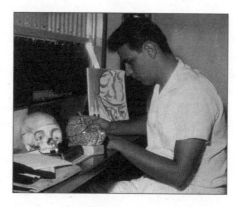

Raul como residente de Neurocirurgia do Hospital das Clínicas da FMUSP e, ao fundo, sua apostila de Neurologia, que foi transformada em livro

os aneurismas do cérebro humano, com resultados melhores e mais satisfatórios, diferentemente também dos pacientes puramente neurológicos clínicos, com AVC e doenças degenerativas, que se arrastavam solenemente pelas enfermarias. Foram essas algumas das razões que me motivaram a entregar-me de corpo e alma à Neurocirurgia, utilizando-a como ferramenta central para obter o melhor conhecimento do cérebro e para a pesquisa de suas funções ainda pouco conhecidas.

Então, com muito entusiasmo, me inscrevi para a residência em Neurocirurgia, que ainda não existia oficialmente como disciplina no Hospital das Clínicas (HC) da FMUSP, mas era tutelada pelo professor Rolando A. Tenuto, brilhante neurocirurgião que iniciava sua escola, originário da Escola Paulista de Medicina e da Santa Casa. Em vista dos estágios anteriores, tanto meus como de meus colegas que se inscreveram na Neurocirurgia, o professor Tenuto e os demais dirigentes da Clínica Neurológica concordaram com a elaboração do programa de estágios pelos próprios residentes. Começamos pela Neurologia Clínica e seguimos para Neuropediatria, pronto-socorro neurológico e neurocirúrgico, anestesia, Neuro-oftalmologia, Neuro-otorrinolaringologia, Endocrinologia, Neurorradiologia, Cirurgia Plástica e, finalmente, tempo integral na Neurocirurgia, participando diariamente de todas as intervenções na enfermaria e no pronto-socorro e tornando-nos responsáveis pela sala de recuperação, pois ainda não havia unidade de terapia intensiva (UTI) naquele tempo.

Além do caso de esquizofrenia e outras situações, vale mencionar o *turning point* da minha escolha definitiva pela nova especialidade. Certa noite, ainda no internato, durante um plantão no pronto-socorro de cirurgia, fui chamado para auxiliar em uma intervenção de emergência de um dos assistentes do pronto-socorro de Neurocirurgia (PSNC), o Dr. Oswaldo Cruz (nada a ver com o epidemiologista fluminense). Tratava-se de uma criança, um lindo menino, diagnosticado com um quadro agudo de hipertensão intracraniana, com náuseas e vômitos, convulsões, papiledema, cefaleias, rebaixamento da consciência e tudo mais pertinente ao severo quadro clínico. O Dr. Cruz decidiu levá-lo à sala de cirurgia no intuito de aliviar a crise de hipertensão craniana. Com o paciente anestesiado na mesa cirúrgica, ele praticou uma incisão na região frontal, em ferradura, e realizou uma craniotomia após trepanação e união das perfurações com serra de Gigli. Após a abertura da dura-máter, levantou o lobo frontal direito com uma espátula iluminada, expôs o quiasma óptico e, em seguida, a região hipotalâmica, onde se localiza a *lamina terminalis* do terceiro ventrículo cerebral. Com todo o cuidado, perfurou a referida estrutura com o aspirador, seguindo-se a saída de um jato abundante de líquido cefalorraquidiano, represado por uma hidrocefalia, e o cérebro da criança começou a murchar, aninhando-se de volta no seu espaço de origem. Fechamos e suturamos a abertura do crânio e, durante muitos dias, acompanhei as visitas ao menino na enfermaria, que, após vários dias, teve alta e voltou para casa, já recuperado. Tratava-se de um caso de cisticercose cerebral, provocada pela ingestão de carne de porco contaminada por ovos de tênia, como comprovado pelo exame do liquor recolhido após a punção ventricular. Naquele tempo, ainda não estavam em uso as válvulas de derivação ventrículo-atrial ou peritoneal, que derivavam para o coração ou para o peritônio – sob controle de pressão – os casos de hidrocefalia, uma cirurgia bem mais simples e segura do que a realizada nesse paciente. Para mim, esse caso foi o divisor de águas e o momento mais marcante para a minha decisão de enveredar por uma especialidade que prometia resultados tão gratificantes e imediatos na cura de meus pacientes futuros, nos quais eu poderia aplicar tudo o que tinha aprendido e o que ainda viria a aprender.

A RESIDÊNCIA

Após a formatura no Theatro Municipal de São Paulo, em dezembro de 1961, iniciei a residência oficial em Neurocirurgia, continuando os estágios que já havia efetuado naquele serviço quando ainda era estudante. A apostila de Neurologia em dois volumes, editada pelo Centro Acadêmico Oswaldo Cruz, já se encontrava bastante popular entre os médicos e os assistentes do serviço, servindo como texto de estudo inclusive para os que se preparavam para os concursos de Livre-docência, já que, vale reforçar, havia poucos livros de texto em língua portuguesa. Hoje, os temos em abundância.

Eu e os outros residentes fomos bem acolhidos pelo professor Rolando A. Tenuto, chefe do serviço cirúrgico, e pelos professores Oswaldo Lange e Horácio Martins Canelas, que permaneciam o dia todo na biblioteca do serviço, tendo guiado nossos primeiros passos pelo serviço de Neurologia, incluindo exames neurológicos, discussões de casos clínicos, reuniões do serviço, visitas à enfermaria, ambulatórios e plantões.

Passamos a habitar um pequeno quarto no sexto andar do edifício do pronto-socorro do HCFMUSP, com vistas laterais e frontais para o pátio do HC. O sexto andar era logo acima da Clínica Neurológica e destinado aos residentes; lá ficávamos 24 horas por dia à disposição dos chamados da clínica e dos plantonistas graduados do pronto-socorro de Neurocirurgia. A sala operatória principal situava-se ao fundo da ala norte da enfermaria, ladeada por uma sala de recuperação à frente, com quatro leitos apenas. Naquela época, ainda não havia UTI no hospital. A primeira delas no Brasil foi fundada bem mais tarde, na década de 1970, no Hospital Sírio-Libanês, pelos mesmos componentes da minha turma de internato, apelidados de "panela dos professores".

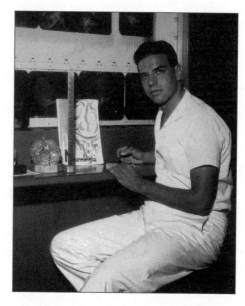

Raul, na Residência Médica, no setor de Radiologia

Nossas cirurgias eram diárias, geralmente realizadas pelo próprio professor Tenuto, o qual tivemos a oportunidade de auxiliar, como assistentes, durante o período de residência médica, acompanhando todos os casos na sala de recuperação e nas enfermarias. O serviço era pesadíssimo, pois acompanhávamos todos os casos, tanto clínicos como cirúrgicos, na enfermaria e no pronto-socorro no andar de baixo, sendo constantemente chamados para as emergências, tanto de adultos quanto das crianças da neuropediatria. Havia poucos recursos com os quais podíamos contar na Neurocirurgia, uma vez que não havia UTI; os exames radiológicos eram apenas a angiografia cerebral (introduzida por Egas Moniz, em Portugal), a pneumencefalografia, a ventriculografia e a iodoventriculografia, todos exames bastante invasivos, para o diagnóstico e a localização dos tumores cerebrais e das lesões vasculares. Ainda não se usava corticosteroide e os edemas cerebrais eram tratados com ureia, manitol, sulfato de magnésio e glicose hipertônica, sempre com maus resultados. A mortalidade e as complicações eram muito frequentes, principalmente nos casos de trauma craniencefálico, que fervilhavam no pronto-socorro. Os pacientes eram apinhados em macas e leitos nos corredores do pronto-socorro, dificultando a mobilidade dos médicos, que precisavam pular entre macas e camas espremidas entre si, sempre com pacientes muito graves. Somente a minha florescente mocidade e muito atletismo praticado no *campus* do centro acadêmico davam-me forças para suportar uma rotina massacrante e os constantes chamados noturnos no atendimento de emergências, que não eram poucos, desde que os cirurgiões de plantão no pronto-socorro descobriram nossa infatigável vontade de participar em suas cirurgias. Em função do reduzido acesso aos exames radiológicos, os diagnósticos deviam ser obtidos após rigorosos exames neurológicos clínicos. A angiografia cerebral ainda era o exame que mais se prestava à localização das lesões, mas devia ser efetuada em sala especializada, razão pela qual dedicamos boa parte de nossa formação ao seu aprendizado. Não havia ainda o cateterismo femoral e todos exames eram efetuados pela punção cervical das carótidas ou vertebrais, com agulha.

Foram anos de intenso aprendizado e muito estudo: desde biópsias musculares, traqueostomias, derivações ventriculares externas emergenciais, craniotomias, aperfeiçoamento dos curativos, retiradas de suturas, etc. Ainda não estavam em voga as válvulas para hidrocefalia tipo Holter, famoso engenheiro que as inventou para o tratamento de seu filho recém-nascido na Filadélfia, Pensilvânia, EUA.

Mais tarde, meu futuro amigo da Harvard, Salomón Hakim [21], um cirurgião colombiano, inventou as válvulas para hidrocefalia de pressão normal e as de pressão controlada. Tratávamos os casos mais urgentes com derivações ventriculares externas. Como ainda não havia válvulas de derivação na enfermaria, improvisávamos uma agulha calibrosa transformada em trocater, com a qual puncionávamos o ventrículo através do crânio – sobretudo em crianças da enfermaria do professor Antonio Branco Lefèvre –, através do qual introduzíamos um delgado cateter de polietileno, utilizado em punções venosas, terminando o procedimento com um cuidadoso curativo de benjoim concentrado. Esse curativo de benjoim, formulado para nós na farmácia do HCFMUSP, tinha a função de manter o curativo estanque, sem vazamento ou infecção, podendo permanecer por semanas sem ser trocado, até que o paciente sofresse outra intervenção maior para o controle do problema. Creio ter salvado dezenas de vidas, sobretudo crianças, com neurotuberculose, sequelas de traumas cranianos, hidrocefalias agudas, etc. Usávamos também esse procedimento para drenagens pós-operatórias em pacientes que evoluíam mal após grandes craniotomias. Tratava-se de medida heroica, na falta de outros recursos.

Um dos casos, dentre outros, que me marcou profundamente e do qual eu me recordo muito bem foi a minha primeira craniotomia. Em virtude da não existência de válvulas para derivação ventrículo-atrial, a abertura da *lamina terminalis* ainda era uma intervenção bastante utilizada para controlar as hidrocefalias. O professor Tenuto havia me autorizado a executar, como residente, a minha primeira craniotomia. Tratava-se de uma criança com patologia parecida com aquela cuja intervenção ajudei no pronto-socorro, ainda como interno. Foi indescritível a minha sensação ao ser promovido a neurocirurgião titular do caso, com plenos poderes. Fui gentilmente assessorado pelo professor José Zaclis, chefe da Radiologia, que costumava ajudar o professor Tenuto em seus casos particulares. Enorme foi a emoção ao retrair o lobo frontal do cérebro à direita sob o foco dos refletores, com minha espátula iluminada. Após exposição do quiasma óptico, surgiu, ao fundo do campo, na confluência dos nervos ópticos, aquela membrana azulada e pulsátil – o assoalho do importante hipotálamo –, a qual abrimos com o delicado aspirador e que deu saída a um forte jato de líquido represado no terceiro ventrículo. Ato contínuo, deixamos um pequeno dreno para que o novo orifício não fechasse, refazendo a hidrocefalia. Retiramos a espátula, revisamos a hemostasia, fechamos cuidadosamente a meninge, recolocamos o retalho ósseo, fechamos a *galea capitis* e, em seguida, o couro cabeludo, colocando um confortável curativo-capacete, que revisávamos e trocávamos diariamente. Tornamo-nos amigos da família do pequeno paciente, que passamos a acompanhar no ambulatório com todo o cuidado, como se fossem nossos próprios parentes. Como único residente da especialidade, passava várias visitas diárias em toda a enfermaria e também no pronto-socorro.

Outra situação memorável refere-se aos meus cuidados especiais com os curativos e as retiradas de pontos das incisões cirúrgicas; trata-se de um fato quase macabro ocorrido em uma linda menininha acamada no pronto-socorro. Certo dia, ao passar visita na referida paciente, achamos anormais o cheiro e o aspecto do curativo em torno de sua cabeça, que havia sido operada dias antes em razão de um trauma de crânio, por um dos assistentes de plantão, que deveria ter seguido o caso. Ao desenrolar as ataduras cranianas, seguras com tiras de esparadrapo, verificamos que o curativo original não havia sido trocado desde a cirurgia. Ao removê-lo completamente, tivemos um dos maiores sustos de nossa existência. O couro cabeludo inteiro da menina havia sido comido por larvas de mosquito – a famosa miíase – e a abóboda craniana estava inteiramente branca, parecendo uma bola de bilhar, e exposta globalmente, como se alguém a tivesse escalpelado, além de estar pronta para uma nova infecção! Chamamos a equipe de cirurgia plástica, que teve um enorme trabalho em rodar retalhos, usando o remanescente escalpo e enxertos de outras regiões para corrigir a tragédia. Esse caso nos marca até o presente, razão pela qual nos tornamos duríssimos com nossos residentes e assistentes nos cuidados pós-operatórios, sobretudo em relação aos curativos.

Também nunca descuidamos de nossa formação neurorradiológica, dada a importância desses exames para o bom diagnóstico das patologias cirúrgicas. Nosso serviço, nesse setor, era um dos melhores do país, sobretudo no âmbito das angiografias cerebrais para o diagnóstico de aneurismas e malformações vasculares. As punções carotídeas e vertebrais faziam parte de nossa formação como residentes e requeriam considerável habilidade e treinamento. As angiografias cerebrais, criadas pelo neurologista português Egas Moniz, revolucionaram o diagnóstico das patologias do cérebro, constituindo o único exame disponível para esses diagnósticos, incluindo tumores cerebrais, hematomas intracranianos, hidrocefalias e outras patologias, utilizando-se dos desvios arteriais ou da impregnação de massas tumorais pelo contraste injetado. Durante várias décadas, foi o procedimento heroico para os diagnósticos em Neurocirurgia. Egas Moniz mereceu vencer o prêmio Nobel de 1949 não apenas pela introdução desse exame, como também pela criação da leucotomia frontal, utilizada nas psicopatias e no sofrimento do câncer, hoje em desuso desde a introdução dos psicofármacos.

Outros exames, como a pneumencefalografia fracionada, a ventriculografia (inventada por Walter Dandy) após injeção de ar nos ventrículos cerebrais através de trepanação e a iodoventriculografia (injeção de contraste iodado para diagnóstico de lesões na fossa posterior), eram menos utilizados e reservados para patologias especiais, em razão de serem muito invasivos, ou para pré-operatórios. Muitos anos depois, em 1972, a tomografia computadorizada foi desenvolvida por Cormack e Hounsfield*. Mais tarde, surgiram a ressonância magnética, em 1986, aperfeiçoada por Lauterbur e Mansfield**, e a ressonância funcional (RM), em 1992, que revolucionaram os estudos e exames neurocirúrgicos, tornando mais confortável não apenas a vida do neurocirurgião, como também a dos pacientes. Esses novos exames, unidos aos *brain-scanners* com tecnécio radiativo, ao PET *scanner*, ao ultrassom, à ecografia, ao Doppler, à angiorressonância, à introdução do cateterismo femoral para as angiografias e, mais tarde, à radiologia intervencionista, não nos permitem sentir saudades daqueles exames invasivos (porém heroicos) que executávamos durante nossa residência.

Na era atual das ciências neurológicas e neurocirúrgicas, os novos exames – sobretudo a ressonância magnética funcional – colocaram essas especialidades entre as ciências exatas (*sic*) em Medicina. Não tenho a menor dúvida ao fazer essa afirmativa. Hoje, esses novos exames permitem que o clínico ou o cirurgião visualizem o cérebro e suas patologias (inclusive da coluna espinal) como se tivesse entre as mãos, como no laboratório de anatomia.

Voltando aos albores da Neurocirurgia, não poderia me furtar de citar os trabalhos dos grandes pioneiros da especialidade, que tanto nos inspiraram a escolher esses caminhos da cirurgia do cérebro.

A Neurocirurgia não existia como especialidade até fins do século XIX. Foi necessário alguém como o grande neurocirurgião norte-americano Harvey Cushing para ressuscitá-la, a partir do que há séculos vinham fazendo os egípcios e os incas [20], sistematizando seus procedimentos, criando novos instrumentos, como o bisturi elétrico, e passando a utilizar os raios X, recém-descobertos. Cushing, originário das universidades de Yale e de Harvard, além de criar a ficha de anestesia utilizada até hoje, estabeleceu os fundamentos dessa nova especialidade e, junto com Percival Bailey, classificou o diagnóstico patológico dos tumores cerebrais [5] e sistematizou as abordagens e os cuidados cirúrgicos para todos os tipos de processos intracranianos, após operar milhares de casos e agregar

---

* Allan McLeod Cormack e Godfrey Hounsfield foram os criadores da tomografia axial computadorizada (TC) e ganhadores do prêmio Nobel de Fisiologia ou Medicina em 1979.

** Paul Christian Lauterbur foi o criador da ressonância magnética em 1973 e recebeu o prêmio Nobel de Fisiologia ou Medicina de 2003, junto com Peter Mansfield.

centenas de discípulos, que o procuravam a fim de aprender suas técnicas e disciplina. Suas publicações e livros complementaram e divulgaram seus trabalhos em todo o mundo, originando a primeira sociedade de Neurocirurgia, a Harvey Cushing Society, que levava o seu nome – hoje, chama-se American Association of Neurological Surgeons (AANS), – e que deu origem a tantas outras ao redor do mundo. Durante e depois da residência médica, consumi avidamente seus escritos, inclusive sua volumosa biografia, mais tarde publicada por seu admirador de Yale, o neurofisiologista John F. Fulton, volume este que decorou a minha cabeceira durante muitos anos, publicado em 1946 [20].

Harvey Cushing, o pai da Neurocirurgia
Fonte: Google

Cushing, além de todas as suas outras qualidades, foi um grande escritor. Sua convivência com Sir William Osler desde a fundação da Universidade Johns Hopkins, em Baltimore, a qual fundou o primeiro serviço a sistematizar e instituir as residências médicas, permitiu a Cushing publicar, em 1925 [15], a biografia desse seu – e hoje nosso – ícone, considerado o moderno Hipócrates, em dois pesados volumes de mais de setecentas páginas cada, que vieram a merecer o Prêmio Pulitzer, o mais cobiçado de todos os escritores norte-americanos. Publiquei uma singela biografia de Osler, em 1999 [48], emprestando a ele o título de moderno Hipócrates e pai da medicina moderna. Agora, aqui, presto uma justa homenagem a Harvey Cushing como pai da Neurocirurgia.

Mais tarde, o biografado William Osler mereceu ser chamado, de seus pares, de "alguém que valeu por uma faculdade de medicina", como comprovado por sua clássica obra *Aequanimitas* [60]. Osler disseminou todas as bases da moderna medicina clínica e da metodologia de trabalho do médico, tornando-se digno desse crédito. Devemos a ele a introdução do humanismo às artes médicas [62], por conta de ter escrito, de próprio punho e como único autor, o primeiro tratado de Clínica Médica, que abrange desde a Dermatologia até a Neurologia, englobando todas as especialidades conhecidas até então.

Naqueles tempos, os hospitais eram dominados por cabeças poderosas, sendo Osler e Cushing exemplos supremos. Hoje, considero-me uma das pessoas cujas vidas foram tocadas pelas vidas desses dois grandes homens. Há muito, eu adotei-os como ícones de como ser um médico e acolho suas mensagens como se eles fossem criadores de uma espécie de evangelho da Medicina. Para disso nos certificarmos, basta ler seus escritos, com vistas a aliviar o sofrimento humano. A Medicina atual sente falta de novos Oslers e Cushings, homens como os médicos de ontem, que eram mais fracos em ciência, porém mais fortes em humanismo. Hoje, ocorre o contrário. A formação médica atual deveria ter a finalidade de trazer à luz, novamente, os valores que moviam esses esculápios do passado e que parecem não interessar mais os médicos do presente. Hoje, deveria haver uma tentativa anacrônica de reavivar esses antigos valores, visando a contribuir para o ressurgimento de uma Medicina mais humana e mais ligada à pessoa. Não seria difícil, mesmo nos dias de hoje, fazer das ideias de Osler e de Cushing uma verdadeira **agenda de trabalho** para o médico moderno [48,61], como Osler pregava em seu discurso de paraninfo aos formandos da Harvard, em 1932. Ele expõe um verdadeiro tesouro de exemplos nos quais podemos basear nosso plano de vida e de trabalho, sobretudo os médicos mais jovens, que, em suas faculdades, não tiveram a oportunidade de travar conhecimento com os antigos princípios da verdadeira medicina hipocrática clássica. Esses princípios são eternos.

Esses e outros fatos relacionados ao humanismo em Medicina teriam influência, tanto sobre mim quanto sobre meus colegas, muito mais tarde, já ao fim da carreira acadêmica, ao adotarmos uma nova especialidade médica, criada em 1971 pelo oncologista van Rassler: a bioética, a ética da vida e do amor à vida. A bioética me motivou, já bem tarde, a concentrar intensos estudos ético-filosóficos e, consequentemente, a defender mais uma Livre-docência na USP sobre uma utópica **bioética global**. A tese do título de Livre-docente foi ulteriormente transformada em livro, no qual foram analisados os históricos progressos da ética desde Sócrates, os filósofos subsequentes, antigos e modernos, o cristianismo e nossos valores éticos e morais em Medicina até os dias atuais [40]. Fundamentos sutis, mas que constituem alicerces e estabilidade para o caráter do médico.

Embora eu tenha, aqui, interrompido as narrativas sobre os percalços de minha residência médica no HCFMUSP, não poderia deixar de mencionar esses fatos que tanto influenciaram meus ideais na Medicina, não só à época, quando cursei a Faculdade de Filosofia, mas também depois, quando, ao fim de minha formação acadêmica, já na idade madura, resolvi prestar vestibular para a Faculdade de Teologia e depois para a de Bioética, para surpresa e espanto de meus então residentes e assistentes, uma vez que já era professor da cadeira na USP. Por vezes, nestas narrativas, gostamos de relembrar o passado; por que então não evocarmos ou relembrarmos também o futuro, que já aconteceu nessa nossa curta existência.

Em virtude de a Neurocirurgia ser a única residência médica programada da especialidade, eu e meus colegas fomos prestigiados em receber todas as incumbências das enfermarias neurológicas e neurocirúrgicas e das emergências que chegavam ao pronto-socorro do HCFMUSP, as quais eram em grande quantidade em virtude de este ser o único hospital da capital paulista que contava, na época, com plantonistas e assistentes da especialidade. Pelo fato de morarmos a um andar acima das enfermarias, distante a um lance de escada das mesmas, ficávamos em permanente contato com tudo o que ocorria na Neurologia, e os assistentes, tanto os de plantão como os da enfermaria, se acostumaram a solicitar nossos serviços a qualquer hora do dia ou da noite, sobretudo na sala de recuperação existente, pois, é bom reforçar, ainda não havia UTI no hospital naquele tempo. (A UTI só surgiu no início da década de 1970, após a invenção dos respiradores automáticos por Bjørn Ibsen, na Suécia, e depois por Byrd, que revolucionaram os conceitos de morte cerebral e encefálica e possibilitaram as doações e os transplantes de órgãos.)

Tive a sorte de cair nas boas graças de meu saudoso chefe, o professor Rolando A. Tenuto, de quem guardo preciosas memórias pelo grande neurocirurgião que foi, tendo sido estagiário de Carlos Gama, na Santa Casa de São Paulo, e depois chamado pela cátedra de Neurologia para chefiar nosso serviço no HCFMUSP, durante anos o fazendo com incríveis exemplo, disciplina e distinção. Esteve também na Suécia, com o então famoso Herbert Olivecrona, donde trouxe os novos instrumentos e sabedoria. Foi também importante autodidata; era surpreendente observá-lo em suas surpreendentes manobras durante as intercorrências cirúrgicas. Nunca aprendi tanto, desde a precisão de suas aberturas, a cirurgia em si e também os fechamentos, pois ele executava todos os tempos e com maestria. Somente suas mãos se mexiam, mantendo ereto o resto do corpo e imóvel sua cabeça. Era um *gentleman* cirúrgico. Jamais o ouvimos proferir uma frase de mau gosto durante as intervenções.

Minha sorte ampliou-se quando Tenuto me requisitou para participar de todas suas cirurgias; e ele operava todos os dias, deixando as operações dos assistentes para o segundo horário. Sobravam para nós os cuidados pós-operatórios. Certa feita, seu ex-chefe, o professor Carlos Gama, ao trocar um pneumático no Parque Ibirapuera, foi gravemente atropelado por um carro em alta velocidade e foi levado para o pronto-socorro do HCFMUSP, onde foi operado de emergência pelo seu ex-discípulo, o professor Tenuto. Que mundo pequeno! Gama permaneceu em coma durante várias semanas em nossa sala de recuperação e, aos poucos, foi se recuperando. Fui incumbido de sua supervisão diária e noturna, sendo sempre visitado pelo professor Ruy Carvalho, seu novo discípulo e futuro chefe da Santa Casa. Quando Gama começou a acordar e foi alimentado por sonda nasogástrica por uma atendente e vomitou em seguida, aspirando e desenvolvendo grave broncopneumonia, que o levou a regredir no estado neurológico, vindo a falecer logo depois, para nossa tristeza. Foi também um importante mestre, um dos pioneiros da Neurocirurgia brasileira.

Esse e outros casos difíceis se sucediam diariamente, muitos dos quais seria fastidioso relatar, pois poderiam ocupar indevido espaço neste livro, espaço este reservado para falar das magníficas funções de nosso cérebro – ia quase dizendo: funções sublimes, assim como o órgão mais impressionante de nosso universo, jamais saído das mãos de seu criador.

Dr. Publio Salles Silva, incentivador para que Raul fosse cursar residência em Boston e Montreal

Foram quase quatro anos na residência médica. Nesse ínterim, percebi que esse tempo não havia sido completamente suficiente para conhecer todos os mistérios que se escondiam naquele órgão tão importante para o ser humano. Em razão disso, comecei a pensar em voos mais altos dentro daquela especialidade que, a meu ver, ainda engatinhava.

Anos antes, eu havia completado o curso de língua na União Cultural Brasil-Estados Unidos (UCBEU) e, após a residência, resolvi me rematricular, desta vez no curso de literatura americana, na nova sede da UCBEU. Entrementes, o livro-texto do Cecil e o do Harrison não deixavam as minhas axilas e a escrivaninha de meu dormitório, no afã de me preparar para os exames de bolsa para praticar nos Estados Unidos e o famigerado exame do Educational Council for Foreign Medical Graduates (ECFMG), a fim de ser aceitos. Foi um exame duríssimo, realizado na embaixada americana no Rio de Janeiro, que incluiu toda a Medicina e um bravo exame de inglês a toda prova. Fui aprovado.

Logo depois, concorri, por meio da Fundação Alumni e da própria União Cultural, para o concurso de bolsa da Fulbright, até que recebi as passagens para a esperada viagem. A decisão de deixar o Brasil justificava-se pela busca de novas perspectivas e pela intenção de me embrenhar em uma carreira acadêmica, que certamente incluiria pesquisas em neurociências.

Pouco antes de terminar minha residência, conheci um neurocirurgião que voltava dos Estados Unidos e do Canadá, casado com uma norte-americana, e que fora contratado para montar um centro cirúrgico na Clínica Psiquiátrica do HCFMUSP pelo professor A. C. Pacheco e Silva, a fim de iniciar um Centro de Psicocirurgia. Era o Dr. Publio Salles Silva, que, recém-chegado da América do Norte, relatou maravilhas de seu estágio em Boston com o grande cirurgião James Poppen e com o grupo de Wilder Penfield, fundador do Montreal Neurological Institute and Hospital, pioneiro na cirurgia das epilepsias com pacientes acordados. Era tudo o que eu queria ouvir, com minha cabeça ainda repleta dos ideais da mocidade. Logo, escrevi para a Lahey Clinic, de Boston, onde o Dr. Poppen era o chefe, e fui aceito como residente a fim de continuar meus estudos. Em pouco tempo, já estava embarcando para lá, com toda a bagagem e alguns livros: o volumoso "DeJong", de semiologia clínica***; o "Bing's", de diagnósticos neurológicos****; o *Sermão da montanha*, de Huberto Rohden (meu livro de cabeceira) [79]; e o monumental *Reglas y consejos sobre investigación científica*, de Ramón y Cajal [75]; todos meus companheiros por muitos anos ainda por vir.

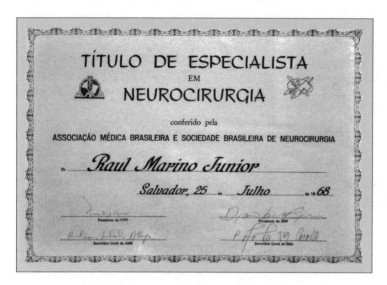

O primeiro título de especialista de Raul Marino Jr.

*** N.E.: A primeira edição do *The neurological examination*, de autoria de Russel N. DeJong, foi publicada em 1950.
**** N.E.: A primeira edição encontrada em pesquisa do livro *Bing's local diagnosis in neurological diseases* é de autoria de W. Haymaker e foi publicada em 1956.

A LAHEY CLINIC – BOSTON

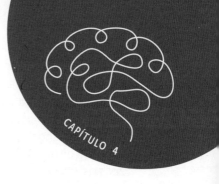

A LAHEY CLINIC, FUNDADA em 1923 pelo Dr. Lahey, sempre foi famosíssima. Nela, a Neurocirurgia tornou-se referência em todos os Estados Unidos, em especial a partir da década de 1930, em razão do seu célebre neurocirurgião-chefe, James L. Poppen, e de seu antecessor, Gilbert Horrax (ex-discípulo de Cushing). Poppen adquiriu grande notoriedade e recebeu pacientes do mundo inteiro, como Eva Perón, por ele operada, e John F. Kennedy, em 1947 e, por uma fração de tempo, em 1963, na ocasião de seu assassinato, durante o transporte de Boston para Dallas, em um jato militar, infelizmente, Poppen acabou chegando em Dallas tarde demais diante dos estragos que o potente projétil havia ocasionado no crânio presidencial e cujo restante da história já é conhecido.

Poucas semanas depois de instalada a Revolução de 1964 no Brasil pelos militares, eu cheguei em Boston. Instalei-me no Hotel Kenmore, no Kenmore Square, a um quarteirão da Lahey Clinic. O hotel já não existe mais; foi transformado em um condomínio. Eu só tinha no bolso cerca de dois mil dólares, produto da venda de meu velho "fusquinha", que eu utilizava em São Paulo para fazer minhas punções liquóricas para o laboratório Lavoisier. Na Lahey Clinic, indicaram-me uma casa de cômodos que aceitava médicos, pela qual pagava quinze dólares por semana, sem direito a cozinha ou telefone. A senhoria era uma canadense um tanto sovina e atrelada a libações alcoólicas, razão pela qual

O grande neurocirurgião James L. Poppen em sua residência em Boston, EUA (foto tirada por Raul Marino Jr.)

o único telefone funcionava somente com moedas. Muitas vezes, fui chamado para atender a dita cuja caída no andar debaixo. Comida, só nos hospitais, pois não havia cozinha na casa.

Foi uma época de impiedosa adaptação, pois, nas poucas folgas do hospital, eu ficava em casa estudando até bater certa fome. A solução encontrada foi trazer salsichas do supermercado, colocá-las em uma meia (limpa!) sob a torneira quente do banheiro e, depois de aquecidas, colocá-las no respectivo pão para, com alguma mostarda, improvisar um *hot dog*. Como também não havia geladeira, eu escondia as salsichas em uma cômoda para não serem detectadas pela proprietária. Meses depois, improvisei um forninho elétrico, também escondido, para melhorar o cardápio, que passou a incluir baurus. Certa feita, comprei algumas latas de suco de uva para melhorar o repasto; inexperiente, sem saber que deveriam ser guardadas em uma geladeira por serem suco concentrado para ser diluído com água, tomei em temperatura ambiente mesmo, causando uma reação hipertônica gástrica, vomitando tudo a seguir. Sem geladeira, as outras latas explodiram, danificando alguns de meus livros, que estão marcados até hoje pela imprudência. Foi um belo começo! Quando contei aos meus filhos sobre essa minha luta pela sobrevivência, eles ficaram escandalizados.

Na Lahey Clinic, apresentei-me aos coordenadores do serviço, os Drs. Edwin Lang e Charles Fager, tendo sido muito bem recebido, talvez pelo fato de falar e escrever um bom inglês, ao qual há muito vinha me dedicando. Os casos eram operados não na clínica, mas no New England Deaconess Hospital e no Baptist Hospital, este último considerado um hospital da elite bostoniana. A roupa – tive que me acostumar – era sempre terno e gravata, diferentemente dos uniformes brancos do HCFMUSP, estivesse frio ou calor. E como fazia frio! Logo, tive de adquirir um casaco pesado, com capuz.

Finalmente, fui introduzido ao famoso chefe do serviço, o Dr. James L. Poppen. Vestido impecavelmente, de alta e impressionante estatura, verdadeiramente atlético e tinha mãos extremamente fortes. Mais tarde, descobri que ele havia sido profissional de beisebol do Chicago White Socks, um imbatível *pitcher* (ou lançador). Calvo, nunca sorria; com seus óculos meia-lua, na ponta do nariz, impunha grande respeito e reverência. Com a mesma cortesia que nos tratava no ambulatório da clínica, Poppen

Foto da pensão em que Raul morou em Boston, durante sua residência em Neurocirurgia

podia praguejar, blasfemar, xingar e falar palavrões durante os piores momentos de uma cirurgia. Aprendi a respeitá-lo, pois as coisas que vi acontecer durante as cirurgias eram indescritíveis; suas mãos eram ágeis como o vento, e seus resultados, simplesmente brilhantes. Ainda não havia UTI, mas, no dia seguinte às cirurgias, seus pacientes já estavam despertos ou lendo jornais na sala de recuperação. Tudo era bem diferente dos casos aos quais eu estava acostumado no HCFMUSP. Jamais o vi utilizar um microscópio binocular ou mesmo uma lupa entre os olhos, instrumentos que já estavam sendo introduzidos na Neurocirurgia, o primeiro por Gazi Yaşargil e o segunda por Charles Drake, ambos no Canadá.

Foram dias incríveis que passei ao lado daqueles três cirurgiões excepcionais. Exceção feita à enfermeira instrumentadora do Dr. Lang, a temida *miss* Murdy, que supervisionava o serviço, com a qual cheguei a passar maus momentos, vindo a descobrir que ela odiava sul-americanos, muitas vezes, tentando judiar do neófito brasileirinho. A situação melhorou um pouco quando comecei a cair nas graças do chefe supremo, pois, com ele, ela não podia.

O Baptist Hospital, por onde o Dr. Poppen iniciava suas visitas em torno das seis da manhã, era um verdadeiro labirinto; nele, novas alas foram adicionadas umas às outras, entremeadas por complicadas escadas e elevadores, que comunicavam os vários edifícios. Todos os dias, nós, os residentes, éramos obrigados a fazer as prescrições, as evoluções e os curativos; quando estávamos realizando uma dessas funções, o Dr. Poppen desaparecia por um dos corredores e não conseguíamos encontrá-lo naquele intrincado labirinto de corredores. Ele nos abandonava na continuidade das visitas e só íamos encontrá-lo quando a cirurgia já estava começando no Centro Cirúrgico, com o paciente já quase anestesiado. Elaborei um jeito para contornar o problema: eu chegava mais de uma hora antes dele, quando o céu ainda escuro, fazia todos os curativos, prescrevia todos os leitos, fazia todas as evoluções e, assim, conseguia acompanhá-lo, a seu lado, em todas as visitas à beira dos leitos, deleitando-me com suas *bedside manners* e com o modo que se entendia com os pacientes operados. Pela primeira vez, senti que ele começava a sorrir para mim ao ver cumpridas todas as minhas obrigações. Entretanto, na sala de cirurgia, era tudo completamente diferente, como já mencionado anteriormente.

O Dr. Poppen foi o primeiro a publicar um atlas de Neurocirurgia [72], cujas técnicas por ele preconizadas eu consulto até hoje, orgulhoso de sua dedicatória na primeira página. Ele foi sempre referência na cirurgia norte-americana e em outros países. Recebíamos pacientes de todos os continentes e de todos os Estados Unidos. Chegavam muitos tipos de casos, como lesões de nervos periféricos, tumores, lesões das fossas posterior, média e anterior, aneurismas, malformações vasculares, hidrocefalias e, até mesmo, simpatectomias torácicas e abdominais para tratamento de hipertensão ou causalgia, estas realizadas em cerca de nove minutos cronometrados, de pele a pele. Sua maior referência era no tratamento de aneurismas, que eram ainda muito temidas pela maior parte dos cirurgiões da época. Ele tratava essas patologias clipando os aneurismas diretamente e revestindo-os com acrílico ou com músculo, conforme a sua localização; sempre com bons resultados e sem o auxílio de lupas ou microscópio, como fazemos atualmente. Quando lhe perguntei porque ele não os utilizava, respondeu: *"I can see very well with my own eyes, doctor"*; e só usava seus próprios óculos como resposta. Muitas e muitas vezes, depois de mais de um ano o auxiliando nos casos mais difíceis, eu rezava para que um aneurisma se rompesse para ver o que ele faria, mas jamais aconteceu o que eu esperava (*sic*).

Poppen tinha "mãos de fada", apesar de enormes e fortes. Com elas, chegava à dura-máter e à exposição do cérebro em cerca de quinze minutos, após serrar a tábua óssea com a serra de Gigli, como se fosse um queijo fresco. Por várias vezes, cronometramosseus passos. Logo comecei a entender e a prever todos os seus movimentos. Sua instrumentadora chilena colocava-lhe nas mãos todos os instrumentos sem que ele pronunciasse uma palavra sequer, como que adivinhando o tempo cirúrgico. Então, começamos a trabalhar em uníssono, eu também procurando adivinhar a manobra seguinte. Percebi que ele começava a apreciar o que ocorria, já que proferia menos impropérios.

Éramos três residentes: um da Harvard, um da Tufts e eu, do Brasil. Rodávamos mensalmente entre os três neurocirurgiões, em escala estabelecida por *miss* Murdy, supervisora *registered nurse* (R. N.) do serviço. Após cerca de seis meses, ela recebeu a ordem do chefe de que não haveria mais rotação e que eu ficaria com ele até o fim do estágio. Foi um reboliço, já que as outras faculdades enviavam seus residentes para estagiar por um ano no serviço do megacirurgião para aprender seus truques, e tais residentes eram cuidadosamente selecionados para tal fim. Aprendi muito com meus colegas residentes, sobretudo a tirar histórias em inglês, fazer exames neurológicos de alto nível e viver o *american way* dos hospitais. *Miss* Murdy, que já antipatizava com a minha raça, passou a me odiar ainda mais. No entanto, não se atrevia a desobedecer às ordens do chefe; e eu fiquei um tanto mal visto pelo Fager, pelo Lang e pelos meus colegas residentes, que não entenderam o que estava acontecendo. Mesmo assim, fiquei com o Poppen até o fim do estágio no ano entrante. Um dia, Dr. Poppen disse-me que seus pacientes o julgavam pelo modo que as pessoas que trabalhavam com ele os tratavam. Naquele momento, senti que andava fazendo algo certo para merecer a honraria de tornar-me exclusivo.

Mais ou menos no meio do estágio, outro membro da família Kennedy sofreu um acidente: queda de avião com fratura da coluna. Ele deu entrada no Baptist Hospital e lá ficou durante seis meses em uma cama tubular rotatória suspensa. Era o senador Ted Kennedy, conhecido por sua bela oratória e suas desventuras. Outro caso notável foi o do jogador de beisebol do Red Sox, Ted Williams, o "rei Pelé" do beisebol norte-americano, um homem tão enorme quanto simpático, que nos confiou sua hérnia de disco. Fui o primeiro assistente desse caso, incumbido também de todos os curativos e da retirada de pontos, que foi realizada no Deaconess Hospital, a curta distância de onde eu morava. Os casos sucediam-se, sobretudo no inverno em que meu carro não conseguia subir as ladeiras que levavam ao Baptist Hospital e eu tinha que ir a pé, às cinco da manhã, ainda escuro, amassando neve até os joelhos, de botas, chegando ensopado de suor ao cume da montanha. Foram dias bem penosos.

Os exames radiológicos que fazíamos eram sobretudo arteriografias realizadas com a agulha de Poppen, em baioneta, geralmente sendo as carótidas puncionadas por ele mesmo. Pneumencefalogramas, iodoventriculografias e mielografias com Lipiodol® eram os exames pré-operatórios mais comuns. Durante o estágio, tive o meu primeiro contato com as estereotaxias, que eram realizadas pelo Dr. Fager para Parkinson e tremores com o aparelho de MacPherson. Muitas intervenções sobre o trigêmeo eram também realizadas, como transcranianas e infiltrações com álcool ao nível do forame oval. Anastomoses faciais, cordotomias por visão direta e muitas cirurgias da coluna, tanto cervicais quanto lombares, aconteciam diariamente.

Durante os finais de semana, elaborava meu primeiro trabalho científico de peso, analisando 45 casos de pinealomas operados pelo Dr. Horrax e pelo Dr. Poppen durante vários anos, utilizando seu clássico acesso pela fossa posterior; esse trabalho foi ulteriormente publicado no *Journal of Neurosurgery*, tendo eu como coautor [73]. Fiquei muito orgulhoso pelo fato de meu modesto nome constar ao lado do grande ícone, porém um pouco triste quando os editores separaram as ilustrações do trabalho, desligando-as do texto escrito e publicando-as na seção de técnicas, atribuindo o nome de "técnica de Poppen" para os pinealomas, o que achei muito justo. Até então, foi o trabalho que possuía a maior estatística desses casos na literatura, logo superado pelas enormes estatísticas dos japoneses, que têm grande incidência dessa patologia, usando a mesma técnica.

Também pela primeira vez na literatura, utilizamos as válvulas de Hakim para hidrocefalia de pressão normal, idealizadas por Salomón Hakim, da Colômbia, que havia recém-descrito essa nova síndrome e que também havia sido residente da Lahey Clinic e nos forneceu suas primeiras válvulas de rubi para testar no Deaconess Hospital, com grande sucesso. Quando, mais tarde, eu as trouxe para o Brasil, fui ridicularizado por alguns colegas do serviço de Neurocirurgia do HCFMUSP, que ainda não acreditavam que poderia existir hidrocefalia com pressão liquórica normal, embora artigos de Hakim e de Raymond Adams, da Harvard, já tivessem sido publicados.

Poppen havia aperfeiçoado um novo tipo de acesso para as leucotomias frontais, ainda em uso na época para o tratamento de psicoses e dores rebeldes do câncer. Lembro-me de um caso, no Deaconess, de uma senhora que aguardava na maca, no centro cirúrgico, bem quietinha, ao lado de uma paciente agitada que iria sofrer uma intervenção na tireoide. Foi nessa paciente agitada que um residente (não eu!) realizou uma tricotomia total, sob os frenéticos protestos da tireopata. O anestesista felizmente detectou o engano, e a clínica se deu por feliz em pagar apenas quarenta mil dólares por um infeliz corte de cabelo, depois que a leucotomia foi realizada na paciente correta após nova tricotomia.

Professor Nauta, pai do sistema límbico

Em Boston, os hospitais ficam relativamente próximos uns dos outros, bem como a Harvard Medical School, na Longwood Avenue. Apesar do volume de trabalho, eu costumava fugir à noite para assistir às aulas de neuranatomia na Harvard, ministradas por consagrados professores, como Walle Nauta, Paul Yakovlev, Simeon Locke, Jay B. Angevine, Deepak N. Pandya e tantos outros. Também participava de seminários e *grand-rounds* no serviço do professor Donald Matson, no Children's Hospital Medical Center—Peter Bent Brigham Hospital, e, aos sábados, no serviço de Neurologia do professor Derek Denny-Brown, no Boston City Hospital; ambos pessoas de saudosa memória, dada a sua importância histórica e suas grandes contribuições às neurociências.

É relevante lembrar que, naquela época, a Neurocirurgia ainda não se utilizava de corticosteroides, com a finalidade de melhorar o pós-operatório. Seu uso despontou no Montreal Neurological Institute (MNI), meu próximo estágio como residente, e logo foi adotado pelo Dr. Poppen e sua equipe na Lahey Clinic, melhorando ainda mais os resultados de nossos pós-operatórios. Utilizávamos dexametasona injetável, em vez de acetato de cortisona via oral, como em Montreal, a fim de evitar os distúrbios gástricos causados pelo acetato de cortisona.

Nas minhas correspondências semanais que enviava ao professor Tenuto e a José Zaclis, no HCFMUSP, não tardei em comunicar o fato de estarmos usando corticosteroides em Boston, inclusive informando todas as dosagens lá praticadas nos dez primeiros dias de pós-operatório, com resultados muito superiores à utilização de ureia endovenosa e manitol. Assim, o procedimento foi prontamente adotado por todos os serviços de Neurocirurgia em todo o Brasil e se mantém até o momento.

Meu relacionamento pessoal com o Dr. Poppen melhorava a olhos vistos e, apesar de seu gênio agressivo, que o notabilizou como caçador de leões e grandes animais africanos, comecei a notar certas manifestações paternalistas em relação a mim. Por vezes, ele me convidava para jantar em sua atraente residência e, no mês de novembro, quase ao fim do estágio, pude desfrutar de um dia encantador junto de sua família, no feriado mais importante do ano nos Estados Unidos, o *Thanksgiving Day*, ou seja, Dia de Ação de Graças, que foi celebrado em um lindo almoço familiar no exclusivo The Country Club, em Brookline, onde depusemos nossas assinaturas no bonito cardápio, o qual guardo até hoje como recordação.

Permitam-me transcrever algumas palavras de uma carta de recomendação que o Dr. Poppen enviou à minha faculdade, por ocasião de minha Livre-docência, escritas de próprio punho: "*Dr. Marino during his association with me demonstrated technical ability as a neurosurgeon, a thorough understanding of neurosurgical problems; honesty and industry. I tried to have him stay with us in our neurosurgical department. Dr. Marino felt that he wished to continue with his studies until he felt satisfied with his thorough knowledge of neurological and neurosurgical problems. I consider Dr. Marino as a highly competent scientist and neurosurgeon. (Ass. James L. Poppen, MD)*". Essas palavras têm me servido de muito conforto e alento durante toda a minha carreira médica, sobretudo nas horas mais difíceis.

O dia em que comuniquei ao Dr. Poppen o fim do meu estágio foi muito triste. Ele teve uma reação comovente ao demonstrar a decepção por perder seu dedicado assistente, embora uma das cartas de recomendação que recebi tivesse sido assinada por ele mesmo, para que eu me tornasse *research fellow* da Harvard Medical School após o fim do estágio. Tive a felicidade de, ainda por muitos anos, contar com a amizade quase paternal desse lendário neurocirurgião, convidando-o, certa feita, já no Brasil, para participar do Congresso Brasileiro de Neurocirurgia no Rio de Janeiro, em 1972, ocasião em que também o convidei para ser o padrinho de meu casamento, que ocorreu após o congresso. Contudo, ele foi impedido por um mal súbito, que o levou de volta a Boston, onde desenvolveu uma trombose pulmonar, a qual, em pouco tempo, nos privou de seu convívio. Meu futuro chefe na Harvard, o professor Henry Thomas Ballantine Jr., que também fora convidado para o Congresso, veio para São Paulo, junto com sua esposa, como segundos padrinhos.

Professor James L. Poppen

Professor James L. Poppen

RESEARCH FELLOW

CAPÍTULO 5

NA HARVARD UNIVERSITY

Quase no fim do meu estágio na Lahey Clinic, fui convidado para uma recepção do pessoal do Banco de Boston, com o qual eu tinha contatos aqui no Brasil, antes de ir estudar no exterior. Mr. Kramer, da diretoria do banco, apresentou-me a um dos cirurgiões da Harvard, o professor Henry Thomas Ballantine Jr., um simpático e atraente *gentleman* de cabelos grisalhos e bigode britânico. Ele interessou-se pelo que estava sendo feito no serviço do Dr. Poppen e perguntou se eu gostaria de trabalhar com pesquisa, além da clínica neurocirúrgica que estava completando, obtendo imediatamente o meu enfático "sim".

Ballantine solicitou, então, meu currículo e cartas de recomendação, oferecendo-me uma bolsa de seu fundo de pesquisas, para trabalhar com ele em seu laboratório de pesquisa estereotáxica com ultrassom focalizado, em animais e humanos, no Massachusetts General Hospital (MGH).

Henry Thomas Ballantine Jr., professor de Raul Marino Jr., na Harvard

Escudo da Harvard

Ballantine também foi um dos introdutores da psicocirurgia no principal hospital da Harvard, que, por coincidência, era um dos meus maiores interesses em Neurocirurgia, assunto que iria modificar completamente meus rumos nessa especialidade, sobretudo pelos estudos aprofundados sobre o sistema límbico – a sede das emoções e da afetividade –, ainda não conhecidos no Brasil, frutos dos cursos noturnos que eu vinha fazendo na Harvard Medical School, com seus incríveis professores.

Senti, naquele momento, que novos horizontes se abriam para a avidez de meus conhecimentos sobre as funções superiores do nosso cérebro, algo pelo qual eu já me interessava desde meus estudos sobre a glândula pineal, que tantas vezes operei em meus ratos no laboratório de Histologia da USP.

Ao terminar meu estágio na Lahey Clinic, em 1965, vi-me transportado a um novo mundo, comandado pelos nomes famosos que eu costumava ver citados em livros e tratados – como William H. Sweet, o mais famoso dentre eles, precursor de tratados pioneiros sobre a cirurgia da dor [87], junto com James White, seu coautor e ex-chefe do serviço; e Raymond Kjellberg, de origem sueca, um dos pioneiros da estereotaxia, junto com seu mestre Lars Leksell, criador da *gamma knife*. Kjellberg foi também o primeiro a utilizar, em meados de 1960, em seus tratamentos, a radiação *proton beam*, por meio do cíclotron da Harvard e do Massachusetts Institute of Technology (MIT), aparelho do porte de uma pequena cidade, gerador de um feixe de prótons que não atravessam seu alvo, seja um tumor medular ou um tumor de hipófise. Milhares de casos foram operados por Kjellberg, gênio da estereotaxia. Em razão do seu custo exorbitante, havia apenas dois desses aparelhos nos Estados Unidos. Tive o privilégio de acompanhar muitos dos casos operados. Dentre muitos outros cirurgiões famosos por suas técnicas, faziam parte da equipe Hannibal Hamlin, responsável pelo implante de sementes radiativas na hipófise; Vernon Mark, por seus estudos com implantes de estimuladores no lobo temporal e hipotalâmicos para agressividade, junto com Robert Schwab, chefe do serviço de Eletroencefalograma; e Robert Ojemann, que se dedicava à cirurgia vascular.

Nesse panorama, o *grand seigneur* e chefe do serviço era o professor William H. Sweet, que, além de ser uma enciclopédia ambulante de Neurocirurgia, havia revolucionado a cirurgia da dor em todas suas variantes, desde as cirurgias diretas até a criação de estimuladores e marca-passos para a coluna posterior da medula e nervos periféricos, englobando a criação dos eletrodos de radiofrequência em temperaturas controladas para lesões estereotáxicas, a secção da haste hipofisária na retinopatia diabética e tantas outras inovações. Sua presença era obrigatória em todos os congressos neurocirúrgicos, e ele invariavelmente se levantava para tecer comentários, sempre ouvidos com grande respeito pela plateia. Foi uma excelente oportunidade poder acompanhar todos esses eventos.

Apesar desse ambiente de tanto prestígio, o começo no departamento foi bem restrito. O *fellowship* iniciou-se no andar de pesquisas do MGH, no laboratório de neuroacústica, liderado pelo médico e físico indiano Padmakar Lele, que se tornou orientador em metodologia de pesquisa animal. O laboratório, impressionantemente superequipado com máquinas estereotáxicas gigantes, onde se encaixavam gatos, ratos e também barras de acrílico. Nessas máquinas, o gerador de radiofrequência, um dos primeiros da Radionics©, gerava pulsos de radiofrequência que eram transformados em ultrassom focalizado, dirigido a um desses alvos, na detecção de lesões. Tais descobertas seriam futuramente úteis para tratamento de humanos, em cirurgias de Parkinson, cordotomias (para dor) ou psicocirurgias. Nos primeiros meses, eu e os outros pesquisadores mergulhamos em cálculos matemáticos, estudos de estatística e milhares de lesões a fim de padronizar os parâmetros lesionais. O projeto era

William H. Sweet, chefe supremo da Harvard, segundo os seus residentes

financiado pelo National Institutes of Health (NIH) e recebíamos frequentes visitas de especialistas para analisar nossos resultados [51]. Havia um excelente jovem técnico de laboratório que ajudava em todos os procedimentos, sendo o professor Ballantine responsável por todos os projetos.

Quando o professor descobriu meu interesse pela psicocirurgia e pelo sistema límbico, colocou-me também no seu projeto pioneiro da cingulotomia no tratamento de doenças mentais (depressão, anorexia nervosa, transtornos obsessivo-compulsivo) e de dores rebeldes do câncer. Aos poucos, comecei a passar mais tempo nas salas de cirurgia e de radiologia, onde realizávamos desde trepanações até localizações estereotáxicas com lesões de radiofrequência. Logo começamos a apresentar os primeiros resultados, que eram impressionantes, em vários congressos importantes, não descuidando das publicações [6].

Esses primeiros resultados foram tão animadores que determinariam meu domicílio quase permanente na copiosa biblioteca do hospital e também na famosa biblioteca da Harvard Medical School, em Brookline, onde eu procurava atualizar minhas pesquisas com a literatura vigente. Durante minhas "fugas" vespertinas, frequentava as aulas do professor Walle Nauta, no MIT, o qual havia me introduzido ao universo do sistema límbico; ele era um dos seus principais estudiosos e descobridor de suas conexões, por isso sendo conhecido no mundo todo (exceto ainda no Brasil), e estava bastante interessado em meu trabalho, tendo sempre nos dado bastante apoio. Em vista disso, solicitei ao professor Ballantine que me permitisse iniciar alguns trabalhos com Nauta no MIT, que ficava do outro lado do Charles River, rio que atravessa toda a cidade de Boston.

Foram dias inesquecíveis ao lado daquele gigante da neuranatomia, quando pensei descobrir uma nova vocação, ao estudar mais profundamente essa parte do cérebro ainda pouco conhecida pelos pesquisadores e neurologistas, cujas funções completavam todos os mistérios das funções cerebrais que eu pesquisara nos meus iniciais sonhos psiquiátricos. Jamais conheci na vida alguém com a personalidade e o espírito do professor Walle Nauta. Filho de pastores protestantes, passou grande parte da vida na Indonésia e depois na Suíça, mais tarde emigrando para os Estados Unidos, já como um dos maiores anatomistas do mundo. Em pouco tempo, eu e os membros de sua equipe passamos a participar de suas cirurgias experimentais em gatos, cães e macacos, nas quais pudemos abordar lesões inimagináveis, que depois eram seguidas em cortes e impregnações argênticas, por meio de técnicas criadas por ele, a fim de descobrir suas conexões. Essas conexões acabaram por decodificar os mistérios das funções mais elevadas do cérebro sob o ponto de vista das emoções, afetividade, aprendizado, motivações, dor e prazer, que eram testadas antes que os animais fossem sacrificados para os exames histológicos das vias e conexões.

Eu nunca havia aprendido tanto sobre aquele assunto – e minha admiração por aquele ser humano crescia dia a dia. Nauta foi meu mestre mais admirado e querido não apenas pela sua simplicidade e humildade científica, como também pelo volume do seu saber, pela sua afabilidade quase paternal, pela forma como tratava seus assistentes de várias partes do mundo e pela sua boa vontade em nos ensinar suas técnicas e compartilhar sua grande sabedoria. O mais interessante do sistema nervoso, para ele, era desvelar seus mistérios a cada dia que passava.

O local mais sagrado da Harvard, a cúpula do éter do MGH,
onde foi realizada a primeira anestesia geral no mundo

Ballantine notou meu progresso e logo resolvemos aplicar aqueles novos conhecimentos para explicar nossos resultados nas psicocirurgias do sistema límbico, no caso das cingulotomias. Junto com o professor Nauta, Ballantine ajudou-me a criar um primeiro esquema funcional de todo o sistema límbico, um novo circuito de Papez [63,64], destinado a mapear todas suas conexões, o qual foi ulteriormente escolhido como parte de nossa primeira publicação no *Journal of Neurosurgery* [6], sem que eu tivesse ainda atingido meus trinta anos de idade. A desenhista do MGH realizou um bonito trabalho com nosso esquema e, semanas depois, fui convidado a dar uma palestra sobre o sistema límbico, dor e psicocirurgia no local onde eram realizadas as nossas reuniões semanais do grupo de Neurocirurgia, o *Ether Dome* (cúpula do éter), anfiteatro onde Thomas Green Morton realizou a primeira anestesia geral da história da Medicina, em outubro de 1846, mudando para sempre os rumos da cirurgia no mundo – é, por esse motivo, o local mais nobre do MGH.

Era de se ver aquele jovem brasileirinho se sentindo alguém importante frente a tão seleta plateia (*sic*)! Muitas foram as palestras e os congressos que se seguiram, apresentando os nossos primeiros resultados, que geraram um intenso progresso nas intervenções psicocirúrgicas para dor e psicoses. Em dezembro de 1965, usei a passagem da fundação Fulbright para passar o Natal com minha família em São Paulo e, ao visitar meus professores no Instituto de Psiquiatria do HCFMUSP, fui convidado para uma palestra sobre dor, psicocirurgia e sistema límbico – e essa foi a primeira vez que o tema foi abordado no Brasil. Após pouco tempo, esse mesmo tema revolucionou todo o pensamento psiquiátrico. Até então, o pensamento psiquiátrico não necessitava do cérebro para explicar as teorias freudianas de ego, id, superego e inconsciente, que foram abaladas na literatura médica em razão das novas descobertas, que demonstraram que os processos mentais não podem ocorrer no vácuo.

Dona Brígida, mãe de Raul, no primeiro Natal do médico no Brasil, após o início de sua residência em Boston

Após matar as saudades dos familiares e amigos, voltei para Boston, mergulhei cada vez mais profundamente nessas novas aquisições, fazendo delas a maior motivação de minha vida científica e acadêmica.

Após um tempo, deixei a casa de cômodos em que morava com mais dois colegas da USP, Vicente Mazzola e Chiu Ping Wong, meus colegas de turma da FMUSP, para habitar, como plantonista noturno, o Wiswall Hospital, conceituado sanatório psiquiátrico, donde provinham nossos pacientes selecionados para psicocirurgias no MGH. O Wiswall situava-se na cidade de Wellesley, em Massachusetts, a cerca de quinze milhas da Harvard, em Boston, e, por coincidência, ficava bem em frente à residência do Dr. Charles Fager, agora chefe da Lahey Clinic, de quem me tornei um bom amigo, incluindo a sua esposa e seus quatro filhos.

A casa da família Fager era uma imponente representante da arquitetura Tudor/New England e eu nunca me cansei de fotografá-la. Anos mais tarde, usei-a como base para construir algo parecido no bairro Morumbi, em São Paulo, SP, em torno de uma grande biblioteca – a casa dos meus sonhos –, onde criaria meus filhos. Tive motivos de sobra para nunca me esquecer de Fager, de sua esposa Maggie e de seus filhos, a nossa amizade crescia a cada visita que lhes fazia, visitas que perduraram até seu falecimento, em 2014, inclusive tendo me hospedado muitas vezes em sua apreciada residência.

Na época dos plantões no Wiswall, eu me deslocava todos os dias, fizesse frio ou caísse neve, desde a minha residência, na cidade de Wellesley, até o MGH, em Boston, na minha nova aquisição: um Mustang *fastback* vermelho, que me levava diariamente ao estacionamento do MGH e pelo qual pagava prestações de 65 dólares mensais, com a pretensão de depois trazê-lo ao Brasil. Era terrível desenterrá-lo da neve durante o inverno, sobretudo de terno e gravata, transpirando logo pela manhã.

A vida em Boston e Wellesley nunca foi monótona. Os trabalhos nos laboratórios e nas bibliotecas da Harvard e do MIT eram cada vez mais intensos, e eu ainda frequentava todos os cursos possíveis e todas as reuniões no Boston City Hospital, com Denny-Brown, e no MGH, com o conhecidíssimo neurologista professor Raymond Adams, então suprassumo na Neurologia.

No MGH, Adams ministrava reuniões de cortes de cérebros às tardes e de neuropatologia à noite, junto com E. P. Richardson e o brilhante professor Miller-Fisher. Era um assombro de conhecimentos que eles dirigiam a jovens cérebros como o meu. Nunca aprendi tanto e, até hoje, tenho guardadas as anotações da época. Nessas reuniões, cérebros eram anatomicamente fatiados e examinados, desde simples AVC até tumores, doença de Parkinson, síndromes difíceis e doenças degenerativas; cada um com seu microscópio no laboratório de patologia, discutindo lâminas, peças anatômicas e seus diagnósticos. Além disso, eram numerosas as

O Mustang vermelho do Raul, em Boston

visitas às enfermarias com pacientes em tratamento neurológico e neurocirúrgico. Não era à toa a conhecida fama do MGH como centro de ensino de excelência.

Além disso, as reuniões do serviço de Neurocirurgia do MGH eram capitaneadas pelo professor William Sweet, apelidado de "mito Sweet" por ser considerado uma enciclopédia ambulante de neurociências, com palavra obrigatória em todos os congressos de todas as sociedades americanas, sobretudo quando o assunto era dor, dada a sua enorme experiência e publicações sobre o assunto. Certa feita, Sweet mostrou seu diário e seu arquivo, onde anotava tudo o que se passava em seu serviço e também suas brilhantes ideias, que logo eram transformadas em publicações. Ele operava todos os dias e coordenava um dos mais importantes serviços dos Estados Unidos como supremo professor da Harvard. Eu devo a ele uma visita ao nosso futuro serviço do Hospital da Clínicas, após a qual me indicou para membro da American Academy of Neurosurgery, cargo que foi apanágio de poucos sul-americanos até então. (Falaremos mais sobre esse episódio mais adiante nestes escritos.)

A vida nas neurociências nunca foi tão intensa como nesse período na Harvard: as visitas ao Harvard Club, as compras na Harvard Coop e, em especial, a frequência às incríveis bibliotecas da Harvard Medical School, do MIT e do MGH; tudo à disposição, bastava entusiasmo. Sempre chegado a livros e revistas científicas, eu, agora, estava em um paraíso livresco. Tudo o que eu buscava era encontrado, tanto nas estantes como nas publicações, e volumosas cópias (xerox) eram continuamente acumuladas em nossa coleção, com uma vantagem: eram grátis aos *fellows* e pesquisadores. Sendo assim, eu e meus colegas acumulávamos um tesouro em artigos fundamentais que planejávamos trazer mais tarde para o Brasil. Aqui, vale um comentário. Um fato sempre nos chamava a atenção: embora frequentássemos essas bibliotecas enormes geralmente aos finais de semana e feriados, acredite, era difícil encontrar um lugar para se sentar. Mesmo nesses dias, as mesas e as cabines viviam repletas de jovens, estudando e pesquisando, elaborando seus trabalhos e teses. Lembrei-me, então, das bibliotecas no Brasil: elas permaneciam fechadas nos feriados, sábados e domingos, e, mesmo durante a semana, eram poucos seus aficionados. Para mim, isso sempre foi um choque, pois passei boa parte de minha adolescência xeretando publicações na Biblioteca Municipal da Consolação, na Circulante, ao lado, e na Biblioteca Infantil Monteiro Lobato, onde li todas suas obras, inclusive as escritas para adultos. Aliás, eu venerei esse homem: como exemplo e como escritor.

Felizmente, havia também horas de lazer, sobretudo junto à família de Henry Thomas Ballantine Jr., meu chefe direto. Tratava-se de família tradicional e abastada, que habitava no setor nobre de Boston, muito perto do MGH. Ele dirigia seu Bentley e possuía ancorado, ao lado do hospital, um enorme catamarã, para onde íamos, por vezes, na hora do almoço, com nossos sanduíches, discutir, a bordo, os assuntos de nossas pesquisas. Várias vezes, fui convidado para fazer parte da tripulação e velejar rumo a Cape Cod, ao sul de Boston, onde ele, os Kennedy e tantas outra celebridades tinham suas residências de

Corpo clínico da Harvard e residentes antes de Raul ir para o Canadá, em 1966

verão. Esses foram meus primeiros contatos e aventuras como velejador, e posso assegurar que a vida de grumete pode ser bem dura, seja obedecendo aos comandos do capitão, fazendo os contatos pelo rádio, consultando a bússola ou administrando as enormes e pesadas velas, manivelas e a fúria de um mar revolto. Todavia, sempre era recompensador, porque o verão é coisa rara na região; o sol é escasso e não se podia perder a oportunidade de tomar um solzinho na pele branca, sempre protegida pela sujeição aos ternos e gravatas, obrigatórios em todos os eventos.

Lembro-me também dos enxames de pessoas, jovens e idosos, que se postavam ao longo dos gramados às margens do Charles River, vestindo seus shorts à exposição do astro-rei. Ademais, nunca me esqueci dos prolongados invernos, ao desenterrar diariamente meu Mustang enterrado sob a neve e dirigir sempre derrapando pelas estradas marginais da cidade rumo ao hospital. Precisei adquirir pneus específicos para a neve e neles colocar correntes para que eu pudesse sair de casa em Wellesley sem patinar nas grossas camadas de neve.

Desses episódios, não guardo nenhuma saudade, apesar de tudo ter valido a pena. Por quê? Porque eu jamais esperava que tanta ciência pudesse se fixar em meu jovem cérebro. Eu tinha a sensação de viver entre gigantes, todos expoentes nas suas especialidades: Neurociência, Neurologia, Neurocirurgia, Neuropatologia, Neurofisiologia e Neuranatomia. Como dizia Sir Isaac Newton, "fica mais fácil enxergar ao longe quando estamos apoiados sobre os ombros de gigantes".

Naquela mesma época, algumas vezes frequentei, como penetra, vários cursos de Neurologia e Neuranatomia ministrados aos alunos do segundo ano de Medicina da Harvard Medical School, com o intuito de perscrutar tudo que eu pudesse absorver de bom para repassar aos meus futuros alunos da USP. Fiquei muito surpreso ao verificar que a maioria dos professores apresentava apenas seus trabalhos de pesquisas em andamento, muitas vezes de difícil assimilação pelos jovens alunos, ainda pouco maduros, que precisavam se virar apenas com o que havia nos livros, a fim de terem sucesso nos exames. Ainda guardo com muito carinho a volumosa apostila que era oferecida a esses alunos pela equipe do professor Raymond Adams, talvez o catedrático de Neurologia mais respeitado à época na especialidade. Essa apostila, mais tarde, foi transformada em livro, o qual ornou a minha cabeceira durante muitos anos da minha longa jornada de formação médica.

Professor Nauta, com seu inseparável cachimbo

Em virtude da oportunidade de conviver com celebridades da área, em ambientes tão notórios, aquele foi um período abençoado do ponto de vista científico. Entretanto, se me perguntarem qual sumidade marcou mais profundamente a minha alma e o meu coração, além do meu grande mestre, Dr. Poppen, eu diria que foi o extraordinário professor Walle Nauta, neuroanatomista do laboratório de Psicologia do MIT. Ele tinha um caráter maravilhoso. Costumava ajudá-lo nas intervenções cirúrgicas de seus animais: macacos e, sobretudo, gatos e ratos, nos quais fazia experimentações na tentativa de desvendar os mistérios do sistema límbico, até então pouco conhecido em Neurociência, determinando suas funções no comportamento desses animais e transferindo esses conhecimentos para os pacientes humanos, no que diz respeito aos mecanismos da dor, da afetividade, dos distúrbios psiquiátricos e das emoções. Seus cuidados com os animais de experimentação eram quase paternais; e com seus discípulos, que pululavam em seu enorme laboratório, eram totalmente paternais. Era costumeiro que todos os seus alunos se sentassem à sua volta, como se ele fosse um guru, para comer sanduíches e, depois, acender nossos cachimbos, dos quais ele também nunca se apartava, imitando o mestre e colaborando para a aromática e cheirosa fumaceira. Sua didática era inacreditável, transformando as complexas conexões

Pensando em neurofilosofia na biblioteca da Harvard

neurais que ia descobrindo com seus originais e inéditos métodos histológicos de coloração para degeneração de vias em exposições perfeitamente compreensíveis, a fim de que jamais fossem esquecidas por seus desluzidos epígonos. Ainda hoje eu consigo escutar seus ensinamentos, gravados na memória, entre uma baforada e outra, e sentir a olorosa fumaça que saía de seu inseparável cachimbo.

Também durante os cursos do professor Nauta foi possível conviver com outras celebridades que se deslocavam até o MIT para frequentar suas aulas, como o engenheiro Land, inventor da fotografia Polaroid®, e William Shockley, inventor do transistor e nobelista em 1956.

Naqueles anos, acompanhei o surgimento das novas teorias sobre os mecanismos da dor e da dor crônica, elaboradas por Melzack e Wall em suas palestras [56], que remodelaram os tratamentos cirúrgicos e medicamentosos desse magno problema médico. Esses autores foram responsáveis pela teoria das comportas e pela descoberta do papel da substância gelatinosa da medula espinal nos mecanismos das dores, feitos que possibilitaram, mais tarde, as aplicações dos estimuladores da coluna dorsal e da cirurgia de Nashold pela destruição dessas estruturas por radiofrequência. Ainda durante esse período, familiarizei-me com um programa muito importante de pesquisas, liderado por Hubel e Wiesel, sobre as funções da retina e das vias ópticas. O primeiro autor foi, posteriormente, ganhador do prêmio Nobel de Medicina em 1981.

Esses conhecimentos revolucionaram o meu pensamento psiquiátrico, neurológico e neurofisiológico sobre os mecanismos da dor, das doenças mentais e das recônditas funções do cérebro, desde a fisiologia dos movimentos até as atividades mais sublimes, como a meditação e a espiritualidade; passei a entender o cérebro como instrumento de todo o conhecimento, da filosofia, da metafísica e de todas as mais nobres funções que nos tornam humanos. Mais adiante, neste livro, será possível perceber melhor as consequências dessas aquisições, nos trechos em que relato o meu retorno ao Brasil e a fundação do serviço de Neurocirurgia Funcional no HCFMUSP. Boston era um paraíso para os cientistas, sobretudo os mais interessados no cérebro humano.

Quando o estágio na Harvard ia chegando ao fim, a família Ballantine proporcionou-me uma festa de despedida no terraço de sua residência, cujo filme em 8 mm ainda guardo entre minhas relíquias cinematográficas da época. Fizeram-me uma festa-surpresa, típica daquelas plagas, e me surpreenderam de verdade, convidando todos meus ex-professores. Estavam presentes o Dr. Poppen, meu querido mestre, o professor Nauta, o pessoal do Wiswall Hospital e do MGH, meus colegas de residência e suas esposas, as secretárias do MGH, os filhos do professor Ballantine e a sua secretária, que era sueca e por quem eu estava me apaixonando.

Despertando, hospedado na residência dos Ballantines em Boston

Naquela ocasião, então, despedi-me de todos, apesar de ter permanecido por mais alguns meses no laboratório do professor Walle Nauta, aguardando meu visto de imigrante para o Canadá, para onde estava dirigindo a continuidade de meus futuros planos cirúrgicos.

Meus laços de amizade com os Ballantine foram se estreitando cada vez mais ao longo dos anos, inclusive me hospedando por várias vezes em sua residência, até que um dia, já de volta ao Brasil, anos depois, eles se tornaram meus padrinhos de casamento.

Senti-me um pouco entristecido em deixar o convívio com meus companheiros e amigos de Boston, a fim de recomeçar uma nova vida em Montreal.

RUMO A MONTREAL

CAPÍTULO 6

NO MONTREAL NEUROLOGICAL INSTITUTE, DA MCGILL UNIVERSITY

Desde sempre, estimulado pelo meu amigo Publio Salles Silva, que havia estagiado em Histologia no Montreal Neurological Institute (MNI), chamado atualmente de The Neuro, sonhei em me familiarizar com a cirurgia das epilepsias, que ainda não havia sido implantada no Brasil. Por meio das cartas de recomendação de meus professores em Boston, que devem ter escrito algo de bom a meu respeito, fui aceito como residente no MNI para continuar meus estudos prioritariamente nesse setor. Assim, em agosto de **1966**, deixei minha residência em Wellesley, arrumei todas as minhas tralhas e livros no bagageiro do Mustang, que ficou todo carregado, sobrando apenas o banco do motorista, e peguei a estrada rumo ao Canadá.

Após algumas horas dirigindo, ao parar para pagar o pedágio na fronteira entre os dois países, recebi um amigável cumprimento do cabineiro: "Que lindo carro vermelho, sir!". Segui, todo orgulhoso, dirigindo meu "carango" e, quando atravessava o viaduto sobre o rio Saint-Laurent, fui subitamente abalroado por um Pontiac antigo, que me acertou de frente com enorme violência, a ponto de arrancar a roda dianteira esquerda e amassar o capô, que passou a cobrir a janela do para-brisa. Um desastre e tanto! Perdi os sentidos por alguns segundos, mas ainda tive tempo de ver que o culpado, provavelmente bêbado, fugia, com seu radiador fumegando, por uma das saídas laterais do viaduto. Olhei ao derredor e constatei que todos os meus pertences estavam espalhados por terra. Para finalizar o desastre, começou a chover torrencialmente. Tudo e todo molhado, eu não consegui assistência – e, naquele tempo, os celulares ainda não haviam sido inventados para eu poder pedir ajuda. Que bela recepção no meu primeiro dia canadense!

Felizmente, lembrei-me de um amigo: o chefe dos residentes do MNI, Bob Hansebout. Nossa amizade começara durante um dos grandes congressos de Neurocirurgia, quando, em um dos intervalos, ele me ensinou a tomar *rye*, o famoso uísque canadense. Como eu tinha o número de seu telefone, pude dirigir-me para a residência dos médicos do MNI, na University Street, enquanto a polícia guinchava meu estimado automóvel para o depósito dos acidentados. Apesar disso, o pior ainda estava por vir: ao ligar para a seguradora do carro, em Boston, fui informado de que a apólice havia vencido no dia anterior. Para encurtar a história, o conserto ficou em mil dólares e o motorista bêbado nunca foi encontrado. O carro também nunca mais foi o mesmo, pois os martelinhos canadenses não são tão bons como os brasileiros. Confesso que foi muito grande o estresse dessa recepção traumática e que demorei um tempo para me recuperar dos prejuízos materiais e do susto de quase ter morrido. Meus pais e minha família não souberam de nada na época, mas meus novos amigos do MNI tentaram me consolar de várias maneiras.

No dia seguinte, já recuperado do triste episódio, fui apresentado ao professor Theodore Rasmussen, diretor do MNI, uma pessoa impressionante, cuja fidalguia logo me cativou. Ele sucedia ao professor Wilder Penfield, figura quase mítica no mundo da Neurocirurgia, fundador do MNI e pioneiro da cirurgia da epilepsia mundialmente; autor de muitos livros e publicações, ele ainda frequentava as reuniões do MNI, fazendo trabalhos importantes em seu gabinete no segundo andar. Era um prazer enorme ver Penfield, aquela figura mitológica da Neurociência, circulando pelos corredores, em especial sabendo de sua história de ter trabalhado com Santiago Ramón y Cajal, Pío del Rio Hortega e Charles Scott Sherrington, de ter convivido com a família de William Osler, em Oxford, e ter trabalhado na Alemanha com Foerster, também pioneiro nas cirurgias de epilepsias. Conheci as obras de patologia e os livros de neuro-histologia de Penfield quando ainda era estudante na USP. Assim, quando ele passava por mim no MNI, eu tinha a impressão de estar convivendo com a própria história da Neurocirurgia,

Professor Theodore Rasmussen, diretor do Montreal Neurological Institute (MNI), coautor do primeiro livro de Neurocirurgia Funcional, escrito por Raul Marino Jr.

Professor Wilder Penfield, fundador do Montreal Neurological Institute (MNI) e pioneiro da cirurgia de epilepsia

da qual ele ainda era um dos seus grandes pilares. Durante grande parte da minha vida profissional, o seu clássico livro sobre cirurgia das epilepsias, escrito em parceria com Herbert Jasper [70], foi meu companheiro de cabeceira, donde sorvia diariamente novos conhecimentos. Ainda hoje admiro, em minha parede, a sua nobre foto com dedicatória, que me traz saudosas lembranças. Mais adiante, serão destacados alguns detalhes desse renomado neurocientista.

O professor Rasmussen, informado dos meus interesses, designou-me inicialmente para o serviço de Eletrencefalografia, chefiado pelo professor Peter Gloor, com quem passei meus primeiros quatro meses no MNI adquirindo novas habilidades. Preparava pacientes para o exame eletrográfico, colando eletrodos, e aprendia a ler eletroencefalogramas (EEG) e eletrocorticografias, realizadas no anfiteatro cirúrgico, registrando as ondas cerebrais dos pacientes operados a céu aberto, junto com as estimulações elétricas da superfície e da profundidade do cérebro. Os registros eram feitos através de eletrodos e permitiam o mapeamento das áreas corticais passíveis de remoção para tratamento dos focos epilépticos detectados inicialmente nos porões do MNI, no setor de EEG. Realizávamos também os chamados testes de Wada, através de punções carotídeas e injeções de amital sódico ou cardiazol, para a pesquisa gráfica de focos epilépticos em pacientes com epilepsias generalizadas ou focais bilaterais, a fim de identificar o lado certo a ser operado. Esses estudos eram realizados conjuntamente com a Dra. Brenda Milner e seus assessores, que realizavam os necessários testes neuropsicológicos por ela criados e que nos ajudavam nos estudos de lateralidade dos hemisférios cerebrais, determinando as áreas cerebrais de lateralização da fala e as áreas nobres ou eloquentes do cérebro desses pacientes.

Raul Marino Jr. escreveu uma biografia do famoso médico Sir William Osler, intitulada *Osler, o moderno Hipócrates* [48]

Procurei aprender tudo o que podia em relação a esses exames, pois tinha a intenção de trazê-los para a fundação de um futuro serviço no HCFMUSP. Novos horizontes se abriram nesses anos no MNI. E também grandes amizades surgiram entre os colegas residentes do MNI, alguns deles provindos de várias partes do mundo – Estados Unidos, Holanda, França, Índia, Japão, Tailândia, México, Peru, Venezuela e do próprio Canadá.

Logo depois do estágio no setor de EEG, eu e alguns residentes fomos conduzidos para um dos três serviços de Neurocirurgia, cada qual com experiências diferentes: o de William Feindel, o de Gilles Bertrand e o do chefe, Theodore Rasmussen.

Dr. Feindel, que havia sido residente do Penfield no MNI, mudou-se para a província de Saskatchewan, no Canadá mesmo, ulteriormente retornando para o MNI, onde se tornou famoso por seus estudos sobre circulação cerebral com radioisótopos e a céu aberto com corantes tipo fluoresceína. Dedicou-se também como pioneiro na utilização e no aperfeiçoamento do SPECT (*single photon emission computed tomography*), inaugurando o primeiro aparelho desse tipo no Canadá e, depois, o PET-*scanner*, sempre com a ajuda de seu laborioso assistente japonês Dr. Lucas Yamamoto. Hoje em dia, o PET-*scan* é um dos mais importantes exames subsidiários funcionais nos diagnósticos neurológicos e cardiológicos, principalmente na determinação da morte encefálica para uso nos transplantes de órgãos [88]. Seus estudos utilizando fluoresceína no diagnóstico da vascularização transoperatória em zonas eloquentes do cérebro também foram de repercussão importante em Neurocirurgia.

Ao ser transferido para os serviços de Neurocirurgia nas enfermarias do hospital, a minha vida transformou-se repentinamente, pois a rotina era demasiadamente diferente da enorme carga de estudos e pesquisas que eu experenciara na Harvard. O convívio diário com grandes nomes da Neurocirurgia e das neurociências foi substituído por uma rotina incrível de plantões, atendimento de emergências, chamados constantes no meio da noite e revisão de prontuários imensos de pacientes que eram internados ou que recebiam sumários de altas anteriores. Horas eram passadas nos ditafones, sem contar o volume extravagante de curativos e chamados da enfermagem. Voltei a ser um residente típico. Eu e meus colegas passávamos muitas horas em cirurgias intermináveis, de dez horas ou mais, pois os cirurgiões que ajudávamos não tinham a velocidade a que estávamos acostumados na Lahey Clinic e nem usavam drenos, gerando vazamentos constantes dos curativos, que tinham de ser trocados o tempo todo nas enfermarias. Os plantões eram de 24 horas e as três equipes revezavam-se semanalmente; dormíamos já de roupa branca e bipe (*pager*) ligado, prontos para nos levantarmos para atender aos chamados noturnos das enfermarias. Isso se repetia semana após semana. Alguns residentes viam-se obrigados a fugir durante a noite para visitar suas esposas ou suas famílias. Todas as refeições eram feitas no Royal Victoria Hospital, ao qual se chegava após atravessar uma ponte. Tudo se assemelhava a um sistema monástico.

Durante os dois anos que fiquei em Montreal, no MNI, tive tempo de ir ao cinema apenas duas vezes e não consegui sequer visitar a Exposição Mundial de 1967 (Expo 67), que foi realizada a poucas quadras do metrô. Isso tudo sem contar o infindável inverno e o frio intenso de Montreal, em que a neve e o gelo bloqueavam as ruas e era necessário usar botas especiais para chegar ao hospital a temperaturas de -15°C. É sabido que os arredores de Montreal se tornam um verdadeiro paraíso para os esquiadores e patinadores no gelo. Contudo, os residentes que se aventuravam a tais esportes e sofriam um acidente ou quebravam uma perna ou um braço, o que não era incomum e todos sabiam que houvera casos, eram desligados da residência.

Foto do Montreal Neurological Institute (MNI) autografada por todos os professores e residentes, quando da despedida de Raul

Imagine este jovem brasileirinho que vos fala submetido a tal sistema de campo de concentração, em um país estranho, até certo ponto hostil, onde, segundo um adágio corrente, havia apenas duas simbólicas estações do ano: o inverno e o mês de julho, quando fazia tanto calor que se tornava possível fritar um ovo no capô de um automóvel. Nesse panorama, ainda é preciso acrescentar o fato de que, às três horas da tarde, já não havia mais sol e o céu já estava escuro feito noite, fazendo o brasileirinho sentir muita falta do aprazível solzinho de São Paulo. Inclusive por esse motivo acabei comprando uma lâmpada ultravioleta, que prendi na cabeceira da cama para prevenir a falta de vitamina D.

Após alguns meses dessa vida, o brasileirinho, que sempre fora esportista, começou a se sentir mal, indisposto e constantemente cansado, tendo dificuldade até mesmo para subir uma escada. Um dia, conversei com uma das enfermeiras mais velhas sobre como eu me sentia e ela logo entendeu o problema; pegou um comprimido e me fez deglutí-lo. Senti-me ressuscitar imediatamente. Sabe o que era? Cloreto de sódio. Foi assim que descobri que o refeitório do Royal Victoria não colocava sal na comida. Passei a andar com um envelope do sal que me curou.

É verdade que não era um mar de rosas, mas nem tudo eram desventuras, afinal eu estava trabalhando na mais cobiçada residência de Neurocirurgia do Canadá e precisava usufruir da gratificante chance. Meu principal propósito era aprender o máximo possível sobre cirurgia das epilepsias, especialidade que ainda não existia no Brasil e que foi fundada no MNI, no início na década de 1930 por Wilder Penfield e seu neurofisiologista e colaborador Herbert Jasper.

Instrumentos históricos de Wilder Penfield, utilizados em cirurgias de epilepsias na década de 1930 e, posteriormente, doados a Raul Marino Jr.

Nesse ínterim, era muito benéfico, para mim, o fato de esses casos serem operados todos dias. A cirurgia durava mais de dez horas, desde a abertura, estimulação cortical, traçados eletrográficos, com o paciente acordado e colaborando com os examinadores, até o fechamento, quando era instaurada a anestesia geral. A propósito, o serviço de Anestesia do MNI era brilhante, criando novas técnicas para que a sedação não interferisse com a consciência nem com os registros elétricos, realizados em uma verdadeira gaiola de Faraday – a qual, mais tarde, foi reproduzida pela minha equipe no HCFMUSP. Naquela época, o professor Penfield já não era mais ativo como neurocirurgião e a maioria das intervenções era realizada por Feindel, Rasmussen e outros assistentes. Por serem cirurgias demoradas, nós, residentes, éramos substituídos para comer alguma coisa a fim de prevenir hipoglicemias, que eram frequentes.

O time de eletroencefalografia liderado por Jasper e Gloor permanecia no anfiteatro, separado por um painel de cristal, enquanto os cirurgiões encapuzados ficavam isolados na sala de cirurgia à frente, escoltados pelo neuropsicólogo, que testava o paciente acordado durante as estimulações corticais e o registro do corticograma. Detectado o foco epiléptico, este era cuidadosamente removido, mas somente após mapeamento das áreas nobres, motoras e da fala, que nunca eram comprometidas, a fim de não produzir sequelas neurológicas. Por essa razão era imprescindível que todo o ritual cirúrgico fosse estritamente obedecido. Após o fechamento da dura-máter e do couro cabeludo, o paciente era encaminhado à sala de recuperação, pois, naquela época, ainda não haviam sido criadas as UTIs. Seguiam-se repetidos curativos por cerca de dez dias, quando era efetuada a retirada dos pontos. Tanto os residentes como a enfermagem constituíam um exército perfeito, que proporcionava atenção e conforto ao paciente até o momento da alta hospitalar, que ocorria apenas mediante recuperação completa.

Nunca será demasiado enfatizar quão importantes foram as intervenções criadas por Penfield na década de 1930 para o progresso da Neurocirurgia e para o melhor conhecimento do cérebro humano. Foi na sala cirúrgica do MNI que, pela primeira vez, foram adquiridos mais de 70% dos conhecimentos sobre Neurologia, até hoje válidos, no que diz respeito à localização das áreas mais eloquentes e nobres do nosso cérebro – como a da fala, as motoras e as sensitivas, as da visão, a auditiva do lobo temporal, as da agressividade, do medo e das emoções (na

Corpo clínico de 1967 do Montreal Neurological Institute (MNI)

amígdala), a confirmação das áreas motoras e receptoras da fala de Broca e as receptoras da fala de Wernicke, e as áreas acessórias parassagitais –, à cura das epilepsias temporais focais e ao reconhecimento do sistema centrencefálico ou centrencéfalo nas crises epilépticas generalizadas e como sede da consciência. Junto com seus colaboradores, Penfield desvendou e revelou alguns dos mais recônditos mistérios do universo por meio do estudo do cérebro humano na mesa de cirurgia. Os pacientes acordados, apenas sob anestesia local, relatavam, aos seus examinadores e cirurgiões, o que sentiam em sua consciência durante a estimulação transoperatória no decorrer do próprio ato cirúrgico.

Em seu célebre livro, Penfield e Jasper [70] relatam episódios de memória e lembranças, em que seus pacientes recordavam do passado e também tinham variadas sensações durante a estimulação elétrica da região hipocampal. Narravam músicas e sinfonias após estimulação das áreas auditivas, descreviam visões durante estimulação das áreas visuais do lobo occipital, vivenciavam episódios de agressividade ou de raiva decorrentes da estimulação da amígdala. Todas essas situações, minuciosamente documentadas, filmadas e fotografadas pelos respectivos médicos, vieram a se constituir como monumental aquisição do MNI, durante décadas de intervenções até o presente, como parte de sua exuberante biblioteca, onde eu me deleitava nos poucos intervalos de trabalho.

Penfield foi o primeiro a mapear o cérebro humano, vivo e pulsátil, em toda sua extensão, utilizando pequenas etiquetas com letras e números, que eram fotografadas e depois correlacionadas, por Brenda Milner, com os achados cirúrgicos após as remoções das áreas epileptogênicas. Assim, ele criou o mapeamento cerebral e, depois, o homúnculo de Penfield (reproduzido em todos os seus livros), que representava caricaturalmente uma figura humana deitada no cérebro, exibindo todas as áreas do corpo, com destaque para os membros e a face, que sofrem alterações motoras e sensoriais pós-estimulação. Esse diagrama serviu

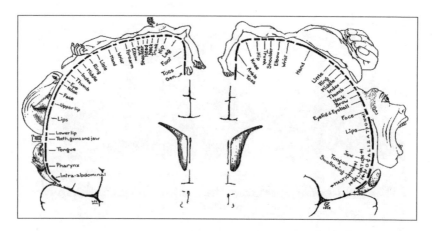

Reprodução do diagrama original do homúnculo sensório e motor de Penfield

Fonte: Rasmussen, Theodore. Theodore Brown Rasmussen (1910–2002): epilepsy surgeon, scientist, and teacher. 2003.

como guia anatômico a todos os cirurgiões que se dedicariam futuramente a essa especialidade e como metodologia cirúrgica utilizada até hoje.

Além do seu clássico livro científico que revolucionou o tratamento cirúrgico das epilepsias, intitulado *Epilepsy and the functional anatomy of the human brain*, publicado em 1954, junto com Herbert Jasper, fundador da eletrocorticografia [70], Penfield demonstrou também grande talento literário. Publicou livros que inspiraram a todos, como *The mystery of the mind* [68], *The torch* [69], *Speech and brain mechanisms* [71] e uma empolgante autobiografia, *No man alone: a surgeon's life* [67], a qual me inspirou a escrever esta *memorabilia* que o leitor tem em mãos. Sua biografia foi lida e relida várias vezes por todos os residentes do MNI durante o estágio e continua sendo motivo de muita iluminação. Os jornais do Canadá se referiam a ele como *the greatest living canadian*, embora ele tivesse nascido nos Estados Unidos, em Spokane, estado de Washington, e somente mais tarde se naturalizado canadense. Penfield faleceu em Montreal em 1976, aos 85 anos, ainda em plena atividade intelectual.

Seu companheiro de publicações, Dr. Herbert Jasper, figura indispensável em todas as intervenções de Penfield, certa feita necessitou de uma cirurgia de hérnia discal, realizada pelo Dr. Gilles Bertrand, com quem também realizava seus registros celulares estereotáxicos. Fui incumbido de seu pós-operatório, refazendo diariamente seus curativos lombares. Em um desses dias, ao descolar os esparadrapos com gaze embebida em éter, um pouco do líquido escorreu para a fissura interglútea, produzindo sensações que me valeram um formidável xingamento pelo mais famoso neurofisiologista canadense! A enfermeira que me assistia não tardou em espalhar o ocorrido por todo o hospital, para a minha tristeza e vergonha.

Neste momento em que escrevo, tento espremer meus hipocampos para novamente trazer à baila as memórias que pude colher naqueles anos tão férteis da residência médica e na vivência de fatos tão extraordinários que eu mirava reviver, junto aos meus colegas, um dia no Brasil.

Voltando ao serviço de Neurologia, antes de rodar pelo grupo do Rasmussen, no qual se concentravam quase todas as cirurgias para epilepsia, passei também pelo grupo de Gilles Bertrand, que operava importantes casos de coluna e tentava também revolucionar a estereotaxia das cirurgias de Parkinson e de movimentos anormais, através de registros elétricos microcelulares, implantando, sobre o tálamo dos pacientes, eletrodos de platina durante as intervenções, sempre acompanhado do professor Jasper como fisiologista. É difícil descrever a euforia que ambos manifestaram quando conseguiram detectar espículas-ondas em vários desses pacientes, o que renovava a teoria de Penfield sobre o sistema centrencefálico, responsável pelos surtos das epilepsias generalizadas, consideradas centrencefálicas. Mais tarde, meu chefe Peter Gloor conseguiu registros semelhantes ao injetar cardiazol pelas artérias vertebrais no pescoço, inibindo-os depois pela injeção de amital. Era um enorme privilégio estar ali presente como residente em uma época de tão grandes aquisições, apesar do terrível inverno canadense.

Depois de alguns meses rodando pelos serviços de Feindel e de Bertrand, fui finalmente transferido para o serviço do Theodore Rasmussen, que era o grande objetivo da minha ida para Montreal, uma vez que o professor realizava a maior parte das cirurgias de epilepsias do MNI e também hipófises e seus tumores. Foi um imenso privilégio trabalhar com um cirurgião de tão grande envergadura. O serviço dele recebia pacientes do mundo todo, inclusive do Brasil, a fim de serem estudados e preparados para o procedimento. Eram intervenções extremamente demoradas, desde a abertura, a exposição do córtex até o registro eletrocorticográfico, realizado pelo professor Gloor, com eletrodos de superfície e de profundidade, estes últimos colocados na amígdala e no hipocampo para registro e estimulação elétrica. Após o mapeamento das áreas motoras e sensitivas, procurava-se a área da fala no hemisfério dominante e dela se mantinha distância. Por vezes, a estimulação profunda da amígdala reproduzia crises do lobo temporal, pois o paciente se encontrava desperto e nos relatava as sensações, que eram também observadas pelo neuropsicólogo sob os campos cirúrgicos. Testes adequados eram também administrados por ele durante o procedimento. Assim que as áreas epileptogênicas eram delimitadas pelo corticograma, passava-se à sua cuidadosa remoção, utilizando-se um delicado aspirador. Os segmentos retirados eram sempre dirigidos ao neuropatologista para detecção de cicatrizes, esclerose ou tumores. Em seguida, o paciente era sedado e o fechamento finalizado com o paciente não mais consciente. Os assistentes e residentes colocavam, em seguida, o tradicional curativo, e o paciente era conduzido à sala de recuperação, onde permanecia até o dia seguinte.

Não posso deixar de elogiar o corpo de anestesistas do MNI, cuja perícia permitia manter esses pacientes confortáveis sob seus cuidados durante tantas horas e livres dos efeitos tóxicos que os anestésicos de então tinham sobre as funções hepáticas. Os exames neuropsicológicos pré e pós-operatórios, realizados pela Dra. Brenda Milner, foram invariavelmente essenciais para determinar os possíveis efeitos ou sequelas dessas cirurgias nos pacientes operados. As possíveis alterações motoras, da fala, da memória, do comportamento ou qualquer outra eram minuciosamente analisadas por brilhantes psicólogos, que tanto contribuíram para o melhor conhecimento das mais elevadas funções do cérebro humano, da Neurologia e da Psiquiatria em geral.

Assim, a epilepsia e outras patologias do cérebro eram utilizadas como uma janela para auferir todo o conhecimento possível de funções do cérebro até então desconhecidas, elevando o MNI ao patamar de uma instituição pioneira ao desvendar tantos mistérios do órgão mais importante de nossa humanitude.

Ressalto que, naquela época, ainda não existiam os modernos recursos da neuroimagem, como a tomografia ou a ressonância magnética, que hoje nos permitem visualizar todo o cérebro como se ele tivesse entre nossas mãos para ser observado. Até então, dispunha-se apenas dos exames pneumencefalográficos, das arteriografias e dos eletroencefalogramas. Portanto, foram inestimáveis os dados de localização fornecidos pelos exames neuropsicológicos liderados por Brenda Milner, os quais, além de apresentarem evidências sobre as localizações cerebrais, as áreas da fala e a lateralidade, abriram horizontes ainda inexplorados sobre as funções das diversas áreas do cérebro humano.

Pela primeira vez, eu e meus colegas residentes víamos as recônditas funções de nosso cérebro desvelarem-se perante nossos olhos ainda pouco experientes. Essas e outras tantas descobertas me levaram a um aprofundamento dos estudos durante o estágio no MNI, no afã de levar para o Brasil as novas aquisições, com vistas a estabelecer grupos multiprofissionais com as mesmas finalidades de tratamento e pesquisa, tanto nas epilepsias quanto nas demais patologias neurológicas. Era esplêndido sentir as promessas de uma nova era nas pesquisas desse órgão até então misterioso, com a probabilidade de, futuramente, transferir esses conhecimentos para o Brasil, onde ainda era pouco conhecido. Mais ao final destes escritos, será relatado como isso foi possível e como ocorreu o necessário treinamento de dezenas de novos especialistas para que tais progressos se concretizassem.

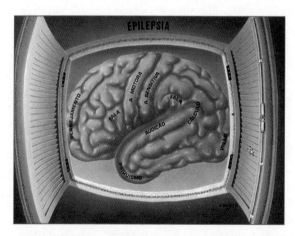

A epilepsia como janela para o estudo das funções cerebrais
Crédito: J. Falcetti

É indescritível o quanto foi gratificante participar

dessas cirurgias prolongadas e fatigantes em vista do volume de conhecimento que adquiríamos sobre as funções de nosso cérebro e sobre como corrigir as patologias que o afligem, inclusive preservando suas mais nobres funções, como fala, movimentos e psiquismo, mesmo depois de removidas as lesões. Os exames neuropsicológicos pós-operatórios confirmavam esses resultados recomendados pela medicina clássica: *primum non nocere*. A convivência com o pessoal de pesquisa básica, localizado nos laboratórios do quinto andar do MNI, ocupado sobretudo com a questão do edema cerebral e a utilização pioneira de corticosteroides e circulação cerebral, complementava ainda mais a formação dos residentes. Todos nos preparávamos para nossas futuras atribuições acadêmicas e para a formação de novos discípulos, em especial em universidades de outros países, como Brasil e Estados Unidos.

O serviço do professor Rasmussen também recebia um número considerável de tumores hipofisários para serem submetidos às cirurgias, realizadas sempre por meio de extensas craniotomias, procedendo ao afastamento dos lobos frontais para aspiração desses adenomas, que eram retirados, e, muitas vezes, à cauterização da cavidade selar com solução de Zenker, que continha bicromato e formol a fim de evitar recidivas. Infelizmente, em muitos casos os pacientes perdiam também a função da hipófise, nossa glândula mestra, que precisava ser compensada pós-operatoriamente com hormônios de reposição para tireoide e corticosteroides para o resto da vida.

É interessante salientar que muitos desses pacientes, já internados no MNI, solicitavam alta hospitalar a fim de serem transferidos para um outro hospital, no qual um jovem neurocirurgião estava efetuando esse mesmo tipo de cirurgia sem necessidade de abrir o crânio, através do nariz e do osso esfenoide, retirando somente o tumor e preservando as funções hipofisárias, deixando a glândula incólume. O jovem cirurgião desse outro hospital havia sido treinado pelo famoso Gèrard Guiot, que resgatou a antiga técnica da cirurgia transesfenoidal de Cushing, aperfeiçoou-a em Boston e, então, a fez renascer em Paris com o auxílio da radiofluoroscopia transoperatória. Esse novo cirurgião era o Dr. Jules Hardy, professor da Université de Montreal, que se instalara no Hôpital Notre-Dame dessa universidade, cujos trabalhos modernizaram essa cirurgia e estabeleceram uma nova neuroendocrinologia.

Jules Hardy, Raul Marino Jr. e Gazi Yaşargil

UM BÔNUS: HÔPITAL NOTRE-DAME, DA UNIVERSITÉ DE MONTREAL

Como ouvíamos falar dos seus sucessos, ao invés de descansar durante as merecidas férias do MNI, resolvi passá-las junto ao referido cirurgião como residente-voluntário no Hôpital Notre-Dame, período que durou dois meses.

A grande inovação introduzida pelo professor Hardy nessas intervenções foi a utilização do microscópio cirúrgico binocular, além da radioscopia já utilizada por Guiot na França. Isso permitiu melhor iluminação do profundo campo cirúrgico transnasal, com grande aumento da glândula hipofisária, e a descoberta de que os tumores funcionantes causadores da doença de Cushing, da acromegalia e dos prolactinomas poderiam ser abordados ainda quando milimétricos (microadenomas) e retirados da glândula com ulterior cura dos quadros endócrinos graves. Seus resultados, inicialmente criticados e incompreendidos, tanto por endocrinologistas como por neurocirurgiões adeptos das craniotomias, foram logo aceitos pelos neurocirurgiões mais jovens, que, como nós, dirigiam-se a seu hospital para aprender as novas técnicas. Hardy desenhou uma instrumentação especial para a intervenção, e seus resultados funcionais não tardaram a ser reconhecidos nos congressos e publicações que o consagraram.

Estive presente em congressos nos Estados Unidos, nos quais os adeptos das craniotomias tentaram crucificar Hardy em defesa de suas técnicas ultrapassadas, esquecendo-se de que, nas craniotomias, a hipófise normalmente era a primeira a ser curetada junto com os adenomas, provocando disfunções endócrinas pós-operatórias, a necessidade de reposição hormonal e outros problemas. Havia ainda de se considerar a impossibilidade de remover os microadenomas – descobertos por Hardy – no caso da utilização de craniotomias.

Tornei-me seguidor dessa nova escola neuroendócrina que se estabelecia, junto com muitos nomes hoje célebres que se dedicaram a essa especialidade, como Ed Laws, Ivan Ciric, Nicholas Zervas, R. Fahlbush, A. Landolt, D. Ludecke e tantos outros, todos ex-discípulos de Hardy, que atualmente contam com milhares de casos operados por meio dessa técnica. O professor Hardy era de uma personalidade marcante e, desde essa época, nos tornamos grandes amigos, tanto que passei, até mesmo, a frequentar sua casa e conhecer sua família, como será detalhado mais adiante.

O privilégio de estagiar com ele ainda no início de seus trabalhos com cerca de 140 casos, incluindo dezessete casos com hipofisectomia operados para o tratamento de retinopatia diabética e cânceres de mama e próstata metastáticos, viabilizou a futura publicação, em 1968, de um artigo nosso em parceria, já no Brasil, no qual foram relatados vinte casos de tumores selares [23].

Por meio do professor Hardy, conheci também o chefe do serviço, o professor Claude Bertrand, famoso pela sua técnica de correção do torcicolo espasmódico e pelo seu sucesso nas cirurgias do Parkinson com utilização de seu próprio aparelho estereotáxico. Outro amigo que fiz no Hôpital Notre-Dame foi o assistente de Hardy, Pedro Molina-Negro, cirurgião e neurofisiologista formado na Espanha, que me ensinou sua técnica de estimulação e registro celular de profundidade na determinação dos alvos talâmicos nas cirurgias do Parkinson, dos tremores e dos movimentos anormais. Foi enorme a contribuição desses dois grandes cirurgiões na melhoria desses procedimentos.

Quando retornei ao Brasil, instalei o aparelho estereotáxico de Claude Bertrand no extinto Hospital Matarazzo, em São Paulo, no ano **1970**, onde eu implantei sua tecnologia.

Como curiosidade histórica, em relação ao professor Jules Hardy, saliento que a nossa amizade se prolongou ao longo dos anos e que, depois que retornei ao Brasil, tive oportunidade de convidá-lo, em meados de 1970, a participar de nossos congressos e de operar junto com ele em casos selecionados no HCFMUSP, efetuando tanto cirurgias transesfenoidais como do ângulo ponto-cerebelar sobre o trigêmeo e neurinomas do acústico, nas quais ele também era mestre.

A amizade com Hardy fortaleceu-se ainda mais, ulteriormente, em razão de um acontecimento familiar, e não necessariamente profissional. No Brasil, a minha secretária e instrumentadora na época era a minha própria irmã Vera Regina. Jules Hardy, após o falecimento de sua linda esposa por problema oncológico, iniciou correspondência postal e telefônica com minha irmã até 1978, quando se casaram; e, assim, nos tornamos cunhados.

Jules Hardy, pioneiro da cirurgia transesfenoidal de hipófise no mundo (realizada em Montreal, Canadá), em foto autografada, homenageando Raul Marino Jr., o pioneiro no Brasil da cirurgia transesfenoidal de hipófise e fundador do primeiro serviço brasileiro de Neurocirurgia Funcional, que se sucedeu no Hospital das Clínicas da FMUSP

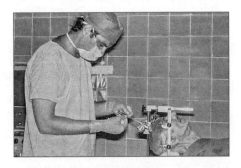

Cirurgia estereotáxica para Parkinson realizada por Raul Marino Jr., utilizando o aparelho estereotáxico de Claude Bertrand, no extinto Hospital Matarazzo, em São Paulo, SP, Brasil

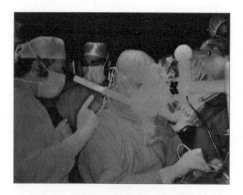
Jules Hardy e Raul Marino Jr. em cirurgia no Hospital das Clínicas da FMUSP, em São Paulo, SP, Brasil

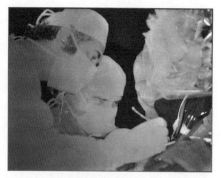
Hardy e Raul em cirurgia

Família reunida nas Cataratas do Iguaçu, em Foz do Iguaçu, PR, Brasil: Raul, Hardy, Patrícia e Vera

Raul e Hardy visitando as Cataratas do Iguaçu, em Foz do Iguaçu, PR, Brasil

CONTINUANDO NO MONTREAL NEUROLOGICAL INSTITUTE

Bem, acredito que devo voltar a falar dos acontecimentos no MNI em si, sobre o período de estágio no serviço do professor Rasmussen.

Com a anuência do professor Rasmussen, eu, apaixonado pelo lobo temporal, dei início a um estudo com pacientes que haviam sofrido vários graus de extensão de suas lobectomias para epilepsias, pois estávamos preocupados com os tipos de defeito nos campos visuais causados pela cirurgia, em função da passagem das radiações de Meyer-Archambault pelo lobo temporal. Eu e Rasmussen estudamos casos desde os tempos de Penfield até aquele momento, e o trabalho foi prontamente aceito para publicação em 1968, pela revista *Neurology* – e, até hoje, é uma das principais referências sobre o assunto [55].

Além de muito trabalho e pesquisa, sempre me recordo dos bons momentos junto da família Rasmussen, com quem firmei uma ótima amizade fora do MNI. Nas estações de esqui e em sua casa de campo, nos arredores de Montreal, eles me ensinaram a remar em caiaque e eu os ensinei a fazer caipirinhas, que alcançaram algum sucesso.

O rodízio no grupo do professor Rasmussen também possibilitou o surgimento de uma duradoura amizade, dentre tantas, com seu primeiro assistente, o Dr. Charles Branch, originário de San Antonio, no Texas, e que, na época, era o mais ativo de todos os cirurgiões do MNI. Ele operava diariamente, desde cirurgias de coluna até tumores, principalmente vasculares. Quando soube que fui residente do Dr. Poppen, um dos cirurgiões mais respeitados dos Estados Unidos, Branch constantemente inquiria como ele fazia isto ou aquilo nos seus procedimentos cirúrgicos e como tais manobras podiam explicar seu conhecido sucesso pós-operatório.

Diante de uma das perguntas de Branch, eu comecei comentando que um dos principais fatores que explicavam seus bons resultados era a utilização e a colocação de finos drenos tubulares nas cavidades cirúrgicas, extraduralmente, ou mesmo no ventrículo, dependendo do caso, uma vez que era assustadora a quantidade de líquido sanguinolento que saía após as craniotomias, mesmo após hemostasias perfeitas. O meu comentário causou um escândalo, pois o uso de drenagem era proscrito no MNI, por receio de surgirem infecções. Assim, no MNI, ocasionalmente era utilizado um mero Penrose no subcutâneo, o que encharcava os curativos, cujas inúmeras trocas até a retirada dos pontos deixavam, muitas vezes, a pele intumescida e friável.

Após um tempo, finalmente o MNI decidiu começar a colocar os referidos drenos em seus novos casos, adaptados a uma torneirinha de três vias, cujo produto se acumulava em um *condom* esterilizado, como no *Atlas* de Poppen, drenando por vezes 200 a 500 mL de fluido, que ia sendo retirado por aspiração. Dessa forma, os curativos ficavam secos e os pós-operatórios melhoraram significativamente, para espanto das enfermeiras, um tanto escandalizadas à vista de uma camisinha dependurada no curativo-capacete, como mandava o figurino, mas que ficaram logo convencidas de que era muito melhor que os fluidos fossem coletados e expurgados, em vez de ficarem lá dentro.

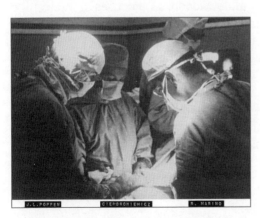

Raul em cirurgia com James L. Poppen na Lahey Clinic, Boston

Em razão desse e de outros fatos, o Dr. Branch me convidava várias vezes para jantar em sua residência, para onde eu levava meu *Atlas* do Poppen – de cuja dedicatória eu me orgulhava. Lá, eu ficava horas analisando as técnicas descritas no *Atlas*, por vezes até de madrugada. Inclusive, um dos filhos do Dr. Branch, então jovenzinho, tornou-se, anos depois, um importante neurocirurgião nos Estados Unidos. Tornei-me íntimo da família e, dentre tantas manifestações de seu apreço, como o Dr. Branch era também pastor evangélico, fui convidado a frequentar, com sua família, aos domingos, a igreja onde ele proferia, próxima ao aeroporto, em Dorval, Montreal. Nessa igreja, fiz também novas amizades e, por ocasião de minha partida de Montreal, fui presenteado com uma linda Bíblia em português, a mim dedicada pelos novos amigos da Church of Christ, livro pelo qual tenho carinho até hoje.

O período em que vivi em Montreal favoreceu a implantação do futuro serviço no HCFMUSP, onde pude reviver todos os conhecimentos adquiridos e por meio do qual consegui conservar, até hoje, as amizades feitas no MNI e na Université de Montreal. Não restam dúvidas de que os dois anos vividos intensamente em Montreal contribuíram muito para ampliar meus horizontes dentro da Neurocirurgia, tanto nas neurociências quanto no meu insaciável desejo de conhecer cada vez mais sobre o cérebro humano.

Meu próprio cérebro fervia sob o acúmulo de tão grandes aquisições, as quais eu ansiava um dia levar para o meu país, onde ainda não haviam repercutido. Foi nessa mesma época que as minhas paixões pelas funções superiores do cérebro começaram a recrudescer no meu espírito e na minha mente. As inúmeras horas que eu costumava passar na copiosa biblioteca do MNI, onde dava azo à minha paixão por livros, começavam a dar frutos, após tantos finais de semana e serões. Ali, eu identificava-me com as publicações que continuavam a sair sobre o sistema límbico e suas implicações com as funções mais sublimes do cérebro humano: a afetividade, as emoções, o intelecto, o aprendizado e a memória. Aquele ambiente todo recordava-me os tempos que passei na Faculdade de Filosofia da USP e nos laboratórios do Walle Nauta, no MIT, o maior paladino, descobridor e desbravador das conexões do sistema límbico. Então, também nesse período, as sementes plantadas pelo querido professor Nauta, em suas inesquecíveis preleções sobre o sistema límbico, foram revitalizadas por dois motivos: pelo fato de o sistema límbico ter explicado os mais recônditos mecanismos do nosso psiquismo, de nosso comportamento e de nossa conduta; e pelos resultados positivos obtidos na Harvard por meio da realização das cingulotomias estereotáxicas no tratamento de distúrbios psiquiátricos graves e no controle da dores rebeldes do câncer.

O escudo da McGill University, onde se instalava o Montreal Neurological Institute (MNI), em Montreal, Canadá

Nauta, porém, não estava sozinho nessa alçada. Acostumado com tantas publicações, fiquei sabendo que o famoso neurofisiologista que batizou o sistema límbico com esse nome estava a todo vapor produzindo novas descobertas sobre esse sistema no National Institutes of Health (NIH), em Bethesda, Maryland, mais especificamente no Laboratory for Limbic Integration and Behavior, situado em um dos andares do prédio central. Era o professor Paul D. MacLean, com quem passei a me corresponder.

Certificado da McGill University referente ao estágio entre 1966 e 1967 no Departamento de Neurologia e Neurocirurgia do Montreal Neurological Institute (MNI)

Antes de se tornar um neurofisiologista conhecido, MacLean foi psiquiatra na Yale University, onde passou a se interessar pelas estruturas límbicas em psiquiatria, publicando trabalhos fundamentais que me fascinaram desde o período na Harvard e no MIT, quando eu procurava explicar, por meio de sua filosofia, muitos dos resultados psicocirúrgicos obtidos a partir da cingulotomia nas psicoses e na dor.

Quando MacLean tomou conhecimento das minhas experiências com o professor Nauta em sistema límbico, com o professor Ballantine em psicocirurgia e com o professor Rasmussen em epilepsias, ele decidiu me aceitar como *visiting scientist* e *research associate* em seu laboratório. Há muito ele se tornara meu ídolo nesse tipo de pesquisa, pois já havia revolucionado o pensamento neurológico e psiquiátrico com suas pesquisas em animais, sobretudo em macacos brasileiros, os *Saimiri sciureus* (macaco-esquilo) e os capuchinhos ou macacos-prego. Ter sido aceito por esse célebre cientista como seu assistente foi outro – e o mais importante – *turning point* de minha existência, o coroamento de todas as minhas esperanças em conhecer melhor todas as funções do órgão ao qual eu vinha dedicando toda a minha vida até então. Mais uma vez, entendia que novos horizontes de conhecimento se abriam perante meus ávidos olhos e, com essas perspectivas, encerrei a residência em Montreal.

Apesar de todas as espetaculares conquistas científicas, a tristeza era, mais uma vez, deixar para trás tantas amizades feitas em um país em que havia decidido ficar para sempre, pois meu visto era de imigrante.

RETORNO AOS ESTADOS UNIDOS

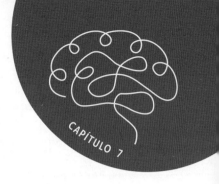

RUMO AO NATIONAL INSTITUTES OF HEALTH (NIH)

Meu velho Mustang, novamente carregado com minhas tralhas e livros, levou-me de volta aos Estados Unidos; desta feita, sem incidentes. Meu salário de pesquisador agora era cinco vezes maior do que eu recebia como residente, o que me permitiu alugar um *flat* de um cômodo perto do National Institutes of Health (NIH), moradia bem mais apresentável do que a pensão onde eu morava no *campus* da McGill. O elevador era bem chique e permitia ir observando o panorama da cidade, enquanto subia por fora do prédio envidraçado, o qual tinha ainda outra vantagem: não permitia crianças ou animais – que sossego! Havia também uma piscina na cobertura; nada mau.

Bethesda é uma cidade bem pequena, situada a poucos quilômetros de Washington, D.C. e de Rockville. Nela, situam-se alguns dos principais centros de pesquisa do país, controlados pelas três forças militares dos Estados Unidos: exército, marinha e aeronáutica, cada uma com seus próprios centros, acoplados a uma biblioteca fabulosa de Medicina, que também está ligada à incrível Biblioteca do Congresso. Ambas eram totalmente acessíveis, com todas as facilidades.

Raul, MacLean (quem cunhou o nome sistema límbico) e Reeves no Laboratório de Neurofisiologia do NIH, em Bethesda, Maryland, Estados Unidos

83

Logo após minha chegada, apresentei-me ao Dr. MacLean, com quem visitei as espaçosas instalações de seu laboratório.

A sala central tinha uma ampla aparelhagem para estereotaxia experimental, circundada por *racks* que acomodavam todo um instrumental eletrônico: estimuladores, amplificadores, gravadores, vários osciloscópios e eletroencefalógrafos, juntos a uma oficina para manutenção. Ao lado, uma sala de cirurgia para animais, com microscópio binocular e todo o instrumental cirúrgico necessário. Do lado oposto, abria-se uma porta para o biotério e suas gaiolas, limpíssimo e asseadíssimo, solenemente sempre cuidado pelo cuidador Sr. Levi, que era parecido com Luther King e não largava sua Bíblia. A dieta do biotério surpreendia por suas rações e frutas sempre de primeira qualidade: maçãs, peras, bananas, uva-itália sem sementes, a tal ponto atraentes que não hesitávamos em nos servir das mesmas quando não havia tempo para almoço. O meu escritório e o do MacLean ficavam do outro lado do corredor, sempre supervisionados por sua infalível secretária.

Raul e seu cachimbo

Raul e seu colega Reeves, no Laboratório de Neurofisiologia do NIH, em Bethesda, Maryland, Estados Unidos

Mal podia acreditar que eu estava ali, junto a MacLean, pai das modernas teorias e funções do sistema límbico, dando continuidade às pesquisas que eu vinha realizando na Harvard e na McGill e aprendendo metodologia em pesquisa neurofisiológica. Após o teste de seleção inicial, tornei-me *visiting scientist* e membro da equipe de neurofisiologia do NIH, sob a chefia do professor Wade Marshall. A meta da equipe era se dedicar à neurofisiologia experimental do sistema límbico, com vistas a suas futuras aplicações na cirurgia da dor e na psicocirurgia.

Fui engajado em vários trabalhos de pesquisa já em andamento, dentre os quais o de maior destaque inicialmente foi um estudo realizado por intermédio de eletrodos implantados estereotaxicamente na ínsula de Reil de macacos *Saimiri sciureus*, importados da Amazônia. Esses animais eram mantidos conscientes durante os experimentos, sem qualquer anestesia, durante aproximadamente oito horas (duração média de cada experimento), contidos confortavelmente em uma cadeira especial construída para tal fim; então, com eles sentados e acordados, efetuávamos o registro celular e as gravações das atividades celulares das várias camadas da ínsula, procurando estabelecer uma relação entre o córtex insular e os sistemas exteroceptivos.

O propósito primário dessas investigações era estabelecer se informações auditivas, visuais e somáticas poderiam alcançar o córtex da ínsula claustral, a partir da qual impulsos são sabidamente induzidos ao hipocampo e ao hipotálamo. Assim, foram analisadas as características do estudo unitário de cerca de dois mil neurônios insulares, explorados neurofisiologicamente com micropipetas e microeletrodos de platina, intra e extracelulares. Esses achados foram publicados ulteriormente, em 1971, na importante revista Brain Research [36], em conjunto com os demais membros do laboratório, quando fomos promovidos a *senior research associates*, após o término do estágio dos demais companheiros de trabalho que nos precederam.

Em um outro trabalho, tentamos esclarecer o papel do corpo estriado nos fenômenos de catalepsia, após destruições microcirúrgicas dessas estruturas em macacos, por meio da microligadura das veias estrio-talâmicas e das artérias cerebrais anteriores, cuja metodologia foi por nós criada para tal fim [54]. Participamos também de uma investigação que visava à identificação de estruturas límbicas implicadas na integração de funções autônomas e somáticas, encontradas em comportamentos sociossexuais de tipo visual nesses animais (o conhecido *mirror display*), procurando estudar sua representação cerebral na ereção peniana e seu substrato anatomofuncional, após ablação de diferentes áreas do córtex orbitofrontal [35,53].

Pela primeira vez na literatura, conseguimos, experimentalmente, efetuar a ablação microcirúrgica de todo o sistema límbico utilizando uma técnica aprendida com Walle Nauta, padronizando-a para macacos capuchinhos. Assim, criamos câmaras especiais para

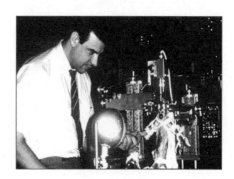

Implante de eletrodos no sistema límbico de macacos acordados, no Laboratório de Neurofisiologia do NIH, em Bethesda, Maryland, Estados Unidos

Conjunto do equipamento de registro no Laboratório de Neurofisiologia do NIH, em Bethesda, Maryland, Estados Unidos

testes nesses animais, que eram, em seguida, submetidos a testes psicológicos para motivação, respostas emocionais, solução de problemas e funções mnésticas, os quais eram efetuados pré e pós-operatoriamente e programados por computador. Lembro-me claramente de que nosso primeiro operado nos causou grandes transtornos no biotério, após sua recuperação: o animal operado apresentou a síndrome de Kluver-Bucy ao ter perdido ambas as amígdalas temporais, ambos os hipocampos e ambos os giros cíngulos; soltou-se de sua jaula durante a noite e, pela manhã, encontramos o biotério em uma incrível balbúrdia. O macaco havia soltado todos os macacos menores e todos os ratos, invadindo a caixa dos camundongos, e devorando-os um a um, após descascá-los como se fossem bananas, enquanto o sangue jorrava por toda parte. Encontramo-lo em um canto, agitadíssimo e agressivo, de modo que foi necessário capturá-lo com uma rede para recolocá-lo em sua jaula, agora lacrada. As tendências orais dessa síndrome límbica já haviam sido descritas pelos autores Kluver e Bucy após lobectomia temporal bilateral em macacos *Rhesus*, dando-nos oportunidade de estudá-los comportamentalmente agora por ablação de todo o sistema.

O professor MacLean havia transformado nosso biotério em um verdadeiro hospital de primatas. Cada um de nossos símios tinha um prontuário e uma papeleta iguais às usadas nas enfermarias, nos quais eram anotados, diariamente, todos os seus sinais vitais e neurológicos, medicações utilizadas e assim por diante. Nos finais de semana e feriados, saíamos de nossas casas a fim de passar visitas nos animais, como se fosse em um hospital. Aliás, o prédio inteiro era um verdadeiro centro de pesquisas médicas, com enfermarias humanas e tudo o mais. De rotina, também passávamos visitas junto com o grupo de Neurocirurgia, localizado nos andares superiores e chefiado pelo neurocirurgião Maitland Baldwin, também ex-residente do MNI e cujo maior interesse era cirurgia das epilepsias. John van Buren fazia parte desse grupo, e o seu maior interesse era na estereotaxia para Parkinson e na estimulação cerebelar para epilepsias. Ayub Ommaya, famoso pela criação de seu reservatório implantável, também trabalhava nesse setor, tendo vários psicólogos assessorando seus trabalhos sobre o cíngulo e o tratamento de tumores. O serviço recebia residentes e estagiários de todo o país, que ali ficavam pelo período de dois anos se dedicando a pesquisas em neurociências em substituição ao serviço militar, do qual eram dispensados. Muitos deles tornaram-se famosos neurocirurgiões, com destaque para John Tew, George Ojemann e Akinori Kondo.

Durante os estudos no NIH, frequentei vários cursos internos de neurofisiologia e eletrônica aplicada, participando de muitos simpósios, conferências e congressos na especialidade. Nesse mesmo laboratório, interessei-me por eletrônica, montando, junto com meus colegas, com nossas próprias mãos e seguindo as orientações dos engenheiros eletrônicos do departamento, vários tipos de equipamentos eletrônicos: um osciloscópio de dois canais, pré-amplificadores, estimuladores e outras peças, que serviram para montar o primeiro serviço de Estereotaxia no Hospital Matarazzo, quando voltei ao Brasil.

Desde sempre o NIH é considerado o maior centro de pesquisas médicas dos Estados Unidos, responsável, inclusive, pelo financiamento da maior parte dos projetos de pesquisa das universidades norte-americanas. Suas verbas são descomunais e regulamentadas pelo governo e pelas forças armadas. A biblioteca desse instituto transformou-se no meu maior deleite, dadas as facilidades que fornecia aos pesquisadores. Na sala de cada pesquisador, havia

Raul (ao centro) com os amigos John Tew, professor em Cincinnati, Ohio, EUA, e Akinori Kondo, professor em Osaka, Japão

um buraco sob a mesa que se comunicava, por aspiração a vácuo, com a sede da referida biblioteca. Quando necessitávamos de algum artigo, colocávamos a referência em uma ficha, que era fechada em uma espécie de garrafa térmica com tampa de borracha e colocada na tubulação, que, por sua vez, a aspirava rumo à biblioteca; poucas horas depois, soava um alarme anunciando que nosso artigo já se encontrava no interior da garrafa. Foi assim que nossa coleção de artigos aumentava paulatinamente – e eu os tenho até hoje em meu arquivo.

Em um dos concertos da famosa pianista brasileira Guiomar Novaes na embaixada brasileira em Washington, fiz amizade com o adido científico da embaixada, o qual, conhecedor de nossos trabalhos, nos indagou se poderíamos examinar e dar nossa impressão sobre o problema que afligia o embaixador, que já havia percorrido grandes centros médicos do Canadá, Estados Unidos e Europa e, em todos, recebera o diagnóstico de mal de Parkinson. Atendendo ao seu pedido, fui levado à embaixada, onde já havíamos feito alguns amigos, diretamente ao quarto de nosso representante (cujo nome prefiro omitir por razões éticas), em seu quarto estilo Luís XV. Após demorado exame, verificamos que ele era portador de um intenso tremor bilateral, de difícil controle, que o forçava a tomar uma xícara de café apoiando-a sobre o ombro; porém, ele não apresentava a rigidez, a acinesia e os distúrbios da marcha e da fácies característicos do Parkinson. Perguntei se havia quadros semelhantes na família, recebendo resposta afirmativa. Percebendo a minha responsabilidade diante de tão prestigiosa figura, expliquei detalhadamente meus achados e, ao final, afirmei que não se tratava de um Parkinson, mas, sim, de um típico quadro de tremor essencial de tipo familiar que tinha tratamento. Meu diagnóstico causou alguma surpresa, que vimos se estampar na face do ilustre paciente, uma vez que ele afirmava ter sido examinado pelos melhores especialistas que a diplomacia lhe permitiu consultar. Contestou-me que eu era ainda muito jovem e sugeriu que eu levasse o meu professor do NIH para examiná-lo também. Confesso que fiquei um pouco amuado pelo pedido, pois já havia estudado e operado centenas de casos parecidos em Montreal e, no íntimo, estava seguro de meu diagnóstico. Conversei sobre o caso com o professor van Buren, um dos maiores especialistas do país, que criara seu próprio instrumento estereotáxico para tal fim, cujo serviço eu também frequentava, e, no dia seguinte, dirigimo-nos à embaixada. Seu exame neurológico demorou bem mais que o meu; van Buren era conhecido por seu temperamento minucioso, meticuloso e preciso. Ao terminar de esmiuçar todos os achados e explicá-los com detalhes, van Buren disse ao paciente: *"Sir, I hate to admit, but Dr. Marino is correct; you do not have Parkinson, you have an essential tremor"* (em tradução livre: "Senhor, eu odeio admitir, mas o Dr. Marino está certo; você não tem Parkinson, você tem um tremor essencial"). E o tratamento deveria ser estereotáxico ou medicamentoso, bem como o problema a ser curado, diferentemente de um Parkinson, que é evolutivo. Pouco depois, o nosso embaixador voltou para o Brasil. Eu permaneci no NIH e perdemos o contato.

ODISSEIA DE UMA BIBLIOTECA

Noutra ocasião, fomos novamente chamados pelo adido científico da embaixada brasileira, o Dr. Paulo de Góes, ilustre professor catedrático de microbiologia da Faculdade de Medicina, antigamente localizada no campus da Praia Vermelha, no bairro da Urca, no Rio de Janeiro, desta feita para um assunto diferente.

O professor Góes disse que a biblioteca do Congresso dos Estados Unidos havia programado uma doação de todas as revistas médicas com suas futuras assinaturas para algum país da América Latina e que o município brasileiro escolhido seria São Paulo, por ser a cidade que mais crescia no mundo. Sendo assim, ele falou que, como eu já estava há alguns anos afastado da FMUSP, seria melhor entrar em contato com a faculdade.

Embora naquele tempo o telefone ainda fosse considerado um artefato de luxo, custando pequena fortuna, liguei imediatamente para o então diretor da FMUSP – o qual, infelizmente, não fora um dos mais brilhantes das últimas décadas –, expondo-lhe o assunto. O diretor disse-me para contatar o então responsável pela biblioteca, já entrado em anos e um tanto alquebrado pelos mesmos, e ele mesmo, por sua vez, não demonstrou muito interesse pela oferta, exprimindo ao diretor que não havia espaço suficiente na biblioteca para acomodar tão volumosa aquisição, nem haveria funcionários suficientes para cuidá-la. Foi com o maior constrangimento que comuniquei a deliberação ao nosso adido da embaixada.

Ato contínuo, ao saber do ocorrido, dias depois, o ilustre professor de microbiologia da Escola Paulista de Medicina, Dr. Otto Bier, cujo livro eu estudei, pegou um avião até Washington e dirigiu-se à embaixada. Assim nasceu a Biblioteca Regional de Medicina (Bireme), a maior biblioteca médica do Brasil, assentada no *campus* da Escola Paulista da Medicina, da qual eu me servia ao redigir minhas teses de Doutorado e de Livre-docência, anos depois, para fazer minhas necessárias consultas bibliográficas, a quilômetros de distância de minha célula-mater, e para onde me dirijo até hoje para fazer minhas pesquisas. Já a biblioteca da USP sofreu várias remodelações, desde então, mas seus padrões ainda estão longe de poderem ser comparados aos das instalações da Bireme.

CONCLUSÕES DOS ANOS FORA DO BRASIL

Dentre esses e outros episódios médicos, os trabalhos de pesquisa básica continuavam. Nesse ínterim, fiz contato com outros pesquisadores do NIH que trabalhavam no mesmo prédio. Jamais me esquecerei das pesquisas e palestras de Julius Axelrod, pesquisador da glândula pineal (parte do sistema límbico) e que recebeu o prêmio Nobel de Medicina por ter descoberto a melatonina, o principal hormônio da pineal, regulador dos ritmos circadianos e do sono através de suas conexões visuais. Tamanha foi a diferença entre esse período no NIH e os tempos de estudante de medicina, quando era ridicularizado pelos colegas de laboratório, que diziam que eu estava perdendo tempo com nossos ratos pesquisando um órgão vestigial e sem função. Wurtmann, discípulo de Axelrod, deu continuidade a esses trabalhos, descobrindo novas funções.

Vale destacar que, com permissão de meu chefe MacLean, eu tinha licença para frequentar o importante Centro de Neuropatologia e seu curso no Walter Reed National Military Medical Center, do exército norte-americano, o centro que tem padronizado e publicado a maioria das aquisições nesse setor nas neurociências daquele país. Por falar em exército, já que eu, como pesquisador do NIH, fazia parte de suas instalações científicas – em plena guerra do Vietnã – e dispunha de treinamento completo, resolvi me inscrever como neurocirurgião voluntário para integrar o corpo médico. A minha participação só não se efetuou porque eu já estava sendo chamado pelo professor Rolando A. Tenuto para reassumir a minha posição no Hospital das Clínicas (HC) da Faculdade de Medicina da Universidade de São Paulo (FMUSP) e precisava voltar ao Brasil.

Assim, nessa atmosfera intelectual, aperfeiçoei e acumulei novos conhecimentos, com a firme intenção de trazê-los para o Brasil e aplicá-los.

Depois de tantas narrativas, é chegado o momento, neste livro, de analisar os resultados auferidos de tantas pesquisas e estágios em relação ao mais profundo conhecimento do cérebro humano. Muitos de meus colegas cirurgiões preocuparam-se, durante toda a vida, com a anatomia cerebral, a fim de melhorar suas abordagens cirúrgicas em tumores, aneurismas, hidrocefalias e outras patologias, esquecendo-se de que cada pequena área tem uma incumbência definida, muitas das quais, além de funções motoras e sensoriais, são funções sublimes, como as emoções, a afetividade e o aprendizado. São essas que nos transformam em criaturas quase sagradas, nas quais nosso Criador implantou funções excelsas que nos diferenciam de nossos ascendentes, que acabaram de descer das árvores.

Essas nobres funções, que sempre me fascinaram e cujo conhecimento persegui durante toda a minha existência, motivaram, em parte, o início destes escritos, a fim de definir o tipo de filosofia que tais conhecimentos trouxeram nas últimas décadas, visto que abriram horizontes até então desconhecidos sobre o verdadeiro universo que se encontra restrito no interior de nossa caixa craniana – nosso cérebro. Poucos artistas e cientistas têm conseguido captar as propriedades mais elevadas desse órgão tão maravilhoso, obra-prima da criação e templo de nosso pensamento e criatividade, a estrutura viva mais complexa, mais perfeita e, certamente, a mais importante de nosso universo – o mais belo instrumento saído das mãos divinas. Custa-nos crer que a essa massa amolecida de neurônios e vasos, que se desfaz ao contato e ao manuseio, foram outorgadas funções tão elevadas quanto a consciência, a visão e todos os outros sentidos, a respiração, as funções do coração, o pensamento, o intelecto, a linguagem, a memória, o aprendizado, além de emoções, sentimentos, faculdades mentais e o controle, à distância, de todos os órgãos e hormônios. Isso sem falar na capacidade de planejar, de pensar abstratamente, de calcular, de filosofar, de fazer ciência, de meditar, de rezar e fazer teologia, de seguir uma religião e de entrar em contato com a transcendência. Fazemos tudo isso por intermédio de nosso cérebro, o qual hoje estudamos. Para mim, o cérebro é uma obra de arte. A meu ver, arte é a contribuição do homem, como cocriador, para melhorar a matéria e a natureza, tanto no sentido estético quanto no sentido de "belo" e "bom". E, como médico, diria que a Medicina é também uma arte: a arte de fazer o bem, cabendo ao médico colocar em sua obra aquilo que não encontrou na própria Natureza. É o que nosso cérebro faz que o torna diferente dos demais órgãos e tão difícil de estudar ou de curar, quando doente.

Foram essas as razões que me impulsionaram a procurar esse tipo de estudos. Cedo percebi que nosso intelecto, nossa memória, nossa afetividade, nosso aprendizado, nossos sentimentos, nossas intuições, nossas motivações religiosas, nosso estado de espírito e o mundo de nossas emoções podem estar associados a eventos neurológicos observáveis, como parte de nossa função cerebral normal. E quanto mais me aprofundava no estudo das funções mais superiores do cérebro (ia quase dizendo sublimes), mais constatava que o homem não é apenas seu corpo, não é só matéria. Assim, passei a estudar o cérebro humano como o órgão da mente. Para isso, tive de organizar tudo o que havia aprendido até então, classificar esses conhecimentos e, ulteriormente, trazê-los para o Brasil para serem aplicados tanto em cirurgias como na fundação de um centro multidisciplinar de pesquisas, onde pudessem ser desenvolvidos.

Por derradeiro, antes de passar para o próximo capítulo, que trata das conclusões e da análise final de tantos estudos concluídos no decorrer de seis anos fora do Brasil, sinto que é chegada a hora de abrir meu coração e externar os mais profundos sentimentos que me acometeram durante tantos e tantos sacrifícios.

Após terminar uma residência médica de quatro duros anos na FMUSP, durante os quais morei mal acomodado em um quartinho do hospital ao lado do pronto-socorro mais movimentado do país, achei que toda aquela experiência ainda não tinha sido suficiente, pois sonhava conhecer muito mais sobre o órgão que me motivava: o sublime cérebro, sede de nossas vidas e emoções.

Apesar de ser extremamente patriota e com uma mente militar e disciplinada, oportunidades incríveis sucederam-se para que eu partisse para longe da minha família e de minha querida pátria, da terra onde nasci, em busca pela concretização dos meus sonhos.

O estado de espírito durante os longos seis anos de ausência dos meus familiares e amigos no Brasil não foi dos mais alegres. Foram muitos anos sem um telefonema da família, pois meus pais não possuíam telefone, que, na época, custava uma fortuna e era quase um artigo de luxo, um verdadeiro capital. Além disso, uma ligação internacional podia custar centenas de dólares, muito acima de minhas magras bolsas de residente. A saída foi escrever muitas cartas, semanalmente, para minha mãe, meu pai, minha irmã e meus amigos, que nem sempre foram respondidas, apesar de meus reclamos, e que infelizmente foram perdidas. Contudo, essas pessoas puderam me ajudar nesta nostálgica biografia. Eis o mais triste problema: quando o inverno ia chegando, as folhas principiavam a amarelar e a fria neve principiava a cair, lembro-me de que, embora os dias e as noites de trabalho fossem estafantes, me via muitas vezes perambulando pelas ruas. Com minhas botas pisoteando o acúmulo dessas lindas paisagens nevadas, eu passeava pelo bairro e olhava pelas janelas, para dentro das casas em festa no Natal, Ano Novo e Dia de Ação de Graças (*Thanksgiving Day*), quando as famílias trocavam presentes e lembranças, exalando muita alegria e felicidade em dias tão sagrados, e um nó na garganta se instalava perto do coração deste distante brasileirinho, doendo de saudade dos entes queridos. Era muito triste, muito triste mesmo, olhar para o interior daquelas janelas. Sentia-me como uma criança que não conseguia envelhecer. Vocês não calculam.

Esses foram os únicos senões de tão longa ausência. Por vezes, me pergunto: "Valeu a pena?". Creio que sim, como poderão, queridos leitores, verificar pelas vindouras conclusões. Nada se consegue sem algum sacrifício.

CONCLUSÕES DE TODOS ESSES ESTUDOS

Concluirei, neste capítulo, a razão de todos esses estudos realizados nas mais diferentes universidades e nos mais variados centros de pesquisa.

Furtar-me-ei, inicialmente, de todas as ideias, hoje absurdas, que os antigos tinham sobre a anatomia e as funções cerebrais, atribuindo ao coração todas as funções cognitivas superiores do homem, como fizeram as escrituras sagradas, as quais citam o coração 958 vezes entre o Antigo e o Novo Testamento, mas nenhuma vez o cérebro é citado em seu contexto. Apesar dessa omissão milenar sobre nosso órgão-mestre, que começou a ser mais bem conhecido apenas no final do século XIX, hoje se sabe que ele é dividido em dois hemisférios (ou metades), unidos pelo corpo caloso e demais comissuras, que o fazem funcionar como um todo único. Essas duas metades descansam sobre o tronco cerebral, representado pelo bulbo, ponte, mesencéfalo, diencéfalo e gânglios da base. O tronco cerebral, que herdamos dos animais mais inferiores, e por isso foi cognominado de **cérebro reptiliano** por MacLean, é o que coordena a entrada e a saída de informações aferentes e eferentes, responsáveis pelos comportamentos de autopreservação

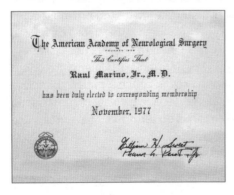

Certificado da American Academy of Neurological Surgery

Membros da International Neurosurgical Society

e de preservação da espécie na natureza, como a constituição de um lar e sua defesa, defesa de território, busca de alimentos e de parceiros, etc. Ele é encimado pelo corpo caloso, volumoso feixe de fibras que conectam os dois hemisférios cerebrais, entre os quais se encontra o cérebro dos paleomamíferos ou **lobo límbico** de MacLean, que ocupa a parte medial desses hemisférios, formando uma borda ou limbo que circunda o tronco cerebral. Esse lobo límbico, como nova aquisição dos mamíferos, constituiu-se, através de suas conexões, no substrato cerebral que motiva nossas tendências, desejos e emoções, ligando-nos também à transcendência e ao significado do mundo em primatas, mamíferos superiores e humanos. O último estrato, ou mais nova camada cerebral, está presente apenas a partir dos primatas e é chamado de **neocórtex**, representado pelos lobos frontais e temporais, responsáveis pela síntese de todas as informações processadas pelo cérebro reptiliano e pelo sistema **límbico**, agora de modo consciente. Essa nova unidade integradora global poderia ser chamada de **cérebro cognitivo**, que nos fornece os conhecimentos da realidade complexa, passíveis de uma análise simbólica por essa parte **consciente** do cérebro.

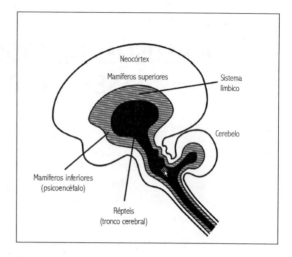

Representação clássica do sistema límbico de Paul MacLean

Dessa maneira, todas as vias que conduzem todos os sentidos – o olfato, o tato, a visão, a audição e todas as aferências do sistema nervoso autônomo (neurovegetativo) – convergem, como pequenos afluentes, para um grande e poderoso manancial que lhes dará **significado**, transformando-os em um mundo cerebral tipicamente humano ou antropomórfico. Com o aparecimento da função da **linguagem** e da **fala**, surgiram novas áreas de integração, que nos permitem visualizar o mundo de acordo com nosso universo interno, particular, e nos orientam como nos mover e atuar dentro de nosso espaço vital e fora dele, intencional e voluntariamente, com grande liberdade de decisão e de ação, construindo mapas em nosso cérebro como imagens limitadas do território, que nunca são o próprio território ou o universo fora de nós.

Considero importante que os leitores conheçam, ainda que sumariamente, cada uma das principais funções dessas estruturas em nosso cérebro.

OS LOBOS FRONTAIS

As estruturas denominadas lobos frontais, adquiridas pela evolução do *Homo sapiens* há milhares de anos, são as que nos possibilitam pensar abstratamente (por exemplo, ao elaborar sistemas filosóficos, éticos e religiosos), diferenciando-nos das demais criaturas terrenas. O pensamento abstrato nos torna verdadeiramente humanos, pois nos permite avaliar a natureza de cada experiência e aprender com ela; antecipar, planejar e prever o futuro, fazer escolhas, exercitar a vontade e o livre-arbítrio; elaborar respostas lógicas e simbólicas em relação a dados sensoriais, fazendo-nos perceber o passado e o futuro, avaliar causa e efeito, planejar metas e analisar o sentido das coisas, como a espiritualidade, o tempo e a eternidade. Essas funções nos diferenciam verdadeiramente dos demais seres vivos, por meio da interação e do convívio com outros humanos, amando os entes queridos, desejando seu crescimento espiritual e sofrendo ou compadecendo-se com o sofrimento alheio.

Os lobos frontais são, portanto, responsáveis pelos sublimes sentimentos de amor, caridade, fé e esperança, como nossas respostas ao outro. A capacidade de escolher uma direção para a vida e de sentir empatia e amor pelo próximo é que definem as qualidades da alma, transformando-nos em cocriadores, instrumentos e colaboradores na transformação do mundo que nos rodeia. Assim, contrariando determinados filósofos ultrapassados, hoje é possível afirmar que amamos com o cérebro, e não com o coração, para a tristeza de antigos escribas, teólogos e poetas sonhadores. Além disso, o cérebro é nosso único instrumento biológico e universal, cerne de nossos instintos, sentimentos, pensamentos e emoções; é a única janela ou lente através da qual podemos estudar e entender o Universo e sua fonte dinâmica, o Criador, e também o amor, tecido que interliga toda a humanidade em uma só urdidura [41].

Em 1949, o neurologista português António Egas Moniz recebeu o prêmio Nobel de Medicina por haver introduzido a lobotomia frontal em humanos para o tratamento de problemas mentais, intervenção realizada em milhares de casos ao redor do mundo por falta de melhores tratamentos medicamentosos. Esse procedimento provocava inúmeras sequelas, dentre elas, graves danos na conduta social, abulia, falta de iniciativa, ausência de emoções e de sentimentos, perda do juízo ético, dificuldade de analisar o próprio comportamento, supressão da vontade, prejuízo das generalizações, incapacidade de planejamento para o futuro, falta de empatia e de responsabilidade moral e, até mesmo, impossibilidade de sentir tanto o prazer como o sofrimento. Poderíamos dizer que este último era o único dano que apresentava alguma vantagem, visto que os demais serviam para abolir a desejável humanitude desses pacientes. A prática da lobotomia frontal foi abandonada nos primeiros anos da década de 1950, após o advento dos modernos psicofármacos.

OS LOBOS TEMPORAIS

Os lobos temporais são importantes estruturas cerebrais praticamente inexistentes em mamíferos inferiores e apenas esboçadas em primatas superiores, constituindo aquisição embriologicamente recente do cérebro humano. Em roedores, carnívoros e herbívoros, é possível visualizar, superiormente ao corpo caloso, na parte superior do cérebro, o hipocampo e a amígdala, principais componentes do lobo temporal, o qual não existe nesses mamíferos.

Em resumo, os lobos temporais surgiram evolutivamente nos seres humanos em decorrência da rotação e do estiramento de suas estruturas ao redor da ínsula, deslocando-as para a fossa média da base do crânio, o que diminuiu o calibre de suas artérias, irrigando-os pobremente, a distância. O *Homo sapiens* pagou um alto preço por essa evolução, visto que a pobre irrigação tornou os lobos temporais suscetíveis a traumas, como os traumas do parto, a isquemias e a cicatrizes gliais, que, por gerarem focos de irritação elétrica, produzem os temidos sintomas da epilepsia do lobo temporal ou epilepsia límbica, também conhecida como psicomotora, o tipo mais comum das epilepsias focais (70% dos casos) e o mais difícil de ser tratado.

Felizmente, essa grande vulnerabilidade é proporcional à importância de suas funções altamente notáveis, que incluem, dentre outras, a audição, a compreensão visual e da linguagem, a aprendizagem e a memória.

NOSSO CÉREBRO EMOCIONAL

Em 1937, Papez publicou um trabalho [63] que revolucionou os conceitos até então em vigor sobre os processos emotivos, representando a primeira tentativa organizada de delinear os mecanismos corticais responsáveis pela regulação das emoções. Segundo ele, o hipotálamo seria a sede principal das emoções, sujeito ao controle direto do córtex; os lobos frontais seriam responsáveis por fatores sociais; os lobos parietais, por funções espaciais; e os lobos temporais, por funções sensoriais complexas e pela emoção. O complexo sistema, então denominado rinencéfalo ou cérebro olfativo, foi por ele considerado subserviente de funções menos importantes para o ser humano, ou seja, da olfação, conceito esse que antes prevalecia nas faculdades de medicina, inclusive no meu curso de graduação em Medicina.

Como brilhante anatomista que foi, Papez foi o primeiro a estabelecer as bases anatômicas para o estudo neurofisiológico das emoções, afirmando que os impulsos originados nos receptores somáticos e viscerais são conduzidos ao hipotálamo e aos corpos mamilares e, desses, ao grupo de núcleos talâmicos anteriores, por meio do trato mamilo-talâmico de Vicq d'Azyr, de onde passariam para a região do giro cíngulo. O hipocampo seria a região de recepção de origem cortical a partir do cíngulo, e, a partir do hipocampo, os impulsos passariam ao fórnix, de volta aos corpos mamilares, fechando o circuito. Existiria, assim, um circuito reverberante, de hipocampo a hipocampo, e as estruturas rinencefálicas já citadas desempenhariam um papel fundamental na mediação das experiências e expressões emocionais.

Ainda segundo esse autor,

> o córtex do giro cíngulo atua como área receptiva na experiência das emoções resultantes de impulsos vindos do hipotálamo, do mesmo modo que a área striata é considerada o córtex receptor das excitações luminosas originadas da retina. A irradiação do processo emotivo do giro cíngulo para outras regiões do córtex cerebral daria o colorido emocional aos processos psíquicos. [62]

Em 1949, MacLean reavaliou as teorias de Papez com base em novos dados anatômicos, neurofisiológicos e psicológicos mais recentes, propondo grande número de revisões importantes [32]. Foi a leitura dos trabalhos de MacLean que me motivou, após as psicocirurgias na Harvard, a estagiar com Walle Nauta no Massachusetts Institute of Technology (MIT), de onde surgiu a grande oportunidade de, depois, dar continuidade a essas pesquisas junto do próprio MacLean, no NIH.

MacLean, meu estimado mentor, foi o primeiro a cunhar o nome sistema límbico, em 1952 [33], baseado na expressão lobo límbico, criada pelo francês Paul Broca, em 1878. Esse termo, contrariamente a rinencéfalo ou cérebro visceral, antigamente aplicado a essas estruturas, teve a vantagem de não implicar nenhuma função específica nessas formações. Segundo Broca, o termo límbico significava apenas a borda ou anel que essas estruturas formam ao redor do tronco encefálico. Ao tomar conhecimento dessas novas teorias, fascinei-me pelas suas possíveis aplicações aos trabalhos que eu vinha realizando, decidindo aplicar boa parte de minha existência a aprofundar esse conhecimento.

MacLean concordou com Papez que o hipotálamo é o mecanismo efetor da expressão emocional e que "somente o córtex cerebral é capaz de apreciar as várias qualidades afetivas da experiência emocional e combiná-las em estados sensoriais de medo, raiva, amor e ódio" [63]. Em seres mais primitivos, grande parte do sistema límbico está realmente relacionada à olfação, sugerindo que o olfato pode ser considerado um sentido "visceral" de grande importância para os animais primitivos, tendo contribuído para a regulação de

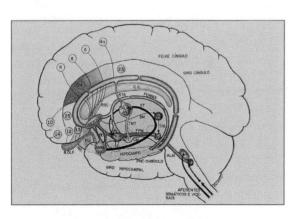

Representação do sistema límbico, desenhada por Raul Marino Jr.

todas as suas necessidades e motivações básicas, como a obtenção de comida e a detecção de inimigos ou parceiros sexuais, embora, com a evolução, o olfato tenha perdido sua contribuição primordial. A favor dessa noção existe o fato de que muitas estruturas límbicas podem ser proporcionalmente maiores em espécies microsmáticas ou até anosmáticas, como o golfinho, do que em seres macrosmáticos. Ainda segundo MacLean, o hipocampo, assistido pelo complexo amigdaloide, seria a estrutura mais diretamente relacionada à experiência subjetiva da emoção. O giro hipocampal serviria de córtex afetoceptor e o hipocampo, de córtex afetomotor, analogamente ao que se dá no âmbito dos giros somestésico e motor do neocórtex. O papel do giro cíngulo, por sua vez, seria o de centro visceromotor, integrando respostas autônomas e somatomotoras, bem como experiência emocional. Esses mecanismos, segundo o autor, sugerem o "quão intensamente a emoção pode paralisar o pensamento e a ação conjuntamente".

Para MacLean, a evolução do cérebro humano teria ocorrido à semelhança de uma casa à qual novas alas e superestruturas seriam adicionadas; no decorrer da filogênese, ao homem teria sido entregue uma herança de três cérebros. A natureza de nada se desfez durante a evolução. O ser humano seria provido de três cérebros: um mais antigo, herdado dos répteis; outro, herdado dos mamíferos inferiores; e um terceiro, como nova aquisição dos mamíferos superiores, o qual atingiu seu máximo desenvolvimento no homem, dando-lhe o poder ímpar da linguagem simbólica. A parte reptiliana do cérebro corresponderia à maior porção do tronco encefálico, contendo a substância reticular, o mesencéfalo e os gânglios da base. Acima desse cérebro, a natureza teria colocado o dos mamíferos inferiores (o psicoencéfalo de MacLean ou sistema límbico), que desempenharia um papel preponderante no comportamento emocional do indivíduo diante das sensações emotivas. O sistema límbico propiciaria ao animal maior liberdade de decisões do que o cérebro do réptil, com o possível objetivo de aprender novos meios e soluções para os problemas com base na experiência imediata; porém, igualmente ao cérebro reptiliano, também não teria capacidade de expressar sentimentos em palavras. Dessa maneira, as estruturas desse segundo cérebro mediariam todas as perturbações psicossomáticas e o comportamento emocional do animal; seria o sistema límbico propriamente dito, incluindo o paleocórtex e os núcleos relacionados do tronco do encéfalo. A terceira e última aquisição dos mamíferos superiores, o neocórtex, viria adicionar o intelecto às faculdades psíquicas dos mamíferos superiores. O ponto mais alto da teoria de MacLean foi considerar as emoções como informativas de ameaças à **autopreservação** e à **preservação da espécie**, sendo o processo de erradicação dessas ameaças ponderado como desagradável. As emoções agradáveis, que causam **prazer**, seriam informativas da remoção de ameaças ou de desejos satisfeitos.

Ainda segundo o mestre MacLean, as emoções poderiam ser classificadas em primárias e secundárias. Emoções primárias seriam os sentimentos ou afetos relacionados a necessidades corporais básicas, como alimento, ar, água, território e sexo, sendo algumas delas expressas como fome e sede. Emoções secundárias são geradas a partir das primárias, como medo, raiva, ódio, amor, familiaridade, estranheza e muitas outras entre uma miríade de sentimentos ou combinações de sentimentos.

Em seus estudos laboratoriais do comportamento, MacLean utilizou métodos experimentais da estimulação elétrica e da ablação de estruturas cerebrais límbicas e suas localizações, as quais evidenciaram a existência de duas porções diferentes dentro do anel formado pelo lobo límbico: um anel superior e outro inferior, cada um com funções fisiológicas diferentes e, por vezes, opostas.

PORÇÃO INFERIOR DO ANEL LÍMBICO

Também chamada de região frontotemporal, a porção inferior do anel límbico é constituída pelos córtex orbitário, insular e temporal polar e por áreas piriformes. A área principal de confluência dessas estruturas é a amígdala. As estimulações elétrica ou química dessas estruturas em animais não restringidos proporcionaram efeitos autônomos e somáticos em duas categorias:

- respostas orais e alimentares, como lamber, mastigar, salivar, comer, esforço de vomitar;
- reações típicas de procura de alimento e de luta pela sobrevivência, como farejamento, curiosidade visual, ataque ou defesa raivosa, fuga e medo, acompanhadas de vocalização adequada.

Esses achados sugerem que a porção inferior do anel está relacionada a funções alimentares e ao componente de procura e luta pela obtenção de alimento. No homem, o córtex dessa região é particularmente suscetível a traumas, insuficiência circulatória e processos infecciosos, cuja cicatrização pode resultar em focos epileptogênicos, que agirão da mesma maneira que uma estimulação elétrica dessa região em animais. Assim, a epilepsia psicomotora pode produzir quadros comparáveis aos laboratorialmente obtidos, apresentando tanto sensações primárias (fome, sede, náusea, sufocação, engasgamento, vômitos, frio-calor, urgência de urinar ou defecar) como secundárias (medo, terror, tristeza, pressentimentos, familiaridade, estranheza, *déjà vu*, *jamais vu*, irrealidade, desejo de estar só, perseguição). Os automatismos que se seguem à aura parecem ser uma exteriorização do estado subjetivo: comer, beber, vomitar, correr, ter raiva manifesta ou gritar amedrontado.

Os experimentos de ablação dessas estruturas do anel inferior produziram um efeito completamente oposto aos da estimulação. Os clássicos experimentos realizados por Klüver e Bucy, em 1939, mostraram que a extirpação cirúrgica de porções do anel límbico inferior dos lobos temporais elimina os mecanismos neurais essenciais à alimentação e à sobrevivência do animal em ambiente natural. Após essas intervenções, macacos, antes ferozes, tornavam-se mansos e dóceis, instalando-se a chamada cegueira psíquica, as tendências orais e a hipermetamorfose ou comportamento compulsivo, algo semelhante à falta de discriminação entre objetos potencialmente úteis ou nocivos. Assim, os animais expunham-se repetidamente a situações dolorosas ou penosas, como, por exemplo, lamber inúmeras vezes um fósforo aceso ou levar à boca indiscriminadamente comida, fezes, porcas e parafusos. Evidenciou-se, também, uma hipersexualidade; os animais copulavam com outros do mesmo sexo, com espécies diferentes e com objetos. Por meio desses achados, tornou-se nítida a relação do anel límbico inferior com a autopreservação.

PORÇÃO SUPERIOR DO ANEL LÍMBICO

A porção superior do anel límbico compreende o restante das estruturas límbicas, abrangendo o septo (área septal), o hipocampo e o giro cíngulo.

A síndrome de Klüver-Bucy produz hipersexualidade nos animais operados, sugerindo que a retirada das porções inferiores do anel provoca liberação de outras partes do cérebro relacionadas a funções sexuais. Foi também MacLean quem primeiramente observou que, após estimulação elétrica e química de estruturas do anel superior, gatos machos tinham reações de prazer (*grooming reactions*) e, às vezes, ereção peniana. Reações de coçadura dos genitais e até ejaculação também foram averiguadas em macacos.

Vale lembrar que todas as reações afetivas observadas em epilépticos, anteriormente mencionadas no tocante à porção inferior do anel límbico, se relacionavam a estados subjetivos e a comportamentos necessários à autopreservação. É difícil, na epilepsia límbica, encontrar uma história de aura sexual ou êxtase de prazer semelhante ao que Dostoiévski sentia no começo de suas crises: "Felicidade. Tão forte e tão doce que, por alguns segundos desta delícia, trocaríamos dez anos de vida"*. Essa sensação talvez decorra da menor vulnerabilidade da porção superior do anel.

Entretanto, há casos relatados de lesões irritativas da porção superior do anel que resultaram em sensações sexuais episódicas. Em 1955, MacLean conseguiu induzir, em gatos e macacos agressivos, um estado de placidez e de docilidade mediante estimulação que produzia ereção peniana e ejaculação [34].

Em 1954, Olds e Milner verificaram que animais com eletrodos implantados nessas estruturas pressionaram repetidamente uma alavanca a fim de se autoestimularem [58]. Heath, em 1964, constatou que a estimulação da região septal do homem também produzia efeitos de prazer [24]. Esses achados sugerem que as estruturas do anel superior têm a função de elaborar afetos ou sentimentos de prazer que acompanham os aspectos agradáveis da procriação. Agem também na expressão e na elaboração de estados emocionais ou de sentimentos que conduzem à sociabilidade e a outras preliminares que levam à copulação e

---

* Trecho retirado da publicação do artigo "Dostoevsky epilepsy", escrita por Théophile Alajouanine e publicada no periódico *Brain*, em 1963.

à reprodução. Portanto, seriam estruturas responsáveis pela preservação da espécie.

Esses achados reforçaram as hipóteses iniciais de Papez e fortaleceram o argumento de que o córtex filogeneticamente antigo, junto com as estruturas que a ele se relacionam – o chamado rinencéfalo –, constituem o substrato anatômico para o comportamento emocional.

Baseado em experimentação animal e em estudos sobre epilepsia límbica, MacLean validou também que descargas elétricas induzidas no lobo límbico ou em suas conexões mais profundas tendem a se propagar apenas a estruturas límbicas, confinando-se a esse sistema. Raramente essas descargas se propagarão ao neocórtex. Por vezes, uma tempestade elétrica acomete o sistema límbico e o eletrocorticograma nada detecta na convexidade do neocórtex. Com base nesses achados, MacLean postulou que, além da unidade anatômica do sistema límbico demonstrada por Papez, havia também uma unidade fisiológica, ou seja, uma dicotomia de funções entre o córtex filogeneticamente mais antigo e o neocórtex, que poderia ser responsável pela diferença entre os comportamentos intelectual e emocional. Essa dicotomia de funções ele nomeou de "esquizofisiologia" dos sistemas límbico e neocortical, baseado no fato de que pacientes com epilepsia límbica podem apresentar todos os sintomas da esquizofrenia, o que, possivelmente, seria importante na patogênese dessa doença.

Para arrematar as conclusões, foi uma grande honra ter acompanhado, na Harvard, os estudos de Vernon Mark e William Sweet em humanos com pacientes portadores de síndromes dolorosas e câncer, implantados com estimuladores na área septal. Nos surtos dolorosos, esses pacientes podiam acionar seus marca-passos como um bipe na cintura, substituindo, assim, seu desprazer doloroso por uma sensação melhor, que os aliviava do sofrimento, baseando-se nos estudos de MacLean. Esses estudos foram os que mais contribuíram para o conhecimento das emoções e do psiquismo humano, revolucionando o pensamento psiquiátrico e neurológico e abrindo novos horizontes.

Poderia me alongar ainda mais com uma análise aprofundada de cada uma dessas estruturas cerebrais e suas funções, tão bem estudadas por neurofisiologistas que nos sucederam. No entanto, como essas considerações já estão publicadas em outras obras minhas, a elas remeto como continuidade para os que se interessarem [41,43].

Por fim, finalizo este capítulo certo da importância de mencionar as minhas vivências com o querido mestre Paul MacLean, que marcou sobremaneira o meu pensamento e meus novos ideais de trabalho dentro de uma nova Medicina a ser implantada no Brasil. Esses e outros fatos enfatizam a suposição de que os psiquiatras do futuro, além de peritos nessa especialidade, deverão também ser neurologistas especializados no sistema límbico.

DE VOLTA AO BRASIL

CAPÍTULO 10

Nos capítulos anteriores, creio ter conseguido sumarizar o produto de tantos anos enraizado na América do Norte e suas consequências em meu aprendizado. Após tanta dedicação, eu julgava estar preparado para colocar em prática todos os conhecimentos acumulados durante os proveitosos anos de estudos. Essa conclusão coincidiu com a convocação feita pelo professor Tenuto para que eu retornasse ao Brasil e reassumisse a minha posição no serviço de Neurocirurgia no Hospital das Clínicas (HC) da Faculdade de Mecicina da Universidade de São Paulo (FMUSP), após tantos anos longe.

Raul Marino Jr., retornando ao Brasil

Os preparativos para a viagem de volta englobaram algumas atribulações, como transportar, em uma viagem de avião, três enormes baús contendo os pertences acumulados durante todo aquele tempo. Dentre muitos outros, havia livros, uma coleção de instrumental cirúrgico, milhares de separatas, osciloscópio, materiais eletrônicos construídos por mim e meus colegas para estereotaxias, *slides* e um sem número de recordações dos vários estágios. Dessa maneira, a solução foi voltar de navio, rumo ao porto de Santos. Reservei uma cabine no SS Brasil, da Moore-McCormack, um enorme transatlântico que, em uma viagem inesquecível de quinze dias, me trouxe de volta para o país natal, tendo readquirido o bronzeado dos tempos da piscina do centro acadêmico da faculdade e, portanto, chegando ao Brasil em boa forma e com muita disposição.

O SERVIÇO DE NEUROCIRURGIA NO HCFMUSP

Não durou muito a sensação de descanso, pois, alguns dias após minha chegada, assumi a posição de assistente no pronto-socorro de Neurocirurgia (PSNC) do HCFMUSP, em uma vaga gentilmente deixada para mim por Hamleto Santochi, um querido amigo cujo legado pessoal foi um grande amor pela cultura e pela língua japonesa, que eu viria a aperfeiçoar com o tempo.

Foi uma mudança brusca: de pesquisas em um laboratório sofisticado de neurofisiologia experimental pura, onde eu estudava neurônios isolados ao osciloscópio, para plantões diurnos e noturnos tumultuados por casos gravíssimos de traumas cranianos, terríveis emergências por acidentes e agressões por arma de fogo. Um episódio marcou o meu primeiro dia de volta ao HCFMUSP: vesti-me todo elegante com o novo uniforme branco do hospital e um bêbado, ainda na maca, agarrou um dos meus bolsos da calça, rasgando-a de cima para baixo. Meus pais, com quem havia voltado a morar, estranharam quando retornei para casa para trocar de roupa. E foi com essa bela recepção que iniciei aquela nova fase de minha vida. E foi com essa bela recepção que iniciei aquela nova fase de minha vida.

Durante os primeiros anos, essa foi a minha rotina, enquanto voltava a assumir novas obrigações nas enfermarias de Neurocirurgia. Não tardou para que o professor Tenuto me nomeasse como preceptor dos residentes de Neurocirurgia, cargo que até então não existia. Eu e os quinze residentes, a maior parte estagiários de outros estados, nos antipatizamos no início, em razão de precisarmos passar as visitas gerais muito cedo, antes do início das cirurgias e de que alguns dos jovens não gostarem de levantar cedo todos os dias. Depois, se acostumaram. Também notei que os estagiários gozavam dos mesmos privilégios que os residentes oficiais que haviam sido concursados, já que podiam operar sozinhos, mas não tinham as severas obrigações dos residentes. Ato contínuo, acabei com o regime de estágio (em benefício dos esforçados residentes), o que acarretou mais alguns jovens descontentes comigo. Muitos deles, por terem cursado outras faculdades, sequer estavam preparados para assumir casos clínicos mais difíceis e fazer bons exames neurológicos. Nesse meio tempo, eu também ministrava aulas de neuranatomia para os residentes, no laboratório de anatomia da FMUSP, e fazia avaliações do rendimento que apresentavam nas enfermarias. Hoje em dia, muitos deles são brilhantes neurocirurgiões, para minha alegria.

O tempo foi passando e, em **1971**, defendi a minha tese de Doutorado, que foi baseada nos quarenta casos de cingulotomia que eu havia operado na Harvard, logicamente com a permissão do Dr. Ballantine, a quem a tese foi dedicada. Essa foi minha primeira contribuição à incipiente psicocirurgia estereotáxica que eu tentava introduzir no serviço de Neurocirurgia do HCFMUSP e que foi utilizada também em casos de dores rebeldes do câncer, demonstrando, assim, a participação do giro cíngulo no controle dos fenômenos dolorosos e no alívio do sofrimento, inclusive contribuindo para o não aparecimento da síndrome de abstinência nos pacientes viciados em morfínicos [39]. Na defesa da tese, ocorrida no auditório da Clínica Psiquiátrica, estavam presentes o professor Tenuto, em sua última aparição em público, e a minha namorada, com quem me casaria no ano seguinte. A introdução histórica da tese foi, mais tarde, publicada no meu livro *Fisiologia das emoções* [43], cujo prefácio foi escrito pelo Dr. Paul MacLean.

No mesmo mês em que defendi a tese de Doutorado, operei, no novo centro cirúrgico da Clínica Psiquiátrica, um dos primeiros casos da equipe de cirurgia da epilepsia com o paciente acordado, sob anestesia local, segundo a técnica do Montreal Neurological Institute (MNI). A cirurgia foi filmada pelo brilhante cineasta Benedito J. Duarte e concorreu a prêmios na IV Mostra Internacional do Filme Científico, realizado no extinto estado da Guanabara, em 1972; o filme "Bases técnicas do tratamento cirúrgico da epilepsia" foi laureado em terceiro lugar na categoria internacional e em primeiro lugar na nacional, sendo seu título. Até hoje acompanho esse paciente, que se encontra livre de convulsões e medicações, mesmo após 49 anos da cirurgia.

Primeiro livro de Raul, publicado em 1975

Nesse mesmo ano, o professor Tenuto principiou a apresentar quadro neurológico de hipertensão craniana, o que provocou um sobressalto em todos os membros de nosso serviço. Como ele ainda não tinha um diagnóstico, fui incumbido de acompanhá-lo, junto com sua família, até Boston, rumo ao serviço do Dr. James Poppen, no Baptist Hospital. Lá, constatou-se uma obstrução de uma das artérias renais, e Tenuto foi submetido a uma nefrectomia pelo melhor urologista da clínica. Voltamos para o Brasil e, após ter sido resolvido o problema renal, uma iodoventriculografia evidenciou uma neoplasia cerebelar. Tenuto foi internado na Beneficência Portuguesa de São Paulo, hospital onde exercia sua clínica, e a ele foi indicada, pelo Dr. Oswaldo Cruz, a realização de craniotomia de fossa posterior, em posição sentada. Fui delegado a efetuar a abertura e o fechamento da cirurgia, o que fiz com muita tristeza. Foi retirado um hemangioblastoma hemisférico, mas, infelizmente, foram clipadas algumas artérias cerebelares, o que ocasionou um sério déficit e uma fala escandida, sequelas das quais ele não se recuperou. Foi o início de uma tragédia. Os sintomas progrediram e surgiu uma grave colecistite aguda, que também foi operada, infligindo ainda mais sofrimento. Como se não bastasse, semanas depois ele desenvolveu uma síndrome de Reynaud em um dos membros inferiores, que teve de ser amputado. Foi um dos casos mais dolorosos que já presenciei na vida, sobretudo pela grande afetividade que nos ligava e pela admiração que nutri pelo meu chefe durante tantos anos. Prontifiquei-me a morar em sua residência até a sua recuperação, como consolo à sua querida esposa, dona Lídia, que certamente era a pessoa que mais sofria. Meses depois, aconteceu o desenlace, abreviando seu terrível sofrimento. Anos depois, faleceu também sua única e linda filha. Não tenho palavras para descrever tanta dor.

O professor José Zaclis, neurorradiologista, assumiu interinamente a coordenação do serviço de Neurocirurgia do HCFMUSP até que o novo regente fosse nomeado: o professor Gilberto Machado, que ficou no cargo de chefia por dezesseis anos.

Mesmo estremecidos com os acontecimentos, eu e alguns colegas aceitamos o convite feito pelo professor A. C. Pacheco e Silva para ajudá-lo a dar continuidade à fundação de um novo serviço voltado à psicocirurgia, à psiquiatria biológica e à cirurgia das epilepsias, que ficaria no segundo andar da Clínica Psiquiátrica. Começamos por uma reforma geral do antigo centro cirúrgico, a qual durou um ano, pois havia banheiros próximos à sala de cirurgia e não queríamos correr o risco de infecções.

Certa feita, fomos convocados, eu e os catedráticos de Pediatria, professor Antranik, e de Otorrinolaringologia, professor Minitti, para uma entrevista na TV Cultura, antigo canal 2 da tevê aberta, durante a qual a entrevistadora fez perguntas sobre a cirurgia das epilepsias que vínhamos realizando. Um jornalista mais afoito, que assistira ao programa, publicou, dias depois, em letras garrafais, na primeira página de um jornal de segunda categoria, um verdadeiro pasquim da época, a seguinte manchete, sem termos dado a ele uma entrevista: epilepsia curada em São Paulo! Colocou até foto de uma cirurgia qualquer como se fosse a verdadeira. De imediato, não houve qualquer repercussão, pois o jornal era, de fato, obscuro. Entretanto, semanas depois, alguém mostrou a referida publicação à cátedra do serviço de Neurologia. Foi o suficiente para sermos chamados para dar explicações sobre o assunto que fora forjado por um repórter à busca de notoriedade. O pior de tudo foi quando descobri quem mostrou o jornaleco ao professor-catedrático: foi alguém que eu considerava meu melhor amigo, quase um pai, e para quem eu escrevia semanalmente na época em que morava nos Estados Unidos. A minha situação ficou insustentável no serviço, pois o professor não acreditou que não havíamos dado nenhuma entrevista ao jornal. Nesse cenário, e também levando em conta que eu estava com o meu casamento marcado, resolvi me desligar do serviço com o principal intuito de evitar maiores dissabores. Não obstante, isso não impediu o surgimento de um estresse enorme e a perda de vários quilos de peso, uma vez que eu sofria na pele um desapontamento pela injustiça cometida.

UMA PORTA SE FECHA E OUTRA SE ABRE

Foi dessa forma que nasceu o futuro serviço de Neurocirurgia Funcional, estabelecido noutro edifício do mesmo hospital, o HCFMUSP, e que proporcionou a mim novas alegrias vindouras, confirmando o velho adágio de que "há males que vêm para bem".

Casei-me semanas depois e comecei uma vida nova. Nem todos os meus colegas aprovaram o meu renascimento, pois acreditavam que eu havia me liquidado da vida acadêmica. Felizmente, não foi o que ocorreu.

Diante dessas últimas circunstâncias, imprevistas, da minha vida acadêmica e após a perda do meu mais que querido chefe por morte trágica, eu estava empenhado em me recuperar desses infaustos, o que fiz com muita meditação sobre os caminhos que deveria seguir. Subitamente, todas as experiências de estudos e todos os treinamentos adquiridos nos melhores centros médicos começaram a invadir a minha mente, como se uma grande biblioteca quisesse irromper em meu cérebro, pedindo pela instalação de uma nova filosofia de pensamento que pudesse sintetizar, finalmente, tudo aquilo que eu havia aprendido. Senti-me encorajado para a implementação imediata de uma nova especialidade: uma Neurocirurgia que permitisse também servir de instrumento para melhor conhecer as funções mais elevadas e sublimes de nosso cérebro. Afinal, somos aquilo que pensamos, assim como somos aquilo que nos alimenta. Contudo, é o nosso cérebro que pensa e que nos torna humanos; por isso, somos o nosso cérebro. Ele é dirigido por nossa alma e por nosso espírito, ambos em contato com a nossa consciência e a consciência divina, e esta nos inspira ao que devemos fazer, dizer, estudar, escrever, publicar, enquanto descobrimos as leis divinas.

Nessa época, então, comecei a reconhecer, ainda mais, a importância da faculdade de Filosofia, cujo aprendizado somei aos dos estudos éticos e teológicos que começavam a impregnar na minha religião médica, dirigindo-me em uma nova e verdadeira busca das verdades, tenha ela o nome de filosofia, teologia, bioética ou filosofia da Medicina. Na diligência dessa filosofia médica, que motivou a escrita deste livro, decidi procurar uma nova janela que pudesse se abrir para o melhor conhecimento das ciências do cérebro: o cérebro como sede de nossa pessoalidade e de nossa humanitude, ou seja, a ética das neurociências e das questões éticas, legais e sociais que surgem da prática médica, já que existem áreas cerebrais responsáveis pelas nossas funções neurais mais elevadas. Assim, a ética, como ramo importante da filosofia, determina como devemos agir uns com os outros, com as outras espécies e com os sistemas naturais. É a ciência da conduta e da moral do homem em sociedade e de suas responsabilidades. Pois bem, é o nosso cérebro que controla todas essas funções que hoje recebem o nome de Neuroética, importante ramo da bioética ou ética da vida, que será abordada mais adiante. Os grandes progressos da tecnologia médica ajudaram a desenvolver os futuros progressos no estudo dessas funções cerebrais, que passei a considerar a minha missão na Medicina [44].

O CENTRO DE NEUROPSICOCIRURGIA

No novo prédio da Clínica Psiquiátrica do HCFMUSP, ainda sob a direção de seu catedrático, o professor Pacheco e Silva, e seus assistentes, após extensa reforma de um ano de suas instalações, iniciamos a formação de um novo serviço, destinado a desenvolver novas intervenções e pesquisas relacionadas às nossas experiências no exterior – e que ainda não existiam no Brasil –, como as cirurgias das epilepsias, da dor, do Parkinson, dos movimentos anormais e dos tremores, a neuroendocrinologia e a microcirurgia transesfenoidal da hipófise, a psicocirurgia, dentre outras.

Para tanto, era necessária a formação de uma nova equipe especializada a ser treinada para tão singular tarefa. Não tardou a surgirem candidatos do seio da própria USP. Apresentaram-se vários neurologistas (psiquiatras, neurofisiologistas, duas neuropsicólogas em formação, uma neuropatologista), muitos neurocirurgiões, além de três endocrinologistas, um radiologista, uma terapeuta ocupacional, três anestesistas, profissionais do serviço social, dois eletroencefalografistas, três engenheiros de bioengenharia e computação da Escola Politécnica e profissionais de enfermagem clínica e cirúrgica. Foram providenciados biblioteca especializada e serviço de documentação científica (fotográfica e ilustração médicas). A residência especial foi inaugurada ulteriormente.

Assim, em 16 de junho de 1972, foi criado o Centro de Neuropsicocirurgia (CENEPSI), sua denominação de batismo, estabelecido por meio de verbas suplementares do Governo do Estado de São Paulo, que também permitiu a aquisição de aparelhagem cirúrgica, equipamentos para anestesia, eletroencefalógrafos, fisiógrafos, polígrafos, osciloscópios, geradores de radiofrequência e estimuladores, além de um setor de estereotaxia com ampolas de raios X em três planos, mesa de estereotaxia especialmente fabricada e um sistema de computação Varian PDP-12 conectado a esse setor para cálculos e análise gráfica desse tipo de procedimento. Foram criados e ampliados o centro de esterilização e arsenal cirúrgico, o setor de Radiologia com uma unidade Mimmer-III, o setor de psicofisiologia e o laboratório de psicofarmacologia, o primeiro em nosso meio para dosagens de anticonvulsivantes, lítio e outros psicofármacos.

A esse patrimônio, foi acrescentado material especializado para intervenções microcirúrgicas: dois microscópios binoculares operatórios e um circuito fechado de televisão com intensificador de imagem e radiofluoroscopia para intervenções sobre a região hipofisária através da hoje consagrada via transesfenoidal, que introduzimos pela vez primeira em nosso meio. No início, havia apenas cinco leitos; com o crescimento da procura em nosso ambulatório, esse número foi ampliado para 41 leitos. Foi criada também uma Unidade de Terapia Intensiva e Recuperação junto ao centro cirúrgico, com três leitos. Ao mesmo tempo, novo auxílio financeiro foi conseguido por meio do Governo Federal e do Ministério do Planejamento, fornecido por meio de um projeto apresentado pelo CENEPSI à Financiadora de Estudos e Projetos (FINEP) desse ministério, o que melhorou muito as condições de atendimento dos pacientes e do andamento dos projetos de pesquisa e o financiamento de nossos bolsistas, que, até então, se dedicavam gratuitamente ao serviço.

O CENEPSI, ao ser inspecionado e avaliado pelo Grupo Estadual de Reforma Administrativa (G.E.R.A) do Governo do Estado de São Paulo, em razão de seus méritos científicos e do pleno funcionamento de suas instalações e serviços, criou a **Divisão de Neurocirurgia Funcional** do Instituto de Psiquiatria do HCFMUSP, com aprovação de suas atividades no Regulamento do Hospital da Clínicas, estabelecido pelo Decreto n. 9.720, de 20 de abril de 1977.

Em seguida, foi obtida nova verba suplementar do governo estadual, por meio do então governador Dr. Paulo Egydio Martins, nosso grande benfeitor, o que permitiu a contratação, pelo HCFMUSP, de todos os bolsistas da FINEP, em atividade no

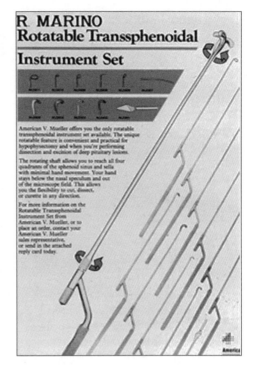

Instrumentais para cirurgia transesfenoidal desenhados por Raul Marino Jr.

CENEPSI, o qual passou a ser denominado **Centro de Neurocirurgia Funcional e Neuropsicocirurgia**, a fim de cumprir uma importante cláusula dessa financiadora.

A cerimônia formal de inauguração do Centro de Neurocirurgia Funcional e Neuropsicocirurgia ocorreu no Palácio dos Bandeirantes, oficiada pelo governador em 16 de junho de 1977, seguida por simpósio internacional sobre Neurocirurgia Funcional, organizado por mim, no auditório do Instituto de Psiquiatria do HCFMUSP. Foi possível convidar todos os professores que nos apoiaram ao longo dos anos: Walle Nauta, Pedro Molina, Jean Siegfried, Theodore Rasmussen, J. Bancaud, J. Talairach, Ayub Ommaya, Gilles Bertrand, John Tew, Henry Ballantine, N. Narabayashi, Frank Ervin, Blaine Nashold, L. Taylor e Jules Hardy.

As conferências realizadas nesse simpósio foram gravadas em vídeo e transformadas em livro, em inglês, pela Editora Raven Press, de Nova York, sob o título *Functional neurosurgery* [77], publicado em 1979 como o primeiro texto da literatura médica a sistematizar as bases dessa nova especialidade.

Esse simpósio também facilitou o aceite, pelo diretor professor Blaine Nashold, da minha sugestão de alterar o nome da antiga sociedade mundial de estereotaxia, da qual eu era membro de sua diretoria, para World Society for Stereotactic and Functional Neurosurgery (WSSFN), de cuja diretoria fiz parte durante vários anos.

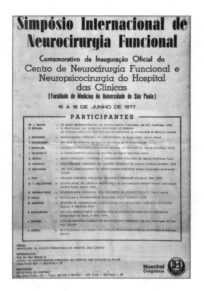

Primeiro Simpósio Internacional de Neurocirurgia Funcional, idealizado por Raul Marino Jr. e que deu origem ao livro de mesmo nome

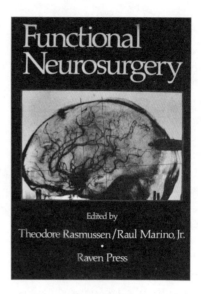

Primeiro livro de Neurocirurgia Funcional, editado por Raul Marino Jr. e Theodore Rasmussen, seu ex-professor

Tempos depois, em **1980**, durante o Congresso da Sociedade Brasileira de Neurocirurgia realizado em Guarapari, fundei a Sociedade Brasileira de Neurocirurgia Funcional, da qual fui um dos primeiros presidentes.

Em 3 de maio de 1983, a Divisão foi declarada utilidade pública por meio do Decreto Federal n. 88.274. Sua presidência foi inicialmente ocupada pelo professor Pacheco e Silva e, depois, com seu falecimento, pelo Dr. Antônio Ermírio de Moraes, ficando para mim o posto de diretor-executivo.

A implantação da Divisão de Neurocirurgia Funcional no HCFMUSP, com uma equipe multidisciplinar que cobrisse todos os ângulos das neurociências e que tivesse uma formação do mais alto nível técnico, didático e científico, tratava-se de árdua tarefa, pois envolvia várias especialidades médicas e paramédicas. Como o número de especialistas para as necessárias áreas ainda era reduzido ou inexistente em nosso meio, coube a mim e alguns colegas a tarefa de formar muitos deles.

O início exigiu que se obtivessem estágios no exterior para vários técnicos e, ao mesmo tempo, se iniciasse a estruturação de estágios de formação no próprio serviço. Essas metas levaram à seleção de profissionais do mais alto gabarito. O quadro completo da Divisão comportava, inicialmente, a contratação de trinta médicos e 103 paramédicos; começamos as atividades com somente onze médicos e 65 paramédicos, para uma enfermaria de 41 leitos e uma UTI. As funções da equipe clínica englobavam as triagens iniciais, as avaliações das patologias, a discussão das indicações cirúrgicas, bem como o acompanhamento do pós-operatório. Esse grupo foi formado pelos neurologistas responsáveis diretamente pelo acompanhamento dos quadros de epilepsia, síndromes extrapiramidais e de Parkinson e dores rebeldes. Os endocrinologistas dedicavam-se às patologias do eixo hipotálamo-hipofisário, em especial aos tumores da hipófise, como a síndrome de Cushing, a acromegalia ou os prolactinomas desencadeantes da síndrome de galactorreia-amenorreia. Aos psiquiatras designou-se o tratamento de distúrbios afetivos, como depressão primária ou associada a dores crônicas, transtorno obsessivo-compulsivo, anorexia nervosa e quadros psicopatológicos associados às epilepsias.

Não criei meus filhos com ar-condicionado no verão e calefação no inverno para que não se acostumem ao luxo fácil e à vida mansa. O melhor que posso deixar para eles é **educação** e apego ao trabalho. Ganhar sem trabalhar pode ser bom para o bolso. Mas é péssimo para o caráter.
(Antônio Ermírio de Moraes)

Antônio Ermírio de Moraes

A Divisão criou também um serviço de apoio diagnóstico de profissionais médicos nas áreas de fisiologia clínica, neuropatologia e neurorradiologia, eletroencefalografistas e um serviço de Neuropsicologia, este, então, ainda inédito em nosso meio, para a avaliação das funções cognitivas pré e pós-operatórias dos pacientes, como memória, atenção, dominância hemisférica, desempenho, etc. A premissa era de que todos os pacientes tinham de ser vistos globalmente e submetidos a avaliações clínicas, neurológicas, psiquiátricas, neuropsicológicas e neuroendócrinas. Isso permitia um conhecimento mais completo de suas patologias, resultando em um melhor atendimento e enriquecimento dos conhecimentos científicos da afecção em questão, mais tarde motivo de elaboração de projetos e trabalhos de publicação. Havia, ainda, um serviço social importante no organograma, encarregado de acompanhar e prestar suporte necessário no seguimento para o paciente e sua família.

Para a realização dos vários tipos de cirurgias, agora denominadas **funcionais** – como as microcirurgias, as cirurgias estereotáxicas (cuja mesa cirúrgica foi projetada pelo engenheiro Joseph Koralek, meu grande amigo), as abordagens hipofisárias por via transfenoidal ou transcranianas e as abordagens transcutâneas com o uso de radiofrequência –, foi necessário criar uma equipe de neuroanestesia altamente especializada, uma vez que parte dos pacientes submetidos a essas intervenções recebe apenas anestesia local no couro cabeludo, ficando, portanto, consciente e cooperante.

Joseph Koralek, engenheiro que construiu a mesa rotatória para cirurgia estereotáxica

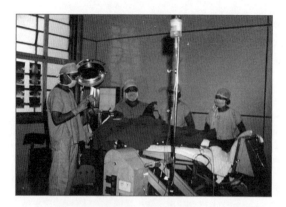

Cirurgia estereotáxica em andamento no Hospital das Clínicas da FMUSP, na cadeira de Koralek

O cunhado Jules Hardy, em visita a Raul no serviço de Neurocirurgia Funcional no Hospital das Clínicas da FMUSP

Raul na entrega do Prêmio Raul Marino Jr. de Neurocirurgia Funcional, em 2018, em Gramado, RS

Tal detalhe tornou-se importante para o estudo da estimulação elétrica e o mapeamento do cérebro exposto, realizados com a finalidade de identificar e mapear áreas da fala, áreas motoras e sensitivas e áreas de integração psíquica, visuais e auditivas, que devem ser respeitadas como regiões nobres durante as intervenções. Além disso, focos epilépticos e cicatrizes cerebrais são detectados no cérebro exposto ou explorados estereotaxicamente no paciente acordado por meio do eletrocorticograma de superfície ou eletrodos de profundidade: o estereoeletroencefalograma. A identificação e a análise corretas dessas anomalias, bem como sua extensão, são feitas pelos eletroencefalografistas e neurofisiólogos que, baseados nos achados eletrográficos, guiam o bisturi do neurocirurgião no sentido de extirpar com precisão as áreas afetadas.

O fato de se ter estabelecido um entrosamento harmônico e uma linguagem comum a todos os integrantes dessa Divisão permitiu que objetivos e ideias comuns fossem mantidos e que a intensa atividade assistencial, didática e de produção de novos conhecimentos científicos frutificassem.

METAS

Desde a sua fundação, a Divisão de Neurocirurgia Funcional tinha como meta principal suprir a completa carência, em nosso meio, de centros adequados para o estudo e o tratamento de patologias funcionais de relevante importância médica e social, até então pouco representadas na Neurocirurgia vigente. Além disso, um dos objetivos primordiais era formar pessoal mais especializado, introduzindo procedimentos terapêuticos e de pesquisa em nosso meio, como tratamento cirúrgico das epilepsias; tratamento estereotáxico dos movimentos anormais, da doença de Parkinson e demais síndromes extrapiramidais; tratamento dos distúrbios neuroendócrinos por tumores ou microadenomas hipotálamo-hipofisários; psicocirurgia por meio de tratamento estereotáxico das doenças mentais; e tratamento da dor crônica rebelde. Cada um desses itens será abordado a seguir, com seus destaques particulares.

TRATAMENTO CIRÚRGICO DAS EPILEPSIAS

Nos Estados Unidos, até 1973 (portanto, pouco tempo depois que foi fundado o CENEPSI), o índice de prevalência das epilepsias era de 5 por 1.000, ou seja, cerca de 0,5% da população apresentava alguma forma de epilepsia naquele país, mas apenas 80% desses pacientes eram controlados com as medicações anticonvulsivantes habituais.

Segundo Preston Robb, do Montreal Neurological Institute (MNI), cerca de 10% dos pacientes poderiam ser curados ou apresentar considerá melhora com uma intervenção cirúrgica [78].

Quando fui eleito presidente nacional da Liga Brasileira de Epilepsia (biênio 1984-1986), fundei a Liga de Combate à Epilepsia junto ao Centro Acadêmico Oswaldo Cruz da FMUSP, hoje uma das Ligas oficiais dessa faculdade, dirigida por seus alunos como parte do curso de graduação em Medicina. Na época, foram desenvolvidos trabalhos de campo de grande envergadura, com a colaboração de acadêmicos de Medicina e de Enfermagem da USP, no intuito de melhor conhecer a epidemiologia e a prevalência das epilepsias no Brasil.

Dentre os trabalhos, foi realizado um estudo pioneiro – o primeiro no país e o segundo da América Latina –, já que o Brasil permanecia, até recentemente, sem dados epidemiológicos por nunca ter sido submetido, até então, a uma pesquisa sobre as taxas de prevalências das epilepsias. Esse estudo englobou uma pesquisa domiciliar, de casa em casa, levada a cabo na zona urbana do município de São Paulo, então a terceira maior metrópole do mundo, com treze milhões de habitantes em 1980. Os resultados da amostra do estudo indicaram uma taxa de 11,9 por 1.000 habitantes, apresentando uma "biópsia" do problema no Brasil [52] e estabelecendo, pela vez primeira, a prevalência das epilepsias no Brasil em 1,33% da população.

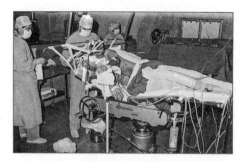

Preparo para cirurgia de epilepsia
com paciente acordado

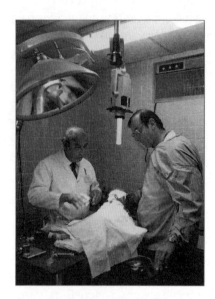

Cirurgia no corpo caloso de macacos
Rhesus, no laboratório de Deepak Pandya,
em New Bedford, Estados Unidos

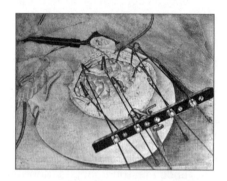

Mapeamento cerebral com
eletrocorticografia e estimulação elétrica
para cirurgia de epilepsia, realizados
no Hospital das Clínicas da FMUSP

O primeiro estudo envolvendo a epidemiologia e a prevalência das epilepsias realizado na América Latina ocorreu em 1978, na Colômbia, onde foi encontrada uma prevalência de 1,95% de epilépticos, a maior já registrada na literatura. Se esses dados fossem extrapolados para o Brasil, onde eram mais representativas as causas desencadeantes das epilepsias (como traumas de parto, trauma craniano, abscessos cerebrais, meningites, encefalites e afecções parasitárias, dentre outros fatores), o índice de prevalência das epilepsias poderia aproximar-se de 2% para a população geral da possível amostra [52]. De acordo com esse raciocínio, estimando-se a população, à época, de 140 milhões de habitantes no Brasil, cerca de 2,8 milhões seriam portadores de alguma forma de epilepsia, sendo que, desse total, 10% (ou 280 mil) epilépticos poderiam se beneficiar com alguma forma de tratamento cirúrgico. À guisa de curiosidade, se 365 desses "epilépticos cirúrgicos" fossem operados anualmente em um centro especializado como o da Divisão, demoraria cerca de 767 anos para concluir a tarefa, ou seja, mais de sete séculos. Esses números dão uma ideia da magnitude do problema, acrescentando-se ainda o fato de que esses pacientes requeriam, em média, seis a doze semanas de estudos pré-operatórios e várias semanas de controle pós-operatório, sendo que cada cirurgia durava de oito a dez horas.

Conclui-se que esse problema médico-social tem grandes implicações, pois a cirurgia bem indicada tem curado e reintegrado esses pacientes em mais de 90% dos casos, conforme apresentado em algumas publicações [42].

Dentre centenas de casos operados, achei relevante expor alguns casos mais ilustrativos e que muito mexeram com os meus sentimentos médicos.

Caso clínico I – Sr. Clovis R.

Logo após a minha chegada ao Brasil, em 1970, iniciei, junto aos meus colegas, a montagem do serviço para tratamento cirúrgico das epilepsias refratárias, que ainda não eram tratadas em nosso meio; aos poucos, nos instalamos no HCFMUSP. Após alguns casos operados segundo as técnicas aprendidas no Montreal Neurological Institute, o famoso MNI, passamos a selecionar casos favoráveis ao tratamento cirúrgico, justamente os que não respondiam ao tratamento medicamentoso: as epilepsias chamadas refratárias.

Um dos primeiros casos que fizeram história no Serviço de Neurocirurgia do HCFMUSP merece ser mencionado aqui por dois principais motivos. Primeiro, a intervenção foi filmada pelo notável cineasta paulista Benedito J. Duarte, que solicitou permissão do HCFMUSP para realizá-la – e, como já mencionado anteriormente, o filme ganhou o primeiro lugar nacional na IV Mostra Internacional do Filme Científico em 1972. Segundo, mas não menos importante, foi um dos primeiros casos operados no Brasil sem anestesia geral, com o paciente acordado e consciente, em plena colaboração com a equipe cirúrgica, enquanto seu cérebro exposto era mapeado e estimulado eletricamente.

Decorria o 1º de dezembro de 1971 e minha equipe já se encontrava bastante preparada e treinada para operar pela primeira vez um paciente totalmente acordado, apenas com anestesia local, conversando com o cirurgião e uma psicóloga. Eu e o paciente, Clovis, éramos bem jovens. O paciente foi colocado em uma posição confortável, entre almofadas e sem sedação. Delineada a ampla incisão, foi feita a assepsia da pele e, em seguida, a infiltração com marcaína. Colocados os campos cirúrgicos, procedemos à incisão do hemicrânio direito e, após infiltração da dura-máter, esta foi aberta em arco, expondo-se o córtex cerebral do lobo temporal e parte do frontal, incluindo as áreas motoras e sensitivas. O paciente desejava tanto ficar curado de seu problema que nada reclamou dos orifícios e das vibrações barulhentas do trépano e da abertura com serra especial da calota óssea que recobria o campo cirúrgico. Com o paciente todo o tempo consciente e conversando com o cirurgião, procedemos ao mapeamento cortical ou eletrocorticograma, o qual já nos indicou as possíveis áreas de atividade elétrica anormal. Em seguida, passamos ao mapeamento das áreas motora e sensitiva, as quais jamais devem ser tocadas pelo bisturi a fim de prevenir déficits neurológicos.

Foram colocados dois eletrodos de profundidade: um anterior, na amígdala temporal, e outro mais posterior, no hipocampo, para registro e estimulação. A área da fala não foi estudada nesse caso, pois se encontrava no hemisfério oposto (nas pessoas destras). Durante a estimulação elétrica de algumas derivações da amígdala, o paciente balbuciou palavras incompreensíveis, como se estivesse pedindo que parássemos a sensação desagradável. Em seguida, o eletroencefalograma passou a registrar algumas de suas crises focais, reproduzindo as que o afetavam rotineiramente. Identificados os focos temporais, nossa anestesista, Dra. Kazuko, deu início à sedação, pois já não tínhamos necessidade do paciente acordado. A operação é realizada com o paciente consciente porque a sedação anestésica pode abolir o registro da atividade epiléptica e inibir o foco irritativo. Após a remoção do tecido cerebral afetado, procedemos à hemostasia, ao fechamento da dura-máter e do retalho ósseo e, finalmente, à incisão do couro cabeludo. O paciente foi removido para a enfermaria e ficamos ao seu lado durante a noite, até que se recuperasse no dia seguinte, quando faríamos um novo curativo. A intervenção toda durou quase dez horas. Após alguns dias na enfermaria, o paciente apresentava-se em perfeitas condições e, desde então, não mais teve crises incapacitantes, voltando a trabalhar normalmente.

Já se transcorreram 48 anos dessa cirurgia; e, de vez em quando, Clovis, agora com 83 anos de idade e perfeitamente saudável, sem ter tido mais nenhuma crise convulsiva, faz-me uma visita em meu consultório. Certa feita, ele presenteou-me com uma linda escultura da cabeça de Jesus Cristo esculpida em peça plana de madeira, que até hoje decora orgulhosamente a parede da minha casa de campo.

Em outra ocasião, após exibirmos o premiado filme dessa cirurgia em um hospital dos servidores públicos, eu e minha equipe ouvimos, *en passant*, um neurologista comentando que aquela cirurgia não era possível e que provavelmente tinha sido apenas uma montagem feita pelo cineasta. Isso comprovou o tipo de "cultura neurológica" em São Paulo naquela época, embora esse tipo de intervenção já vinha sendo feita por meu mestre Penfield desde 1930 e por Foerster, na Alemanha, bem antes disso. Hoje, é uma cirurgia bastante comum, efetuada principalmente nos grandes centros universitários. Ela permite intervenções em pacientes acordados com tumores ou malformações vasculares, de modo a não lesar áreas cerebrais eloquentes, como a área da fala e a área motora, o que provocaria lesões indesejáveis.

Caso clínico II – Antonio B.

Ao longo dos anos, centenas de casos de epilepsias refratárias ao tratamento clínico foram operados pela minha equipe, sobretudo nos pioneiros serviços de Neurocirurgia do HCFMUSP e da Beneficência Portuguesa (BP) de São Paulo, sempre sob controle eletrográfico e mapeamento por estimulação cortical, principalmente nos casos de epilepsia do lobo temporal, a mais comum de todas, cuja patologia já foi explicada. Entretanto, alguns casos, como o relatado anteriormente, marcaram sobremaneira a minha prática médica.

O paciente deste caso quase se tornou um membro da minha família. Certo dia, no meu consultório do Instituto Neurológico de São Paulo (INESP), da BP, recebi uma numerosa família da região Norte do Brasil, liderada por um antigo senador já aposentado, de forma que foi preciso acrescentar várias cadeiras ao redor de minha escrivaninha para sentar todos – irmãos, irmãs, mãe e o chefe da família. No momento da anamnese, relatou o ex-senador que seu filho já havia sido consultado em várias partes do mundo (Espanha, Estados Unidos, França e vários serviços no Brasil) e que todos os médicos foram unânimes em afirmar que o caso não tinha possibilidade de cura cirúrgica, pois o eletroencefalograma sempre mostrava disritmias bilaterais. O maior problema era que o paciente continuava a ter crises frequentes, quase diárias, desde a adolescência, apesar das altas doses de medicações anticonvulsivantes, e, por isso, jamais havia tido a possibilidade de dirigir veículos, tomar bebidas alcoólicas, socializar ou, até mesmo, frequentar restaurantes, pois, durante as crises, geralmente puxava a toalha do estabelecimento, derrubando tudo o que estava sobre a mesa. Enquanto eu ouvia o relato, notei que Antonio, o paciente, principiou a apresentar um desvio da cabeça e dos olhos, seguido de uma típica crise psicomotora, colocando os pés rentes à pesada escrivaninha, tombando-a na minha direção perigosamente. Após a crise, deixou-a em posição normal e já não se lembrava do ocorrido. Foi a melhor demonstração que pude ter sobre o problema que afetava aquela família e incapacitava o meu futuro paciente. Analisando os exames que foram trazidos já naquela primeira consulta e baseando-me no que acabávamos de assistir, expus aos familiares que se tratava de um caso realmente bastante complexo e que necessitaria de uma internação hospitalar para a realização de exames mais aprofundados: um videoeletroencefalograma prolongado para registro das crises e documentação neurofisiológica, além de um cateterismo carotídeo para a realização de um teste de Wada, que não havia sido feito, para estudo da lateralidade.

Esse teste é efetuado durante o eletroencefalograma (EEG), após injeção bilateral de Amytal® sódico em cada carótida, registrando-se o EEG durante a injeção. O problema era que o Amytal® não existia no Brasil; foi, então, necessário elaborar uma prescrição especial para que a família o adquirisse em Miami, EUA. Sem muita demora, logo o referido produto estava em minhas mãos.

O teste foi realizado no serviço de Radiologia denominado Med-Imagem, da BP, e o EEG demonstrou que o foco epileptogênico principal era à direita, após supressão barbitúrica do lobo temporal esquerdo. Após esses exames, reuni novamente a família, para explicar os resultados obtidos. Com base no teste de Wada, foi possível afirmar que o problema era unilateral, do lado direito, e que poderia ser remediado por uma cirurgia sobre o lobo temporal responsável. Houve uma reação de surpresa compreensível dos familiares, sobretudo do ex-senador, pai do paciente, que nos interpelou asperamente sobre o fato de seu filho ter estado nos melhores serviços internacionais e nenhum deles ter ousado fazer tal proposta. Posso até dizer que ele foi um pouco agressivo. Argumentei que o teste carotídeo havia sido uma das maiores contribuições para a indicação cirúrgica dos casos com patologia bilateral e que o neurofisiologista da minha equipe, Dr. Gary Gronich, treinado em Montreal, assegurava a validade da conduta. O ex-senador utilizou todos seus argumentos para demolir nosso diagnóstico, chegando a ser, de certo modo, ofensivo, comparando-nos com as celebridades médicas que já haviam estudado o caso. A certa altura, vi-me obrigado a responder suas agressões de brabeza, comparando-as às de certos "coronéis" do Nordeste, dizendo-lhe: "O senhor parece não comer mel, mas prefere comer as abelhas". Parece-me que essa metáfora afetou de alguma forma o ex-político, que, mais tarde, se tornou um grande amigo. Convencida a família de que haveria a possibilidade de cura, reinternei o paciente, que foi submetido a uma lobectomia temporal seletiva, com amígdalo-hipocampectomia sob registro corticográfico, recuperando-se em poucos dias de internação.

Esses fatos ocorreram em 1992 e, a partir de então, o paciente foi retirando a pesada mediação a que estava diariamente acostumado. Hoje, depois de tantos anos, ele está livre das medicações e das crises convulsivas.

Eu e minha esposa recebemos e aceitamos vários convites da família para conhecer aquelas partes do Norte do Brasil, onde jamais havíamos estado. Em várias viagens, como convidados, participamos de pescarias nos barcos da família, aniversários, Natais e finais de ano, sempre acolhidos festivamente por todos. É difícil descrever a surpresa e a emoção que sentimos no dia em que fomos recebidos no aeroporto local pelo paciente Antonio, agora dirigindo seu próprio automóvel para nos levar ao hotel, exalando felicidade por poder finalmente dirigir, atividade da qual fora proibido durante toda a sua mocidade. É gratificante relatar que esse paciente até hoje nos telefona na ocasião de meu aniversário e de minha esposa, no Natal e no Ano Novo, cumprimentando-nos nessas auspiciosas datas. Jamais deixou de nos visitar quando vem a São Paulo e de nos trazer alguma lembrança. Vive, hoje, uma vida normal, tomando seu vinho e seus uísques, que antes eram proscritos, dirigindo seu automóvel e sem tomar qualquer medicação. Tornou-se um dos casos mais queridos e quase um membro da minha família.

Antonio ensinou-me que gratidão é sinônimo de bom caráter, única coisa que sempre esperei dos neurocirurgiões que eu formava. Certa feita, em uma de nossas dezenas de visitas a congressos no Japão, o então professor de Neurocirurgia de Osaka, muito meu amigo, colocou um de seus jovens residentes para nos ciceronear e conhecer a região. Ao visitar um dos jardins japoneses da cidade, o residente perguntou-me: "Professor, o senhor conhece meu chefe há muito tempo?". Quando eu disse que sim, ele completou: "Eu seria capaz de morrer por ele!". Naquele momento, pensei com meus botões: "Meu Deus, eu admiro demais este país [o Japão]...".

Congresso no Japão, em 1991

Desenho feito com a técnica sumi-ê, por Raul Marino Jr.

TRATAMENTO ESTEREOTÁXICO DOS MOVIMENTOS ANORMAIS, DA DOENÇA DE PARKINSON E DEMAIS SÍNDROMES EXTRAPIRAMIDAIS

De acordo com a literatura mundial, aproximadamente 1 em 200 indivíduos apresenta esse tipo de patologia. O tremor do Parkinson e os movimentos anormais de outras síndromes extrapiramidais constituem quadros altamente incapacitantes, que levam o indivíduo à condição de total dependência. Apesar das recentes aquisições, o tratamento medicamentoso tem ainda alto índice de insucesso, deixando como alternativa a cirurgia estereotáxica.

TRATAMENTO DOS DISTÚRBIOS NEUROENDÓCRINOS POR TUMORES OU MICROADENOMAS HIPOTÁLAMO-HIPOFISÁRIOS

Os tumores da hipófise representam cerca de 8% dos tumores cerebrais, ocasionando desde as conhecidas alterações visuais e endócrinas até as neurológicas. Assim, os adenomas funcionantes da hipófise desencadeiam patologias como a acromegalia, a doença de Cushing e as síndromes de galactorreia-amenorreia por hiperprolactinemias.

A introdução da microcirurgia por via transesfenoidal (pelo nariz), que foi pioneira no serviço de Neurocirurgia do HCFMUSP, sendo introduzida ali por mim e minha equipe, permitiu uma abordagem mais segura dos tumores dessa região, preservando-se as demais estruturas encefálicas próximas, inclusive a própria hipófise, e retirando-os ainda como microadenomas, antes que atinjam grandes dimensões com lesões irreversíveis.

A hipofisectomia foi também utilizada para tratamento das neoplasias endocrinodependentes, como o câncer de mama e o de próstata, com redução das metástases, diminuição dos quadros dolorosos e maior sobrevida. Esse

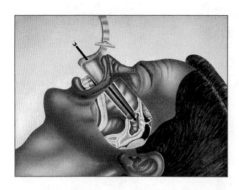

Representação de uma cirurgia transesfenoidal, desenhada pelo artista brasileiro J. Falcetti

procedimento foi usado pelo serviço de Neurocirurgia do HCFMUSP também no tratamento da retinopatia diabética por supressão dos hormônios diabetogênicos em pacientes com a visão condenada.

Uma revisão atual dos casos que eu e minha equipe operamos pela via transesfenoidal, técnica que eu e alguns colegas introduzimos no Brasil logo após o meu retorno ao país em 1970, ultrapassa, hoje, quatro mil cirurgias. Os pacientes do estudo foram operados tanto no HCFMUSP como em hospitais privados, o que os coloca entre uma das maiores estatísticas da literatura médica; isso sem contar os casos operados por craniotomia frontal para os tumores maiores. Nessa estatística, estão inclusos também os casos operados para tumores não hipofisários, como craniofaringeomas e tumores do clivo (cordomas e pinealomas ectópicos).

Seria fastidioso relatar todos os casos clínicos fascinantes que operei por via transesfenoidal nesses quase cinquenta anos de atividade do serviço de Neurocirurgia do HCFMUSP, o qual, em razão de alguns casos emblemáticos, passou a ser considerado um dos principais serviços de referência em relação a essa técnica – aperfeiçoada por mim e minha equipe –, mesmo antes do advento da tomografia computadorizada e da ressonância magnética, quando nossos diagnósticos eram efetuados apenas através da pneumencefalografia fracionada em nosso equipamento Mimmer-3, o qual possibilitava o movimento do paciente em todas as posições desejadas. Naquela época, admiti três neuroendocrinologistas no serviço a fim de auxiliarem no acompanhamento de um tal número de casos, os quais lá se encontram até hoje. Fato curioso, demorei quase oito anos para convencer os endocrinologistas do serviço do HCFMUSP a acreditarem na existência dos microadenomas hipofisários antes de se tornarem macroadenomas. Somente vieram a acreditar depois que comecei a filmar os "partos" desses tumorzinhos através de nosso microscópio. Hoje, são de tratamento corriqueiro em muitos serviços do Brasil. Até mesmo os residentes do serviço de Neurocirurgia do HCFMUSP são autorizados a operá-los. A minha esposa, brilhante endocrinologista, foi nossa estagiária nesse serviço e, hoje, auxilia-me no acompanhamento clínico dos pacientes operados.

Caso clínico

Guardo na memória um caso que me marcou emocionalmente: duas pacientes, amigas e vizinhas, internaram-se juntas no Hospital Sírio-Libanês como portadoras de microprolactinomas hipofisários e galactorreia. Naquele tempo, ainda não se utilizava bromocriptina, cabergolina ou outras drogas agonistas dopaminérgicas como tratamento clínico, e todos os casos eram considerados cirúrgicos. A professora Dra. Eugesse, chefe do serviço de Anestesia do HCFMUSP, preparou o primeiro caso, que decorreu sem intercorrências, tendo sido retirado o microadenoma. Em seguida, preparou a segunda paciente, que foi anestesiada, entubada e colocada em posição para a radioscopia. No momento em que íamos praticar a incisão sublabial, a anestesista, em sobressalto, nos comunica ter havido uma parada cardíaca. Ainda sob ventilação, tivemos a intuição de levar a paciente para o andar inferior daquele hospital, onde havia acabado de ser instalada uma das primeiras tomografias do Brasil. Sob intensa apreensão de nossa equipe, pudemos verificar, nas radiografias, uma inundação de sangue em toda base do crânio, ao redor do polígono de Willis, que denotava uma intensa hemorragia subaracnóidea, produto de um provável aneurisma congênito. Não foi nada fácil comunicar o ocorrido à sofrida família.

Considerações

A cirurgia transesfenoidal, como já mencionada anteriormente, que eu trouxe de Montreal e foi descrita pelo professor Jules Hardy (hoje meu cunhado), foi iniciada no serviço de Neurocirurgia do HCFMUSP antes mesmo do surgimento da tomografia e da ressonância magnética, apenas por meio do diagnóstico clínico e da pneumencefalografia fracionada realizada com ar. Como também já comentado, até mesmo os endocrinologistas do serviço, à época, não acreditavam que os tumores hipofisários se iniciavam através de microadenomas; e a maior parte dos adenomas eram operados por craniotomias extensas, quando seu tamanho já comprimia os nervos ópticos, acarretando distúrbios da visão e dos campos visuais, e quando a própria hipófise era curetada junto com os tumores, ocasionando grandes alterações hormonais e a necessidade de reposição hormonal pelo restante de vida do paciente: cortisona, hormônio da tireoide, hormônios sexuais, etc. Jules Hardy foi quem me introduziu à era dos microadenomas e, a partir do momento que tal procedimento foi iniciado no HCFMUSP e noutros hospitais, os endocrinologistas do serviço de Neurocirurgia do HCFMUSP se deram conta dos progressos. Os serviços de Neurocirurgia do HCFMUSP, do Sírio-Libanês e da BP – todos liderados por mim – eram procurados por pacientes provenientes de todo o país. Foi uma verdadeira revolução no tratamento dos prolactinomas (síndromes de amenorreia-galactorreia e infertilidade), da doença de Cushing e da acromegalia, pois éramos (e, logicamente, ainda somos) capazes de abordar essas patologias quando ainda incipientes, retirando microtumores secretores de prolactina, ACTH e hormônio de crescimento pelo microscópio, sem lesar a hipófise, a qual era sempre retirada junto com o tumor durante as grandes craniotomias até então utilizadas.

Ademais, desde que coordenei e participei como líder na implantação da cirurgia transesfenoidal, muitos pacientes com microadenomas e com queixa de infertilidade têm procurado esses serviços. Uma revisão de casuística desses três hospitais mostrou que as cirurgias transesfenoidais já viabilizaram mais de trezentos novos nascimentos decorrentes de prolactinomas curados e oito novos nascimentos decorrentes da síndrome de Cushing curada.

PSICOCIRURGIA - TRATAMENTO ESTEREOTÁXICO DAS DOENÇAS MENTAIS

As estatísticas norte-americanas atestam que cerca de 80% dos leitos hospitalares estão ocupados por doentes mentais, muitos dos quais se encontram cronicamente institucionalizados e rebeldes a qualquer tratamento psiquiátrico.

Muitas dessas psicoses, em especial as doenças afetivas (como as depressões endógenas), as síndromes obsessivo-compulsivas e a anorexia nervosa, respondem favoravelmente ao tratamento cirúrgico, à cingulotomia e à inominatotomia, havendo remissão de muitos sintomas e significativa melhora em boa parte dos casos.

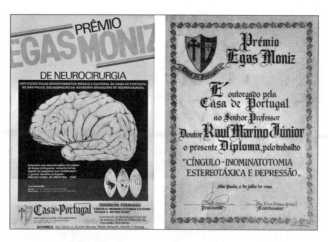

Prêmio Egas Moniz recebido em 1988 pelo Dr. Raul Marino Jr. e colaboradores por seu trabalho intitulado "Cíngulo--inominatotomia estereotáxica e depressão", apresentado à Academia Portuguesa de Ciências (Instituição Casa de Portugal)

TRATAMENTO DA DOR CRÔNICA REBELDE

As dores crônicas, refratárias aos tratamentos medicamentosos habituais, constituem-se no fantasma que assombra a maioria das especialidades médicas. A dor, desde os tempos de Hipócrates, é o sintoma mais universal em Medicina e poucos sabem tratá-la convenientemente. É tão errado deixar um paciente entregue ao seu sofrimento quanto permitir que caia vítima dos opiáceos. Em razão de sua complexidade, o tratamento da dor requer, normalmente, múltiplos procedimentos e a participação de uma equipe multidisciplinar. As alternativas mais agressivas, como as cirurgias, devem ser reservadas somente para os casos refratários à terapêutica clínica, sempre empregada primeiramente de forma exaustiva em todas as suas variações. O suporte psiquiátrico é, em boa parte dos casos, de grande valia, já que o componente afetivo da dor é, frequentemente, o mais importante.

Casos clínicos

Uma vez que procurei explorar, no presente volume, alguns sucessos e também insucessos da "nova" especialidade, veremos, a seguir, algumas experiências que vivi por meio de alguns casos clínicos.

A família de Belo Horizonte, MG

Certa feita, recebi no consultório uma família de aspecto muito sofrido que trouxera, de Belo Horizonte, uma senhora extremamente transtornada e ansiosa – o quadro mais assustador que pude observar em toda a minha carreira. Sua fácies estava deformada por intenso e visível sofrimento, entremeado por choros e gemidos que constrangiam os presentes, quais eram seu pai (também médico), seu marido e eu. Seu marido relatou que a paciente havia passado a maior parte da vida internada em instituições psiquiátricas e realizado quase todos os tratamentos disponíveis no arsenal psiquiátrico, desde eletrochoques até os mais poderosos antidepressivos, sem nunca ter obtido resultado favorável para sua melhora. Seu diagnóstico era da mais severa depressão ansiosa já cronificada. Seu aspecto era comovente e, ao mesmo tempo, inspirava piedade. Ela admitiu ter desgraçado sua vida familiar junto ao marido e aos dois filhos, tendo sido encaminhada a nós como última esperança (sic).

Seu quadro conseguiu abalar os meus sentimentos e resolvi interná-la para que fosse avaliada pelos experientes psiquiatras de minha equipe do HCFMUSP, que não viram solução para o terrível problema. Diante da gravidade do caso, resolvi, após discussões intermináveis com a equipe, submetê-la a uma cingulotomia estereotáxica, em vista dos bons resultados que estavam sendo obtidos em casos semelhantes. A intervenção foi realizada no HCFMUSP. Após breve recuperação, a paciente retornou a Minas Gerais, quando perdemos contato com a família. Alguns meses depois, adentrou em meu consultório um casal, cuja moça, lindíssima, poderia ter sido capa de revista; era muito sorridente e comunicativa. Só a reconheci quando o marido, também sorridente e aparentemente feliz, me reapresentou a ex-paciente. Nada mais tinha a ver com sua antiga expressão de sofrimento, aflição e angústia. Foi hora de abençoar todos os meus estudos sobre o sistema límbico e seu papel no sofrimento humano. Também recebi, posteriormente, várias cartas de seus filhos, de seu pai e de seu marido, agradecendo-me pelos resultados permanentes. Eu só pude sentir alegria e gratificação. Entretanto, o presente caso não terminou aí.

Um dos psiquiatras do Instituto de Psiquiatria do HCFMUSP estava processando o meu serviço de Neurocirurgia do HCFMUSP pela realização de "intervenções antiéticas", como a supracitada. Por meio de advogados importantes, o processo chegou até o conselho universitário e, por fim, à comissão de ética do HCFMUSP, a qual convocou o serviço de Neurocirurgia para defesa. Ao depor, eu e minha equipe relatamos vários casos de pacientes que haviam se recuperado e lemos, inclusive, as cartas de agradecimento escritas pela família dessa paciente do último relato, as quais se tornaram o depoimento mais gritante entre os muitos casos operados. Agora, pasme, senhor leitor: o sobrenome da paciente era o mesmo do psiquiatra que admoestava o Serviço; eles eram primos de primeiro grau! E o pai da paciente, importante cirurgião de Belo Horizonte e nunca cessou de me agradecer, era tio do reclamante. Os processos cessaram com a simples leitura das cartas familiares, as quais guardo até hoje como providenciais lembranças. Dias depois, um dos membros da comissão de ética, então diretor da FMUSP, concedeu-nos a honra de assistir uma de nossas intervenções – e nunca mais se falou no assunto.

A paciente médica

Outro caso, desta vez não tão brilhante, foi enviado a mim pelo marido, ilustre cardiologista de outra faculdade, pesquisador conhecido em sua especialidade. A paciente também era médica, formada na FMUSP, com quadro de depressão profunda e que já contava com várias tentativas sérias de suicídio e algumas internações. Era uma moça muito bonita, cujo caso estudei com muito cuidado e carinho no intuito de poder ajudá-la em sua recuperação. Depois de muito estudo, ela foi também submetida a uma cingulotomia estereotáxica, a qual, como já se sabia, exige algumas semanas para apresentar melhora, até que os circuitos límbicos se reajustem. A paciente teve alta hospitalar e foi para casa. Dias depois da alta, a psiquiatra do serviço de Psiquiatria que fazia o seguimento da paciente informou-me que a moça havia novamente tentado suicídio, desta vez de maneira trágica, atirando-se na linha de um trem. Foi um choque para todos que a acompanhavam. Jamais tivemos um caso parecido!

Mas esse caso também não terminou assim. Meses depois, a psiquiatra que acompanhou a paciente apresentou uma tese acadêmica sobre os casos operados por mim, cuja banca examinadora incluía o cardiologista viúvo da médica que se suicidou. Por reviravolta do destino, a psiquiatra e o cardiologistas acabaram se casando logo depois e viveram juntos muito bem durante alguns anos, até que um infarto levou o marido, tornando a psiquiatra também viúva. Realmente, não gosto muito de contar esta infausta história; porém, nossos insucessos também devem ser documentados.

UM CENTRO DE REFERÊNCIA NACIONAL

As crescentes realizações desse novo serviço não tardaram a serem reconhecidas pelos inúmeros congressos médicos, palestras, conferências e publicações nacionais e internacionais efetuadas por seus membros.

Assim, em 8 de agosto de 1989, conforme Portaria n. 719 do gabinete do então ministro da Saúde, a Divisão de Neurocirurgia Funcional passou a ser considerada **Centro de Referência** do Ministério da Saúde. O texto publicado no Diário Oficial da Federação diz, na íntegra:

> O Ministério de Estado da Saúde, no uso de suas atribuições legais e tendo em vista a proposta da Divisão Nacional de Saúde Mental – DINSAN – da Secretaria Nacional de Programas Especiais de Saúde – SNPES – resolve: 1. Incluir a Divisão de Neurocirurgia Funcional do Instituto de Psiquiatria da Faculdade de Medicina da Universidade de São Paulo e o seu Centro de Neuropsicocirurgia – CENEPSI – como Centro de Referência deste Ministério da Saúde, na área de atendimento das epilepsias, cirurgia das epilepsias, dor, cirurgia hipofisária, tratamento de movimentos anormais (parkinsonismo) e cirurgia psiquiátrica. 2. Criar junto a essa Divisão um Centro nacional de Epilepsia, visando auxiliar no desenvolvimento do tratamento e pesquisa dos aspectos clínicos, cirúrgicos, psiquiátricos e sociais das epilepsias. 3. Esta portaria entrará em vigor na data de sua publicação. (Of. n. 193/89)

É claro que essa primeira honraria e reconhecimento das atividades iniciais do serviço implicaram muitas atribuições requeridas pelo Ministério da Saúde, como total colaboração e normatização a nível nacional de condutas preventivas, curativas e de reabilitação, inclusive em auditorias educativas que o Ministério viesse a desenvolver, bem como atendimento assistencial para casos triados de qualquer parte do país, que requeressem atendimento especializado.

Vista parcial do monitoramento de cirurgia de epilepsia no Hospital das Clínicas da FMUSP

Registro eletrocorticográfico transoperatório, realizado junto com o Dr. Gary Gronich

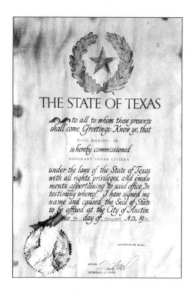

Raul, cidadão honorário do estado do Texas, EUA

Candida Helena Pires de Camargo, pioneira da Neuropsicologia no Brasil

O tom quase profético dessas atribuições provocou muita admiração por parte de todos os membros do Instituto de Psiquiatria da FMUSP e do CENEPSI, pois a partir de então passamos a receber pacientes de todos os estados e de cidades do interior, que vinham à procura de nossos cuidados, além de novos estagiários, que vinham se aperfeiçoar nas novas cirurgias, cuidados neurológicos e psiquiátricos. Estes, ao nos deixar, começaram a fundar e a dirigir serviços parecidos em vários estados, sobretudo na área de neuropsicologia, o que nos proporcionava muita alegria pois percebíamos que estávamos disseminando um novo modo de entender e estudar o cérebro humano, demonstrando, assim, as novas funções da Neurocirurgia Funcional, que tanto lutávamos para implantar em nosso meio. Foi uma singela vitória inicial ver frutificar mais essa semente plantada por mim e meus colegas.

Em breve, seria criada a residência em Neurocirurgia Funcional pelo HCFMUSP, que formou vários neurocirurgiões, hoje conhecidos especialistas no Brasil e no exterior. O mesmo vale para o pioneiro serviço de Neuropsicologia, organizado por sua patronesse, Candida Helena Pires de Camargo, também conhecida como "Brenda Milner brasileira", nossa incansável colaboradora, que chegou a descrever e a publicar pelo menos seis novas síndromes neuropsicológicas baseadas em nossos casos operados, e que formou incontáveis neuropsicólogas Brasil afora.

ARTES MÉDICAS

Logo após a formação de nosso Centro de Neurocirurgia Funcional no HCFMUSP, percebi que seria necessário instalar um setor de documentação científica com fotógrafos, filmagens e um bom desenhista, no intuito de registrar as intervenções e publicar trabalhos em revistas e congressos. Com verba própria do Centro, o laboratório de fotografia foi provido com dois ótimos fotógrafos e equipamentos de primeira: câmeras, filmadoras, ampliadores, etc. O Centro passou a ser procurado por outros serviços do HCFMUSP para realizar esses trabalhos, que eram sempre aperfeiçoados. Certo dia, conheci um modesto e jovem funcionário do HCFMUSP, um simpático contador que trazia um recado da administração. Quando notou o aparelhamento do laboratório, ofereceu-se para estagiar comigo e logo percebi que ele tinha talento para desenhar.

O Centro financiou vários cursos para o aperfeiçoamento desse jovem, que logo surpreendeu a todos com seus progressos. Como ele era bom com as canetas, com os pincéis e com os normógrafos, começou a elaborar todos os *slides* do Centro para congressos e palestras. Passou a dominar os computadores gráficos e, em seguida, também os equipamentos de *spray* com jato de tinta. Em virtude de suas habilidades incríveis, começaram a chamá-lo de "Netter brasileiro", já que suas ilustrações e seu atlas rivalizavam com as do grande ilustrador norte-americano e seus clássicos livros de anatomia médica.

Ele recebeu vários prêmios, inclusive um na Itália. Seu nome: **José Falcetti**, orgulho do Serviço de Neurocirurgia, a quem presto, aqui, merecida homenagem. Mais tarde, ele montou seu próprio serviço, servindo a firmas e laboratórios como produtor de vários atlas e ilustrações de produtos médicos. Ficou famoso, procurado e próspero, formando vários discípulos, inclusive sua própria filha, linda e também talentosa, que herdou seus talentos e hoje é parte integrante da cadeira de Informática Médica da FMUSP.

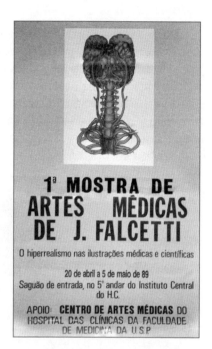

Uma das exposições de J. Falcetti

Homenagem a Raul Marino Jr., feita pelo artista J. Falcetti, no lançamento do livro *O cérebro japonês* (primeira edição)

Falcetti trabalhou sempre intensamente e com denodo utilizando suas tintas e os *softwares* de computadores. Certo dia, ele nos informou que havia desenvolvido um problema hematológico, provavelmente intoxicado por suas tintas e *sprays*, como já havia acontecido com o famoso pintor brasileiro Cândido Portinari – pai de um grande amigo, João Portinari. Não muito tempo depois, ainda muito moço, faleceu em razão de sua discrasia fatal. Foi uma perda irreparável de um grande artista brasileiro. Já dizia Brecht: "A arte pode ser o degrau para o sublime".

Os desenhos anatômicos mais reais que as fotografias, do artista J. Falcetti

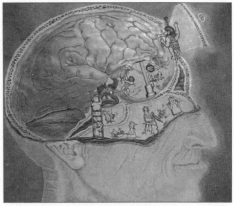

J. Falcetti e suas criações na abordagem das cirurgias hipofisárias

O artista J. Falcett, em seu ateliê de trabalho, no Hospital das Clínicas da FMUSP

LIVRE-DOCÊNCIA

CAPÍTULO 11

NA QUALIDADE DE MEMBRO de uma universidade, tornava-se cada vez mais necessário cuidar de minha vida acadêmica após a defesa do Doutorado que ocorrera alguns anos antes. Em razão das severas responsabilidades acadêmicas que eu vinha adquirindo, resolvi passar pelo crivo de uma Livre-docência que pudesse justificar um título válido de professor na Faculdade de Medicina da Universidade de São Paulo (FMUSP), universidade que tanto reverenciei durante toda a minha carreira. Entretanto, em vista de chefiar uma especialidade ainda controversa em nosso meio, pelo fato de ser pouco conhecida, eu temia a hostilidade de uma banca examinadora que pudesse encontrar senões em uma tese que abordasse novas técnicas ainda pouco difundidas.

O meu instinto límbico de preservação aconselhou-me a elaborar uma tese que não pudesse ser criticada, que fosse esmerada, fechada, e que exaurisse determinado tema impossível de ser hostilizado por qualquer banca examinadora. Dessa forma, decidi preparar uma tese puramente anatômica.

Assim, dirigi-me até o antigo Departamento de Anatomia da FMUSP, no qual eu havia sido monitor de Neuranatomia quando estudante e durante a residência. Que saudades eu sentia daquele setor onde principiei a descobrir os mistérios da anatomia do cérebro nas fedorentas peças formolizadas, que irritavam o nariz e os olhos enquanto dissecadas, mas que me faziam reverenciar seus incógnitos doadores, que, em vida, os utilizaram para pensar e se emocionar enquanto vivos.

A anatomia, para mim, era uma ciência exata, indiscutível; e eu havia acabado de voltar de um proveitoso estágio no serviço do professor Jean Talairach, no Hôpital Sainte-Anne, em Paris, onde fora aperfeiçoar a estereotaxia das epilepsias e o registro de profundidade das crises epilépticas, o chamado estereoeletroencefalograma em três dimensões, criado por Jean Bancaud. A vascularização cerebral, no serviço do professor Jean Talairach era de suma importância, a fim de que os eletrodos implantados não viessem a perfurar algum vaso cerebral com consequente hemorragia. Retornei ao Brasil com essas novas ideias na cabeça.

Comecei injetando uma série de hemisférios cerebrais com corante vermelho e radiopaco, a fim de estudar suas artérias tanto visualmente como após radiografias obtidas com referências estereotáxicas bicomissurais, visando à padronização dos estudos.

Acho que não preciso explicar por que escolhi estudar a anatomia das artérias cerebrais anteriores; são as mesmas responsáveis pela irrigação dos giros cíngulos. Lembram-se das cingulotomias, motivo de minha tese de doutoramento? Pois bem, os estudos angiográficos desses espécimes permitiram a localização exata de áreas corticais da superfície medial do cérebro, possibilitando um acesso preciso a elas no decurso de intervenções estereotáxicas, localização de lesões, malformações, tumores, focos epileptogênicos, implantação de eletrodos, dentre outros, ampliando a possibilidade do estudo de suas funções.

Titulação de Livre-docente de Raul Marino Jr.

Determinei também que a referida artéria dá origem, de maneira estatisticamente constante, a dez ramos arteriais principais em relação ao mapa de Brodmann. Utilizando o recém-adquirido computador Varian PDP-12 pelo CENEPSI, o primeiro a ser integrado em um serviço do Hospital das Clínicas (HC) da FMUSP, propus um método original para a obtenção de modelos matemáticos de estruturas cerebrais, desde que utilizadas coordenadas estereotáxicas no estudo, demonstrando suas simetrias [50]. Enfatizo que dediquei a referida tese ao professor Talairach e a seu assistente Gabor Szikla, que muito contribuíram para sua realização. Ao inesquecível professor Odorico Machado de Souza, então catedrático do Departamento de Anatomia da FMUSP, agradeci os conselhos para tornar irretorquível a bibliografia anatômica, valendo a aprovação com distinção, apesar da rigidez da banca examinadora. Imediatamente após a defesa e da leitura das notas, na sala da Congregação, notei que alguém procurava saltar sobre as carteiras no intuito de ser o primeiro a me cumprimentar, tendo conseguido. Tratava-se do mesmo professor que havia me denunciado pela entrevista de jornal que não dei, a qual motivara meu desligamento da Clínica Neurológica, a fim de fundar o meu novo serviço. Voltamos a ser amigos, pois sempre o considerei um segundo pai. O perdão é sublime! Tempos depois, para a minha tristeza, uma implacável leucemia o levou de nosso convívio.

CRIAÇÃO DO LIM-45

PARALELAMENTE AOS ESTUDOS E pesquisas clínicas, senti a necessidade de criar um laboratório para trabalhos experimentais em neurofisiologia. Para tanto, criei, junto com alguns colegas, o Laboratório Experimental de Investigação Médica em Neurocirurgia Funcional, o "nosso" LIM-45 (abreviação da FMUSP para os laboratórios de investigação médica). Para chefiá-lo, convidei o queridíssimo professor Cesar Timo-Iaria, que se aposentou, de imediato e precocemente, como catedrático de neurofisiologia do Instituto de Ciências Biomédicas da USP. Precisaríamos de outro livro para relatar os progressos que esse professor trouxe para o novo setor e para a formação de outros neurofisiologistas insignes como Miguel Nicolelis e muitos ex-residentes que hoje ocupam lugar de destaque em universidades norte-americanas e canadenses.

No LIM-45, muitos assistentes da Divisão de Neurocirurgia Funcional do HCFMUSP fizeram treinamento, o que resultou em publicações importantes e estudos experimentais em animais, realizadas em um espaço de 50 m², localizado no segundo andar da FMUSP. O laboratório foi equipado com polígrafos, osciloscópios, eletroencefalógrafos, estimuladores elétricos, geradores de lesão, material de microcirurgia, microscópio cirúrgico, instrumentos estereotáxicos para gatos e ratos, material para processamento de histologia e sistema de microcomputação. O biotério dessa ala da clínica médica tem dado o apoio necessário para o fornecimento e a manutenção dos animais. Inúmeros trabalhos têm sido fruto dessas instalações, publicados inclusive nas revistas internacionais mais relevantes na área, bem como teses de Mestrado e Doutorado.

SERVIÇOS À COMUNIDADE NEUROCIRÚRGICA

CAPÍTULO 13

Apesar da montagem de um serviço considerado bastante especializado no campo neurocirúrgico, jamais perdi de vista a formação completa dos neurocirurgiões brasileiros, que se destinavam aos mais variados pontos do país. Talvez em virtude de minhas atividades docentes, em 1983 fui eleito, pela assembleia da Sociedade Brasileira de Neurocirurgia (SBN), presidente de sua Comissão de Ensino e Aperfeiçoamento, sendo ulteriormente reeleito para mais dois mandatos. Durante a assembleia da SBN, sob a presidência do querido e saudoso amigo Dr. Paulo Mangabeira Albernaz, realizada no Hotel Maksoud Plaza, propus a criação do Congresso Brasileiro de Educação Continuada e Atualização em Neurocirurgia. Os congressos reuniam bianualmente neurocirurgiões veteranos e recém-graduados de todos os pontos do Brasil, cobrindo sempre toda a extensão de temas pertinentes à Neurocirurgia, o que permitia manter todos os especialistas brasileiros interessados em aperfeiçoamento alinhados com os rápidos progressos da ciência neurológica.

Realizamos quatro desses congressos, sempre no Centro de Convenções Rebouças, que muito contribuíram para os fundos da SBN, pois eram intercalados com os congressos bianuais da Sociedade, dando continuidade ao sistema de atualização e aprendizado.

A ideia da criação dos cursos de educação continuada

Raul, na biblioteca de sua casa, com Paulo Mangabeira Albernaz, presidente da Sociedade Brasileira de Neurocirurgia (SBN), quando, juntos, criaram o Congresso Brasileiro de Educação Continuada em Neurocirurgia nasceu da necessidade de inaugurar, em nosso país, um sistema de **acreditação** e outorga de créditos semelhantes ao *board* norte-americano e do Congress of Neurological Surgeons, do qual eu e alguns colegas éramos membros ativos. Destarte, a SBN, por meio de sua Comissão de Ensino e Aperfeiçoamento, sob minha presidência durante três mandatos, proporcionou aos neurocirurgiões brasileiros a possibilidade de desenvolver seus conhecimentos e atualizarem--se, melhorando, assim, sua eficiência e suas habilidades profissionais nas áreas de Neurocirurgia convencional, Neurocirurgia Funcional, Neuroanatomia, Neuropatologia, Neurofisiologia, Neurologia Clínica, Neuroquímica e Microcirurgia.

Organizei e coordenei quatro congressos nesses moldes, todos eles abrangendo tanto as partes básicas como o programa completo exigido pela SBN para o **Concurso de Especialistas** em Neurocirurgia.

Não posso deixar de louvar o trabalho dos meus sucessores na continuidade desses cursos até o presente momento, todos eles brilhantes colegas.

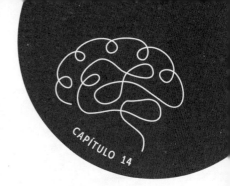

ANOS DOURADOS DA DIVISÃO DE NEUROCIRURGIA FUNCIONAL DO HCFMUSP

CAPÍTULO 14

A FUNDAÇÃO DESSE NOVO serviço, dedicado especificamente a um novo tipo de abordagem das funções do cérebro, confirmou a saciedade que a Neurocirurgia, como um dos ramos mais importantes das neurociências para o conhecimento e a pesquisa sobre as funções mais elevadas desse órgão-mestre da vida humana – até há poucos anos desconhecidas –, tinha, em nosso meio, de uma nova "filosofia" para o estudo desse órgão até então misterioso para o estudante e para o médico generalista.

Raul Marino Jr. e Jules Hardy na sala na Divisão de Neurocirurgia Funcional do Hospital das Clínicas da FMUSP

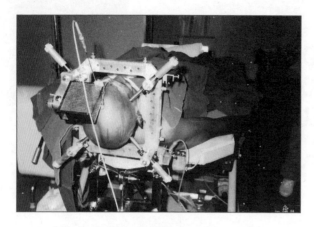

Aparelho de Talairach, utilizado em intervenções estereotáxicas realizadas por Raul Marino Jr.

Um conhecimento mais profundo sempre foi o principal objetivo dessa "nova filosofia" das neurociências que eu intentava implantar em nosso meio, não apenas em relação ao cérebro de animais experimentais (que não dialogam com o experimentador), como também em relação ao cérebro humano consciente, em pleno diálogo com o seu médico, seja durante uma cirurgia – com o cérebro exposto –, seja durante os exames clínicos com a equipe especializada para tratamento do mal que o aflige, seja uma epilepsia, uma dor rebelde, um tremor parkinsoniano, uma alteração neuroendócrina ou, até mesmo, uma doença mental a ser corrigida. Essa nova especialidade certamente começava a fornecer os meios para isso, algo que a Neurocirurgia convencional não conseguia, preocupada que estava em remover tumores, aneurismas, malformações, hidrocefalias, corrigir traumas cranioencefálicos e outras tantas patologias.

Nessa época, a Neurocirurgia vinha já se constituindo em uma das especialidades cirúrgicas que mais evoluíam tecnologicamente nas últimas décadas. A introdução da tomografia computadorizada, da ressonância magnética, do PET-*scan*, da eletroencefalografia computadorizada (B.E.A.M), da cirurgia com raios *laser* e ultrassom focalizado, do microscópio cirúrgico e os aportes da Neurocirurgia Funcional, que não existiam em meus tempos de residente, pareciam agora pura ficção científica aos que já labutavam nessa especialidade há anos. Aos meus olhos, foi muito brusca a transição de uma Neurocirurgia interessada prioritariamente nos aspectos técnicos para uma quase "superciência" cirúrgica, voltada agora para as ciências básicas da Neurociência, sem o domínio das quais o neurocirurgião convencional não passaria de um "prático", incapaz de indicar ou executar essas novas intervenções de maior responsabilidade, agora passíveis de serem realizadas em virtude dos novos conhecimentos adquiridos nos últimos anos.

Assim, a formação de um neurocirurgião foi se tornando forçosamente cada vez mais complexa e demorada, e, em razão desse grau progressivo de complexidade, essa especialidade médica foi emergindo como uma das que mais iria exigir de seus neófitos, em matéria de aprendizado, maior treinamento e maior conhecimento básico.

Caberá aos futuros professores universitários e chefes de serviços a reorganização dessa nova Neurocirurgia nas bases modernas em que ela vem se estruturando nos melhores centros do mundo, para que, nas universidades brasileiras, ela não se veja rapidamente defasada e desatualizada em relação aos núcleos internacionais de excelência. Sem novas tecnologias, ela fatalmente regredirá para seus níveis artesanais de origem e para os precários resultados operatórios de um passado não tão distante. A implantação e a implementação desses novos avanços vão depender essencialmente dos contatos dos serviços com outros centros de excelência, da criatividade de seus titulares, do prestígio internacional dos professores, no sentido de estabelecer intercâmbio de pessoas, da capacidade de gerar e administrar recursos, da sólida formação profissional piramidal e multidisciplinar, de sua cultura científica abrangente, da capacidade de ensinar e formar pessoas com autoridade e do interesse por pesquisa e aquisição de novos conhecimentos.

Ex-libris, escrito por Raul Marino Jr. e desenhado pelo artista Falcetti

Entretanto, o ingrediente principal dessa mistura de qualidades docentes deverá ser o amor sincero pela instituição que o formou e o acolheu, junto com seus alunos, e seu amor inabalável pela especialidade que abraçou e que constitui seu projeto de vida, razão de sua existência, objetivo final de sua vida, tudo posto a serviço da Medicina.

O INSTITUTO DO CÉREBRO E O INCOR

CAPÍTULO 15

DESDE A FUNDAÇÃO DO Hospital das Clínicas da Faculdade de Medicina da Universidade de São Paulo (HCFMUSP), na década de 1940, pelo então governador Ademar de Barros, os neurologistas desse hospital já sonhavam com um futuro Instituto do Cérebro como parte do complexo hospitalar, que se tornaria, mais tarde, o maior da América Latina.

Aliás, como se pode observar no manual do regulamento do HCFMUSP e também no estatuto da USP, ali consta o Instituto de Neurologia junto com os demais institutos: o Central, o do Coração, o da Criança, o de Ortopedia, o de Psiquiatria, os laboratórios de investigação médica e as demais unidades hospitalares. Por obra do destino, na década de 1960, o professor Rolando A. Tenuto, então chefe da Neurocirurgia, foi escolhido para realizar uma intervenção neurocirúrgica na progenitora do então Secretário de Economia do governador Abreu Sodré, obtendo muito bom êxito. Ambos se tornaram grandes amigos em função desse fato e eu tive o privilégio de ajudar meu professor durante e após a bem-sucedida intervenção.

Naquele tempo, o terreno ao lado do HCFMUSP ainda estava vazio e era utilizado como estacionamento por seus médicos. O mesmo ocorria com o terreno do outro lado da rua. Tentativas foram iniciadas entre o então secretário Onadir Marcondes e o professor Tenuto no sentido de se construir um instituto do cérebro naquele terreno vago ao lado do HCFMUSP, do qual já existia um esboço desde meu tempo de residente, tendo eu mesmo já sugerido várias modificações. Era grande a influência e o prestígio de Marcondes no governo Sodré, sem contar seu entusiasmo com a nova realização, para a qual fora contratado o importante arquiteto Nelson Dahruj, que, em pouco tempo, apresentou a planta já pronta para o futuro instituto – o qual também já constava como futuro instituto no próprio estatuto da USP, com o nome de Instituto de Neurologia. A sua pedra fundamental foi lançada pelo catedrático de então, o professor Adherbal Tolosa. Eis que mudam os governadores, seguindo-se Laudo Natel e depois Paulo Egydio Martins, este último renomeando, a meu pedido, como superintendente do

HCFMUSP, o Dr. Oscar César Leite, meu querido amigo, que resolveu construir o moderno prédio dos ambulatórios e, depois, o Centro de Convenções Rebouças exatamente no terreno que nos fora designado, sob o olhar indulgente e comodista dos professores da Neurologia.

Apesar de minha frustração, nada pude fazer diante da passividade de meus chefes, pois o professor Tenuto já havia adoecido e a Neurocirurgia era apenas uma disciplina dependente da Clínica Neurológica, parte do mesmo departamento.

As obras dos ambulatórios tiveram início e o pessoal do Instituto do Coração (Incor) entrou em ação para a construção de seu próprio edifício, do outro lado da rua. Adivinhem quem foi o arquiteto? Nelson Dahruj. Ele utilizou a mesma planta do Instituto de Neurologia, acrescida das modificações sugeridas pelo professor Zerbini, que se tornara famoso pelos transplantes cardíacos pioneiros. A obra foi realizada em frente ao terreno que nos fora surripiado.

Nesse ínterim, o professor Rolando A. Tenuto começou a desenvolver doença fatal, a qual eu acompanhei de perto, fazendo as vezes de filho, inclusive viajando junto com ele aos Estados Unidos, onde foi operado pelo meu ex-chefe James Poppen; por conta disso, não pude mais lutar pelo malfadado Instituto. Como já descrevi em capítulo anterior, após incessante companhia que a ele fiz, Tenuto veio a falecer em 1973, aos 58 anos de idade, antes que o guindassem ao cargo de Professor Titular. E muito o pranteamos.

A construção do Incor estava aprovada desde 1963; Sodré o inaugurou em 1975. Os transplantes cardíacos efetuados a partir de maio de 1968 pelo professor Zerbini e seu assistente Euclydes Fontegno Marques, também pioneiro em outros transplantes (além de meu colega de colégio), tiveram muito a ver com o sucesso internacional do Incor, o qual, sob a direção do grande cardiologista Fúlvio Pileggi, em 1977, se tornou um grande centro clínico, cirúrgico e de bioengenharia. Fúlvio foi a alma da instituição durante muitos anos, fazendo do Incor o hospital para onde se dirigiam os mais importantes políticos e outras renomadas personalidades.

Eu e Zerbini nos tornamos ainda mais amigos após sua intervenção na criação do futuro Instituto do Cérebro; ele se entusiasmou com a ideia de criá-lo e sugeriu várias localidades para sua construção, viajando comigo a diferentes locais e colocando sua Fundação Zerbini à minha disposição. Esse auxílio culminou em um novo projeto – desta feita, planejado pelo incrível arquiteto Ruy Ohtake –, que até hoje guardo inteiramente arquivado, pois os governadores que se seguiram, inclusive meu estimado amigo Claudio Lembo, nos afirmaram não haver verba para construí-lo. O projeto seria implementado na fazenda do Mosteiro de São Bento, em Itaquaquecetuba, SP, cujas terras gentilmente iriam nos ceder; e todo o HCFMUSP, segundo o projeto, iria para lá, quase como um clone. Haveria, ainda, uma área residencial para médicos, uma nova faculdade e um centro de convenções. No entanto, infelizmente, a pauta saúde nunca foi prioridade no Brasil, nem mesmo na maior de nossas cidades, um "país" denominado São Paulo. Mais uma vez, o futuro Instituto do Cérebro falecia antes mesmo de seu nascimento.

O professor Zerbini foi um dos meus maiores incentivadores, em especial ao me estimular a prestar concurso para Professor Titular de Neurocirurgia, estando presente inclusive em minha posse na FMUSP, em 1990, solenemente togado. Infelizmente, não muito tempo depois, ele começou a adoecer, apesar de sua intensa vida esportiva como tenista, sofrendo metástases cerebrais de múltiplos melanomas. Foi operado no HCFMUSP pela minha equipe neurocirúrgica, vindo a falecer em 27 de outubro de 1993, aos 81 anos, após ter realizado cerca de quarenta mil cirurgias.

Residência do amigo Ruy Ohtake, criador do Projeto Instituto do Cérebro

Ventilar esses fatos históricos pouco conhecidos neste livro é algo importante para mim, já que muitos de seus protagonistas já faleceram e merecem a minha gratidão e admiração eternas.

UMA AVENTURA NO PANTANAL

Durante o Congresso Brasileiro de Neurocirurgia realizado em 1990 no Hotel Maksoud Plaza, em São Paulo, SP, um dos mais ilustres conferencistas convidados foi o professor Charles Drake, de London, em Ontário, Canadá, fundador do Departamento de Ciências Clínicas e Ciências Neurológicas da Western University em 1968, chefiando-a até 1974. Após um exaustivo treinamento com Kenneth MacKenzie (o mais importante neurocirurgião do Canadá, treinado por Harvey Cushing), Drake seguiu aprendizado em Neurofisiologia, em Yale, com John Fulton (o biógrafo de Cushing). Depois, trabalhou em Londres, aperfeiçoando-se no famoso National Hospital for Neurology and Neurosurgery, em Queen Square, que formava alguns dos mais renomados neurologistas existentes.

Ao voltar para Ontário, Drake tornou-se professor da cadeira, formando o Departamento Multidisciplinar de Neurocirurgia. Passou a se dedicar especialmente à microcirurgia vascular e foi o primeiro cirurgião a clipar um aneurisma na sua cidade, abrindo um novo campo nessa especialidade, sobretudo no tratamento de aneurismas e malformações da fossa posterior. Também foi um dos primeiros a tratar aneurismas gigantes da artéria basilar, introduzindo novas técnicas e o uso de lupas binoculares antes mesmo da introdução dos grandes microscópios cirúrgicos pelo professor Gazi Yaşargil (agraciado, em 1999, com o título de neurocirurgião do século pelo Congress of Neurological Surgeons). Desenvolveu novas técnicas de neuroanestesia com Ron Aitken – com quem estagiou o brilhante anestesista brasileiro Nelson Mizumoto, da minha equipe do HCFMUSP, que, posteriormente, assumiu a chefia da neuroanestesia desse mesmo serviço.

À essa época, London era considerada a capital neurocirúrgica do mundo, Drake havia denominado a Neurocirurgia de "a rainha das especialidades" e seu serviço ficou conhecido como The Drake School of Neurosurgery. Toda a fama, suas viagens, as conferências e o sucesso de suas intervenções em mais de três mil indivíduos vindos de todo mundo (1.800 aneurismas da circulação posterior, quatrocentas malformações vasculares e trezentos neurinomas do acústico), junto com a invenção de novos instrumentos, como um clipe fenestrado, o levaram a receber inúmeras honrarias do Royal College of Surgeons (cinco delas, advindas da África do Sul, da Irlanda, de Edimburgo, da Austrália e da Inglaterra), da Royal Society of Medicine e da American Heart Association; o prêmio da Society of Neurological Surgeons; a presidência do Royal College of Physicians and Surgeons of Canada, da American Association of Neurological Surgeons, do American College of Surgeons (apesar de ser canadense), da World Federation of Neurosurgical Societies, a mais importante de todas as sociedades de cirurgia, e da American Surgical Association, além de titulações em mais 46 sociedades médicas e científicas. Mais tarde, em 1998, recebeu o título de *officer* of The Order of Canada, a maior outorga e honrosa daquele país.

Antes disso, tive a oportunidade de frequentar vários de seus cursos em London e a ventura de presenciar várias cirurgias realizadas por ele no hospital da Western University, bem como de frequentar seu arquivo de vídeos e cirurgias extremamente bem documentados em seu serviço. Já o havia conhecido em outros congressos, quando eu ainda era residente, sendo a mim apresentado em alguns jantares com Thomas Ballantine, meu ex-chefe na Harvard.

No Congresso Brasileiro de Neurocirurgia de 1990, Drake me contou sobre suas qualidades como *outdoorsman*: que adorava atividades ao ar livre, como pescar e caçar, e que era um exímio piloto (com avião próprio) e fanático por golfe. Então, mostrou-me, em um folheto de uma agência de viagens, uma pequena pousada no Pantanal de Mato Grosso, para a qual ele já tinha até feito reserva, pois pretendia viajar solo para uma planejada pescaria. Fiquei um pouco inquieto e resolvi pesquisar sobre o local que iria hospedar tal personalidade. Quando descobri, preocupei-me ainda mais, pois a pousada parecia não oferecer suficientes recursos para um personagem já tão amigo e ídolo internacional.

Imediatamente, contatei meu amigo Bertelli, famoso cirurgião de cabeça e pescoço e experiente pescador e caçador, e mais outros dois conhecedores dos segredos mato-grossenses; eles conseguiram que um famoso fazendeiro da região lhes emprestasse um iate com dois cozinheiros e dois marinheiros, rebocando três barcos a motor já prontos para navegarem pelo rio. Além de vários beliches internos e externos para os pescadores, o enorme barco estava equipado com quinhentas garrafas de cerveja.

Acabei indo junto. Embarcamos para Campo Grande e, chegando lá, aluguei um avião monomotor com piloto. Foi um voo pouco confortável, pois o aviãozinho já não era novo e alguns acessórios pareciam estar amarrados com arame – para preocupação do exímio piloto que nos transportava.

Finalmente, chegamos ao distante e pequeno ponto de pouso, onde, à margem do rio Paraguai, já estavam nos esperando os demais amigos, junto ao barco. Dali, partimos para a esperada e bem equipada aventura de pescaria, por vários dias, apesar dos enxames de mosquitos que nos entravam pelos olhos quando navegávamos com os botes de apoio durante a pescaria. Ali, não se usam varas de pesca, caniços ou molinete, pois o tamanho dos peixes requer a utilização de fortes linhas de fundo, que deslizam pelo indicador da mão esquerda enquanto as colheres de iscas são arrastadas pelos botes de apoio, até que os peixes sejam fisgados e puxados manualmente para os barcos menores. Pescamos inúmeros dourados brigadores, duros de puxar, além de pintados, piaparas e até grandes piranhas (as quais dão ótima sopa!). Filmei tudo com minha filmadora de 8 mm, pois queria guardar para sempre os episódios de minha primeira aventura no Pantanal.

Professor Charles Drake
Fonte: Google

Após vários dias subindo o rio Paraguai, aportamos finalmente na cidade de Corumbá e, após jantarmos em uma churrascaria local, rumamos para um hotel bem modesto a fim de descansarmos da jornada. Fomos todos dormir movidos pelo cansaço, cada um em seu quarto.

Lá pelas três horas da madrugada, acordei com fortes batidas na minha porta e gritos em inglês: "Marino, *open the door!*" Após o susto, atendi. Tratava-se do professor Drake, ardendo em febre e mostrando-me gânglios salientes nas axilas e nas virilhas. Queixava-se de dores no corpo e mostrava-me sua mão esquerda cujo dedo indicador esquerdo estava tão inchado e doloroso – um abscesso ao redor de todas as falanges – que parecia prestes a estourar; era o local por onde havia passado quilômetros de linha de fundo ao puxar os peixes para o barco. Como, àquela hora, todas as farmácias estavam fechadas, esperamos amanhecer e o levei de volta ao barco ancorado, onde havia uma pequena caixa de pequenos socorros.

Ao reexaminar seu dedo indicador, lembrei-me dos meus tempos de plantonista no pronto-socorro do HCFMUSP, onde tratei de casos semelhantes. No entanto, na caixa de cuidados disponível no barco, não havia um bisturi ou algo mais sofisticado. Ante o desespero de meu professor e agora amigo, esterilizei meu canivete suíço, que está sempre ao meu lado, e pratiquei uma incisão, sem anestesia, nos dois lados da terceira falange, de onde jorrou muito pus. Imaginem minha responsabilidade ao operar, nas piores condições possíveis, o dedo indicador de um dos maiores cirurgiões do mundo! Houve grande alívio dos sintomas e, então, partimos para uma farmácia, onde adquirimos antibióticos.

Apressamos a volta para São Paulo e instalei o querido professor em minha casa, no quarto de hóspedes, onde pôde ser cuidado por vários dias com os melhores recursos. O quadro foi amenizando, os gânglios desapareceram e, em poucos dias, seu físico vigoroso se restabeleceu. Avisamos sua esposa Ruth e fizemos uma linda despedida, com um bonito jantar chinês produzido pelos meus amigos, donos do antigo restaurante Kin-Kon.

Não foi bem esse o desfecho que planejávamos. Depois de algum tempo, reencontrei o professor Drake em um congresso em Toronto, quando lhe entreguei uma cópia do filme da viagem.

Desde que o conheci, muitos anos antes, reparei que Drake jamais largava seu oloroso cachimbo. Certa feita, deu-me o endereço da firma, em Chicago, que manipulava sua mistura de tabaco. Quando estive em Chicago, em outro congresso, adquiri certa quantidade, que passou a alimentar os meus sessenta cachimbos – os quais, mais tarde, abandonei em razão do clima do Brasil.

Em meados de 1997, recebi a triste notícia de que o professor Drake havia falecido, aos 78 anos, de um tromboembolismo por um adenoma de pulmão e metástases cerebrais. Seria culpa do cachimbo?

Lembro-me de um adágio que o ouvi repetir várias vezes: "Marino, *you have to be honest until it hurts*". Jamais me esquecerei de tão grande homem e pessoa humana.

O INSTITUTO NEUROLÓGICO DE SÃO PAULO (INESP)

O INSTITUTO NEUROLÓGICO DE São Paulo (INESP) foi uma outra grata realização.

Desde o dia da primeira exibição do premiado documentário sobre o tratamento cirúrgico das epilepsias, o então presidente da Beneficência Portuguesa de São Paulo (BP) Dr. Antônio Ermírio de Moraes passou a me convidar para fazer parte da equipe médica daquele hospital, onde a Neurocirurgia ainda engatinhava, sobretudo sem os recursos da moderna Radiologia. A princípio, declinei o convite, uma vez que as enfermarias do HCFMUSP e o recém-criado serviço de Neurocirurgia do Hospital Sírio-Libanês, de cuja única equipe neurocirúrgica eu fazia parte, tomavam a maior parte de meu tempo em atividades clínicas, de ensino e de pesquisa.

Certa vez, quando ainda não havia tomografia computadorizada (TC) no Brasil, um membro da família do Dr. Ermírio tinha, em mãos, alguns exames duvidosos, o que me fez encaminhá-lo a um amigo e colega do Neurological Institute of New York, onde a TC dava seus primeiros passos. No dia seguinte à consulta que fiz com o paciente, o Dr. Ermírio e seu familiar partiram para Nova York, nos Estados Unidos, onde foi realizada a tomografia, que excluiu o preocupante

Logo do Instituto Neurológico de São Paulo (INESP)

Fachada do Instituto Neurológico de São Paulo (INESP)

pré-diagnóstico. Ato seguinte, o Dr. Ermírio já voltou com um equipamento de TC comprado para a BP, um dos primeiros modelos, que ainda deixava algo a desejar, mas que se tornou um dos primeiros no Brasil e que transformou a BP em uma referência neurorradiológica a todos os neurocirurgiões do estado de São Paulo.

Logo em seguida, o Hospital Sírio-Libanês também adquiriu um equipamento de TC. O Dr. Sérgio Santos Lima, que trabalhava nesse hospitale vinha se revelando um excelente radiologista, convidou a mim e meus colegas de turma, Dario Birolini e Eugênio Ferreira, para nos tornarmos seus associados em um novo serviço particular montado na Avenida Rebouças, que veio a se chamar **Med-Imagem**. Desde que me associei a ele, deixei de efetuar os meus costumeiros exames radiológicos no Sírio-Libanês, como angiografias cerebrais por cateterismo, mielografias, pneumencefalografias e tantos outros, pois reconheci nele uma grande habilidade, que me cativou.

Nesse cenário, o crescimento das atividades do serviço na BP fez o seu então presidente propor a compra da Med-Imagem, com a condição de que o Dr. Sérgio Lima assumisse a Radiologia da BP. Negócio consumado; e a Med-Imagem foi transferida da Avenida Rebouças para o novo serviço da BP. A minha equipe neurocirúrgica da BP foi, aos poucos, sendo transferida para o novo hospital da BP, que nos concedeu uma casa do outro lado da rua, onde foi montado o futuro Instituto Neurológico de São Paulo (INESP).

Um tempo depois, o sétimo andar do bloco 3 da BP foi reformado a fim de inaugurarmos três salas de Neurocirurgia e uma UTI neurológica especializada. Até então, a única UTI da cidade de São Paulo disponível para todos os cuidados pós-operatórios era a do Sírio-Libanês, dirigida por competentes profissionais, antigos colegas de turma de graduação em Medicina da FMUSP. A abertura da UTI neurológica na BP objetivava garantir os sucessos pós-operatórios futuros. Não foi fácil arranjar um responsável para dirigi-la, pois havia ainda poucos intensivistas na cidade. Por fim, conseguimos que o professor Antonino Rocha, catedrático de Clínica Médica da USP, para lá levasse sua competentíssima equipe de intensivistas, treinando-os para casos neurológicos e neurocirúrgicos.

Esses fatos começaram a acontecer em **1983**, quando me mudei para a ainda reduzida equipe do novo INESP. Nessa época, o pioneiro serviço de Neurocirurgia Funcional no HCFMUSP já estava equipado com todos os requisitos solicitados pelo financiamento da FINEP e do Governo do Estado de São Paulo, por meio do governador Paulo Egydio Martins. Assim, eu dividia o meu tempo entre os dois serviços de Neurocirurgia: o de Funcional, no HCFMUSP, e o convencional, na BP.

Com o imprescindível apoio da presidência da BP, o serviço principiou a crescer rapidamente, tornando-se logo conhecido, como já comentado, razão pela qual me vi obrigado a atrair novos colegas. Um deles era o Dr. Evandro de Oliveira, de Florianópolis, a quem convidei para dividir o meu trabalho, tanto na BP quanto no HCFMUSP, já que ele ainda fazia seu estágio no laboratório do professor Albert Rhoton, na Flórida.

Outros colegas importantes também se juntaram a mim: Mario Siqueira, Carvalhal Ribas, Helder Tedeschi, Wen Hung Tzu, Maciel Yamashita, Mário Lourenzi e, mais tarde, Antonio Nogueira, Valéria Noio e Eberval Gadelha. Muitos deles formaram, depois, seus próprios serviços. Muitos neurologistas, neuropediatras e neurofisiologistas, como o Dr. Gary Gronich, também passaram pelo serviço da BP e muito contribuíram.

O novo centro cirúrgico no sétimo andar do bloco 3 da BP, junto com a UTI contígua, encontrava-se com seus oito leitos sempre ocupados. Com a inauguração do recém-criado bloco 5, onde se alojou a Med-Imagem com toda a sua equipe, foi possível aproveitar as novas obras para criar o primeiro serviço de Radiocirurgia em nosso meio, com todos os equipamentos, inclusive para

No Laboratório de Neuroanatomia do Hospital Beneficência Portuguesa de São Paulo (BP): Raul Marino Jr., Evandro de Oliveira, professor Albert Rhoton, da Flórida, EUA, e Jules Hardy, de Montreal, Canadá

Dr. Mário Lourenzi, neurocirurgião do INESP

Antônio Ermírio de Moraes, presidente do Hospital da Beneficência Portuguesa de São Paulo (BP)

Dr. Gary Gronich, neurofisiologista e chefe do Serviço de Eletroencefalografia do HCFMUSP e da Beneficência Portuguesa de São Paulo (BP)

Inauguração do Laboratório de Neuroanatomia do Hospital Beneficência Portuguesa de São Paulo (BP)

Evandro de Oliveira, Raul Marino Jr. e, sentado ao microscópio, Antônio Ermírio de Moraes

Evandro de Oliveira, Antônio Ermírio de Moraes e Raul Marino Jr.

Raul Marino Jr., Evandro de Oliveira e Yaşargil

Raul Marino Jr., Yaşargil, Antônio Ermírio de Moraes e Evandro de Oliveira

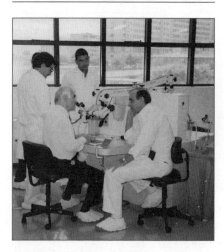

Raul Marino Jr., Yaşargil e Evandro de Oliveira

Evandro de Oliveira, Yaşargil, considerado o melhor neurocirurgião do século XX, e Raul Marino Jr.

gamma-knife, além de um novo e mais moderno centro cirúrgico no sétimo andar, composto de três salas cirúrgicas, uma para estereotaxia e outras duas para cirurgias convencionais, e uma nova UTI, esta com onze leitos.

Junto com o Dr. Evandro, ampliei o laboratório de neuranatomia da BP, que antes se encontrava no porão de uma das casas, para o subsolo do bloco 5, junto à radiocirurgia, totalmente planejado com microscópios binoculares e cérebros para o ensino. Esse laboratório servia para acolher os neurocirurgiões de vários países que convidávamos para realizar cursos, que se tornaram rotina para milhares de cirurgiões brasileiros e do exterior, funcionando assim até o presente. O Dr. Evandro, com a experiência que trouxe do professor Rothon, assumiu os trabalhos de ensino nessa área da BP. Ulteriormente, após o meu concurso para Professor Titular da FMUSP, convidei o Dr. Evandro para chefiar, no HCFMUSP, o grupo de Neurocirurgia vascular, o qual deu grande impulso no tratamento de aneurismas e malformações vasculares. Foi uma época dourada do serviço da BP, que contava normalmente com cinquenta a sessenta pacientes internados, cuidados por mim e muitos colaboradores. Houve um grande avanço em vários tipos de cirurgia, como Neurocirurgia vascular, cirurgia da hipófise, cirurgia das epilepsias, cirurgia da dor, estereotaxia dos movimentos anormais e psicocirurgia. Os tumores cerebrais e as cirurgias da coluna também apresentaram substancial progresso.

Quero prestar, aqui, uma merecida homenagem ao saudoso colaborador Dr. Mário Lourenzi, que, após sua residência em um hospital obscuro, foi levado por mim ao HCFMUSP, onde pôde absorver todos os conhecimentos que esse hospital lhe ofertou, juntando-se depois a mim na BP e se tornando um dos melhores

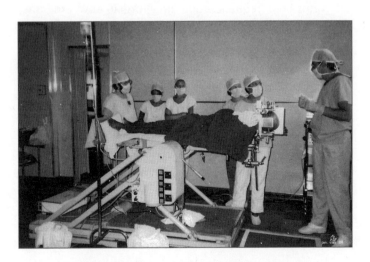

Cirurgia estereotáxica em cadeira de Koralek, realizada no Hospital das Clínicas da FMUSP. À esquerda, o Dr. Mário Lourenzi, exímio neurocirurgião; à direita, Raul Marino Jr.

neurocirurgiões que até então eu havia treinado. Ele realizava de duas a três cirurgias por dia: vasculares, epilepsias, tumores, colunas, hipófises, anastomoses arteriais, sempre com um relacionamento extremamente humano com todos os pacientes, sobretudo ajudando outros estagiários. Infelizmente, um problema oncológico o retirou de nosso convívio e até hoje sentimos sua falta. Ele operou pacientes em meio a dores excruciantes até o seu último dia de trabalho, sob o efeito de opiáceos. No seu necrológico, afirmei que o céu estava precisando de um grande cirurgião e, por isso, o levou.

Muitos outros colegas que passaram pelo INESP são, hoje, de renome e têm seus próprios serviços nas proximidades, em outros estados e até no exterior; o sucesso de cada um deles me enche de orgulho. Outrossim, o nosso maior expoente foi o Dr. Evandro de Oliveira, habilíssimo cirurgião e anatomista, já homenageado pela American Association of Neurological Surgeons (AANS), pela Sociedade Brasileira de Neurologia (SBN) e pelo próprio hospital da BP, merecendo seu nome encimando honrosa placa a ele dedicada no laboratório de microcirurgia, com todo o merecimento. Fomos sócios durante longos anos no INESP e, além disso, nos tornamos perenes amigos. Ele e sua esposa, Marina, foram padrinhos de meu casamento. Mais tarde, ele operou a minha mãe e o meu filho mais novo.

Finalizarei este capítulo com um pequeniníssimo excerto bastante pessoal destes escritos – e também para fazer uma conexão com o próximo capítulo, que é menos direcionado a assuntos de minha carreira. Após a minha equipe, incluindo o Dr. Evandro, ter operado o meu filho mais novo de um problema na coluna, que lhe causou dores por vários anos, ouvi do meu caçula uma das frases mais lindas dirigidas a mim e que jamais vou esquecer: "Pai, agora entendi o que você faz na vida...". Não é com frequência que um cirurgião ouve uma frase dessas, ainda mais vinda de um filho tão querido, que se entregou aos cuidados da minha equipe.

NEUROCIRURGIÃO TAMBÉM É OPERADO

LEMBRO-ME BEM DE QUANDO eu tinha pavor do sedentarismo e de, em função do grande número de casos cirúrgicos, eu precisava me manter sempre em boa forma física, a fim de dar conta de tantas intervenções extenuantes. Por essas e outras razões, eu não deixava de praticar exercícios intensos.

Certa feita, em 1983, ao exercitar o pescoço com um capacete de couro no qual dependurei uma pesada anilha de halteres de ferro, subitamente senti forte choque cervical, que se irradiou para o braço e o ombro direito, causando uma persistente e incômoda dor nesse membro. A dor foi aumentando, o braço direito foi enfraquecendo e o tríceps, atrofiando. Como eu tinha uma viagem programada para Cincinnati, Ohio, EUA, para fazer um curso de microcirurgia com raios *laser*, recebi uma infiltração no ombro, mas a dor continuou aumentando. Seguiu-se uma viagem para Israel na companhia de um grupo canadense, a convite daquele governo para visitar todos os hospitais do país que fizessem cirurgias neurológicas, ocasião em que aproveitei também para visitar todos os locais sagrados, junto com uma guia em um ônibus turístico. Todavia, as dores e as atrofias só fizeram aumentar. Uma tomografia veio demonstrar uma hérnia de disco cervical na sétima vértebra, o que me motivou

Raul mergulhando nas Ilhas Cayman

Raul e seu professor de jiu-jítsu

Raul e seu professor Pedro Hermetério
(discípulo de Hélio Gracie)

a voltar para Cincinnati, a fim de ficar sob os cuidados do meu ex-colega de residência John Tew, na Harvard, pois, em visitas às enfermarias, eu havia presenciado vários de seus casos, que me confirmaram suas habilidades. Fui submetido a uma microcirurgia tipo Cloward por via anterior e, após três dias, eu já estava recuperado, apenas com um pequeno Band-aid® no pescoço, fazendo compras na cidade, acompanhado de minha esposa. Seguiu-se importante fisioterapia para recuperação das forças.

Ainda me recordo das fortes e fulgurantes dores pré-operatórias – em choques elétricos – que me faziam quase atirar ao longe os instrumentos cirúrgicos da sala cirúrgica. Tive uma excelente recuperação e nunca deixo de agradecer o meu colega John pelo meu pronto restabelecimento. Gratidão!

Passaram-se os anos e muitas viagens se sucederam aos Estados Unidos, ao Canadá, à Europa e sobretudo ao Japão, para onde fui cerca de doze vezes. Durante essas ausências, eu sempre carregava pesadas bagagens, o que causava problemas na minha coluna lombar, muitas vezes exigindo, ao voltar para casa, prolongada fisioterapia. A minha colega de turma Satiko Tomikawa, grande fisiatra, muito me ajudou nessas eventualidades.

Em 2014, uma dor ciática direita passou a me atormentar, inclusive causando dificuldades na marcha. Uma ressonância magnética mostrou que eu estava provocando uma estenose importante do canal lombar, cujo sofrimento me fez discutir o problema com a minha equipe de coluna – a mesma que atuava comigo no HCFMUSP há anos e com a qual eu já havia operado inúmeros casos no INESP. Juntos, decidimos pela intervenção, que não se fez esperar. Fui internado no hospital da Beneficência Portuguesa de São Paulo (BP) e chamei a minha equipe de anestesistas, que me colocou na posição correta, em pronação e sob anestesia geral. Foi uma incisão bem extensa, de cerca de 30 cm, e a intervenção durou cerca de dez horas, com bastante sangramento. Feita a extensa laminectomia e descompressão, a equipe decidiu por próteses de titânio, contrariando minhas instruções, pois jamais as utilizei durante toda a minha extensa carreira. O fato é que elas se tornaram lucrativas para os cirurgiões nos últimos tempos. Parece-me que não quiseram perder mais essa oportunidade na nova cobaia! Acatando meu pedido de antes da cirurgia, os anestesistas não optaram por transfusão, embora eu tenha entrado com "12" de hemoglobina e saído com apenas "6".

Após todas aquelas horas, acordei na UTI bastante agitado e com muitas dores, as quais eu nunca havia observado em nenhum dos meus pacientes. Logicamente, encheram-me de analgésicos, mas as dores continuaram insuportáveis. Colocaram-me em pé no segundo dia, quando aconteceu o inesperado: desabei ao solo. Eu estava paraplégico! Eu nunca havia observado essa complicação em nenhum dos casos que tratei durante toda a minha carreira. Ato seguinte, fui levado ao centro de radiologia, e a nova ressonância mostrou que alguns parafusos estavam deslocados, lesando

Raul Marino Jr. e sua esposa, Angela

minhas raízes posteriores. Fui reaberto no dia seguinte (com a mesma equipe) e foram retiradas as próteses responsáveis. Pena, afinal os cirurgiões de hoje precisam ter direito às comissões que recebem pelos seus implantes. Cansei de conduzir para fora de minha sala os representantes das firmas que nos vinham oferecer "incentivos" para colocá-las. Seguiram-se cerca de trinta dias, acamado, entre UTI e recuperação; a maior permanência hospitalar de todos os meus casos como neurocirurgião conservador. Perdi 12 kg de peso e precisava de ajuda para tudo. Minha dedicada esposa jamais saiu de meu lado.

Eu não conseguia andar e, após esse tempo, deixei o hospital junto de minha nova amiga: uma cadeira de rodas. Foram cerca de seis meses para recuperação, fazendo fisioterapia diária. Da cadeira, passei para um andador, que inicialmente eu manobrava com grande dificuldade. Dele, passei para uma bengala de quatro pontas e, depois, para uma bengala comum. Eu nunca havia ficado tanto tempo sem operar! Minha perna esquerda, que sempre esteve em ótimas condições, foi a que mais sofreu, perdendo grande parte de sua propriocepção, dificultando ainda mais o desempenho da marcha.

Finalmente, após todo esse tempo, pude voltar ao trabalho, mas sem a minha equipe de coluna, em quem confiava; tive o cuidado de dispensá-la para que tais fatos não voltassem a se repetir com outros pacientes. Aprendi uma lição: é impressionante o que alguns colegas cirurgiões podem fazer por uma vantagem a mais pelo trabalho que fazem, quando favorecidos por alguma empresa que lhes oferece um "incentivo" financeiro, mesmo o preço disso seja condenar alguns de seus pacientes a uma fisioterapia infeliz para o restante de suas vidas.

Achei importante relatar esses fatos a fim de que possam servir de lição a alguns cirurgiões que pensem em adotar certas metodologias que poderão causar problemas em paciente que a eles confiaram suas vidas. Eu tentei explicar muitas dessas questões no tratado de Bioética que escrevi há alguns anos [40], buscando equacionar a falta do ensino dessa matéria e da Ética Médica na maior parte de nossas faculdades de medicina. Serviu-me, esse trabalho, como mais uma tese de Livre-docência, que defendi no Departamento de Medicina Legal da Faculdade de Medicina da Universidade de São Paulo (FMUSP). Desde então, tenho dedicado boa parte de minha vida ao cultivo e ao ensino dessa nova e vibrante atividade: a bioética, o amor pela vida – matéria na qual tenho encontrado muitos outros seguidores e mestres.

O CENTRO DE ESTUDOS EM NEUROCIÊNCIAS (CENEC) DO INSTITUTO NEUROLÓGICO DE SÃO PAULO (INESP)

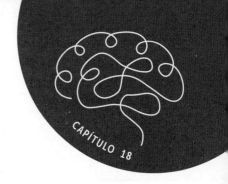

CAPÍTULO 18

COMO JÁ MENCIONADO, AINDA nos estertores da fundação do serviço de Neurocirurgia Funcional no Hospital das Clínicas (HC) da Faculdade de Medicina da Universidade de São Paulo (FMUSP), logo no início de minhas intervenções com o cérebro exposto, senti a necessidade de formar um novo serviço, desta vez de Neuropsicologia, a fim de testar os pacientes antes e depois das intervenções para saber dos prováveis déficits e/ou das melhoras que as cirurgias poderiam ter provocado. Só havia um problema: no Brasil, ainda não existiam neuropsicólogos. Era preciso "criá-los", transportando para cá as técnicas que eu havia aprendido com a pioneiríssima Brenda Milner, do Montreal Neurological Institute (MNI), estudando os operados por Penfield e Rasmussen. Meu objetvo era inaugurar, um novo capítulo nos estudos das funções ainda desconhecidas nesses cérebros operados e curados de suas epilepsias e outros transtornos.

Principiei o treinamento de duas psicólogas ainda em formação: Candida Helena Pires de Camargo e Eleonora Pereira de Almeida, as quais, além de embelezar o serviço com seus portes de modelos da moda, provaram ter grande capacidade em ampliar os ensinamentos e testes que eu trouxera de fora. Em pouco tempo, elas formaram um novo serviço dentro do serviço de Neurocirurgia Funcional e passaram a testar os casos operados por nós, obtendo muito sucesso.

Eleonora casou-se com um quatrocentão e logo deixou o serviço. Candida, entretanto, aperfeiçoou para nosso idioma os testes de Luria, o grande soviético, e os de B. Milner, formando inúmeros discípulos no primeiro centro especializado do gênero, o qual logo passou a enviar profissionais a outras capitais e centros. Estava fundada, assim, a neuropsicologia brasileira, e já tínhamos inclusive uma "Brenda Milner local": a Dra. Candida, sua patronesse. O serviço cumpriu sua função por longos anos durante a minha gestão na Neurocirurgia Funcional do HCFMUSP, chegando a descrever cerca de seis novas síndromes estudadas em nossos casos operados. Rapidamente, a neuropsicologia já estava bem disseminada e havia formado novos discípulos.

Muitos anos depois da fundação do Inesp, minha esposa, que é médica neuroendocrinologista, e uma amiga psicóloga decidiram começar uma escola e um curso dessa especialidade na sala de aula do Inesp, que foi equipada para tal fim, contando com professores da FMUSP para ministrar todas as aulas. Assim, em **2009**, foi criado o Centro de Estudos em Neurociências do Instituto Neurológico de São Paulo (Cenec/Inesp), cujo curso de Neuropsicologia é hoje reconhecido pelo Ministério da Educação (MEC).

Quando se formaram a 10ª e a 11ª turmas do curso de especialização em Neuropsicologia, em 2017 e 2018, respectivamente, foi realizada a primeira formatura, no Brasil, dos alunos de um curso de neuropsicologia, no salão nobre do Hospital Beneficência Portuguesa de São Paulo (BP), em abril de 2018, com presença de diretores, coordenadores, supervisores, professores, monitores, funcionários do Cenec e familiares.

Atualmente, já se formou a 13ª turma de neuropsicólogos, em janeiro de 2020, todos certificados e em exercício de suas novas funções. Minhas aulas inaugurais sempre foram sobre Ética, Bioética e Neuroética, e a Dra. Candida, minha inseparável colaboradora e consultora do curso, sempre fez as introduções sobre o âmbito da especialidade.

A equipe e a administração do curso do Cenec, representadas pelo médico Thalles Zaccarelli Balderi, agora terminando a residência em Neurocirurgia, quiseram me homenagear dando meu nome ao Cenec, denominando-o Centro de Estudos em Neurociências "Prof. Raul Marino Jr.", o que me muito me sensibilizou.

Formatura da 10ª e da 11ª turmas do curso de Neuropsicologia do Centro de Estudos em Neurociências do Instituto Neurológico de São Paulo (Cenec/Inesp). Da esquerda para direita: Thalles Zaccarelli Balderi, Gary Gronich, neurofisiologista e professor do Cenec/Inesp, Maria Angela Zaccarelli Marino e Raul Marino Jr.

Apesar de seu importante sucesso, o CENEC não nos poupou, eu e minha esposa, de alguns percalços. No início da terceira turma, a primeira coordenadora do curso saiu, exigindo a substituição por uma nova. Por solicitação de um de meus administradores do HCFMUSP, admitimos, como prestadora de serviço, sua prima, para assumir, junto com a minha esposa, a coordenação do curso de neuropsicologia. Tudo prosseguiu muito bem no início, quando eram escolhidos professores da preferência de minha esposa e quando eram encaminhados, por mim e meus colegas, centenas de pacientes neurológicos aos seus exames; a moça era sempre bem remunerada. Certa feita, após voltarmos de uma ausência de vários meses, em decorrência da minha sofrida e grave cirurgia de coluna, fomos surpreendidos por um vil processo trabalhista movido pela "prima" protegida e seu rábula, reivindicando todas as nossas observações clínicas, carteiras, ar-condicionado e computadores, como se ela os houvesse adquirido, e mais meio milhão de reais de indenização (sic). Pasmem! Ela ainda se reuniu com alguns professores dissidentes e formou um novo curso paralelo nas dependências da BP (o qual também foi processado inicialmente, mas, por conveniência, após algum tempo, o processo foi retirado), inclusive telefonando para os alunos do CENEC e tentando desviá-los para o seu novo curso, capitaneada por um dos meus ex-assistentes, travestido de neuropsicólogo.

Candida Helena Pires de Camargo, pioneira da Neuropsicologia no Brasil e consultora do CENEC/INESP, e Raul Marino Jr.

Durou pouco o levante; mudaram-se, mas, desta vez, para se apossarem de meu antigo curso do gênero no HCFMUSP, legado por sua fundadora, a Dra. Candida, minha querida amiga, com a anuência dos diretores da Clínica. Isso era inconcebível! A neuropsicologia nunca deve ser improvisada. Muito menos uma neuropsicologia com fundamentos científicos.

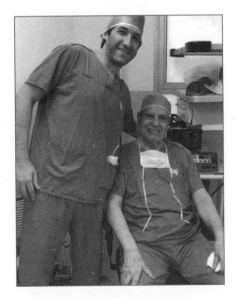

Thalles Zaccarelli Balderi e Raul Marino Jr.

Um outro recorte das adversidades que passamos no CENEC está relacionado a uma bolsa de pesquisa que eu consegui na University of California, em Los Angeles, a famosa UCLA, uma das maiores universidades norte-americanas, para um assistente formado por nós. O candidato decidiu não ir, deixando-nos em maus lençóis diante do professor da cadeira da UCLA com o qual assumimos compromisso ao recomendá-lo.

GRATIDÃO

Ao continuar os escritos deste livro, tão repleto de princípios cristãos, morais, éticos e bioéticos, esses fatos me fizeram ponderar muito sobre o princípio da **gratidão**. Não foi a primeira vez que eu e minha esposa fomos vítimas de pessoas ingratas, e essas situações nos trouxeram à consciência uma enorme verdade: a gratidão é a medida do caráter; e a ausência de gratidão é falta de caráter. No acontecimento citado, os ingratos perderam sua ignominiosa ação trabalhista, não levaram o nosso curso e ainda receberam uma boa multa por litigância de má-fé. É sensato citar, agora, a famosa Margaret Thatcher: "As ideias tornam-se ações, ações tornam-se hábitos, hábitos tornam-se caráter. Caráter torna-se nosso destino". Um tempo depois, coloquei em mente que tudo fora uma boa lição para ambos os lados. É uma pena que esses mencionados dissabores tenham enodoado os princípios da ética pregada neste livro. A ingratidão é assim mesmo: ela enodoa, desonra!

Antônio Ricardo Braga, o amigo que define a palavra gratidão, e Raul Marino Jr.

Por outro lado, muitos pacientes e amigos têm me mostrado muito reconhecimento, revelando que, embora rara, a gratidão ainda existe!

CONCURSO PARA PROFESSOR TITULAR

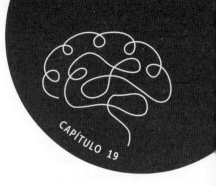

ENTREMENTES, COM O CRESCIMENTO progressivo e a importância do serviço de Neurocirurgia Funcional do HCFMUSP, tanto nacional e quanto internacionalmente, em virtude de minhas publicações e participações em congressos fora do Brasil, a minha vida acadêmica começou a se complicar. Apesar de já ter uma Livre-docência, a formação de novos especialistas vinha se tornando imperativa para a continuidade dos trabalhos frente à USP e a nossos patrocinadores.

Nesse ínterim, a Divisão de Neurologia resolveu abrir concurso para Professor Titular de Neurocirurgia, cargo que nunca existiu desde sua fundação no HCFMUSP. A Neurocirurgia era, até então, apenas um simples setor, um serviço da Clínica Neurológica, pela qual já havia passado vários catedráticos, como Enjolras-Vampré e Adherbal Tolosa, mas nunca um verdadeiro professor de Neurocirurgia. Após o falecimento de Rolando Tenuto, esse cargo foi ocupado interinamente por José Zaclis, chefe da neurorradiologia, e depois, como regente, pelo meu amigo Dr. Gilberto Machado de Almeida, brilhante cirurgião que fora meu preceptor por dezesseis anos.

Convite para a posse de Professor Titular de Neurocirurgia da FMUSP

Quando foi aberto o concurso para Professor Titular da cadeira cirúrgica, criou-se um *momentum* delicado para a especialidade, já que todas as condições para o concurso foram estabelecidas pelo conselho do Departamento de Neurologia, inclusive a nomeação para os integrantes da banca examinadora: dois da USP e três de fora. Eu era considerado carta fora do baralho, tanto por ter formado um serviço paralelo dentro do próprio hospital quanto pelo fato de que um Professor Titular certamente abarcaria e monopolizaria toda a Neurocirurgia em um só serviço, de acordo com os estatutos da reitoria da USP.

A quase certeza de perder o serviço de Neurocirurgia Funcional me fez pensar muito, pois, o serviço em si e os seus laboratórios de pesquisa, muito bem equipados e financiados, sempre foram uma grande atração para os olhos

Gyorgy Bohm saudando o professor Raul Marino Jr. na posse de Professor Titular de Neurocirurgia da FMUSP

Raul Marino Jr. discursando na posse para Professor Titular de Neurocirurgia da FMUSP

Raul Marino e Adib Jatene durante o juramento da posse para Professor Titular de Neurocirurgia da FMUSP

Raul Marino e Adib Jatene na posse para Professor Titular de Neurocirurgia da FMUSP

gulosos da Neurologia. Embora eu não achasse justo concorrer com meu dileto colega que já o chefiara com merecimento pelo espaço de dezesseis anos, fato que o fez ser considerado imbatível pelo extenso currículo, resolvi inscrever-me no último dia aprazado pela faculdade, poucas horas antes de se encerrarem as inscrições. Nem preciso descrever o reboliço que se instalou no Departamento, transformando o ambiente em uma espécie de disputa de samurais, razão pela qual o concurso foi realizado no grande teatro da faculdade, tal a audiência que se esperava.

O resultado todos conhecem. Em **1990**, venci o concurso e o outro candidato deixou o serviço.

Preparado para assumir o cargo, ocorreu o oposto do que eu temia: pude fundir os dois serviços, deixando a chefia de Neurocirurgia Funcional com o Dr. Manoel Jacobsen Teixeira, a pessoa mais preparada e brilhante para o cargo que conhecia, após ele fazer sua Livre-docência comigo. Inaugurou-se, para mim, uma nova era, pois fui obrigado a assumir o treinamento de todos os residentes e estagiários, os laboratórios de pesquisa, o pronto-socorro, as enfermarias, e as programações cirúrgicas, bem como solucionar a ausência de uma UTI neurocirúrgica, criando-a com a ajuda do professor Antonino Rocha, meu grande amigo e colaborador chefe da Clínica Médica do HCFMUSP (relatado com mais detalhes no próximo capítulo). Adicionalmente, enfrentando grandes dificuldades, inclusive a resistência de muitos professores, também pude criar, junto ao Governo do Estado de São Paulo, a Divisão de Neurocirurgia, que até então não existia.

Diploma de primeiro Professor Titular em Neurocirurgia da Faculdade de Medicina da Universidade de São Paulo (FMUSP)

Primeira e segunda edições do livro *O cérebro japonês*, escrito por Raul Marino Jr.

Nesse cargo, consegui trazer para o serviço vários colaboradores de fora e de outros serviços, os quais abrilhantaram cada um dos setores da Neurocirurgia – vascular, nervos periféricos, tumores, base de crânio, cirurgia da hipófise, radiologia, etc. Os dois serviços, agora unificados, passaram a trabalhar a todo vapor, em uníssono, sob a nova chefia.

Pouco tempo depois, o edifício da Clínica Psiquiátrica passou por uma reforma geral que modernizou e atualizou todos os serviços, incluindo o de Funcional, que foi inteiramente remodelado para fazer frente à era da ressonância magnética, que foi adquirida e instalada para a realização de ressonâncias transoperatórias, cujos trabalhos ficaram a cargo do Dr. Manoel Jacobsen, nomeado por mim para a direção do novo serviço, onde se encontra até hoje. O serviço de Dor foi grandemente ampliado, recebendo um número considerável de estagiários. Vários de meus residentes e ex-residentes, empolgados com as reformas, também se transformaram em neurocirurgiões funcionais, para a minha maior satisfação e contentamento. Cresceram tanto o número de pesquisas como o de publicações, sendo raros os congressos nacionais e internacionais em que nossos trabalhos não eram apresentados, fossem eles nos Estados Unidos, no Canadá, na Europa ou, até mesmo, no Japão.

As doze vezes que visitei o solo japonês, como já mencionado, me proporcionaram grandes amizades que perduram até hoje. Além disso, passei a admirar cada vez mais a sua cultura e a sua Neurocirurgia, sua seriedade e sua disciplina nos estudos e trabalhos. Esses fatores incentivaram-me sobremaneira a estudar o idioma japonês durante cinco anos, inicialmente fazendo aulas particulares e depois na Bunka-Kyokai, a melhor escola de São Paulo, na qual cheguei à vice-presidência. Até publiquei um pequeno livro sobre o cérebro japonês, demonstrando que aquele povo consegue pensar, escrever, falar e fazer arte utilizando consonantemente seus dois hemisférios cerebrais. A obra, que foi ilustrada pelo desenhista do serviço do HCFMUSP e escrito metade em português e metade em japonês, em kanji, este logicamente escrito de trás para frente, foi, por algum tempo, *best-seller* editorial [47].

Meus colegas do Japão deram-me o carinhoso apelido de *hena gaijin*, que significa estrangeiro esquisito, pois eu falava com eles em japonês e, por vezes, arriscava um karaokê nos congressos. Houve uma época em que pareceu que eu tinha mais amigos no Japão do que no Brasil, em razão de tantas amizades que

Apresentação no 46º Congresso da Japan Neurosurgical Society, em 1987

Raul e seus melhores amigos no Japão: Kondo, Fukushima, Nakamura e Ki Kuchi

Membro honorário da Japan Neurosurgical Society, Raul é o único brasileiro dessa sociedade

fiz naquele país após as tantas viagens para participar de congressos para os quais eu era convidado com frequência, sobretudo pelos novos chefes de serviços neurocirúrgicos, cuja idade pareava com a minha. Apesar das aulas, o mais difícil foi aprender a escrita, composta por quatro alfabetos, e fazer discursos de abertura em uma língua tão difícil, mas que até hoje cultivo.

Sempre achei impressionante a sincera hospitalidade com a qual meus amigos e colegas japoneses me recebiam, com visitas às suas respectivas famílias, recepções impecáveis e muitas demonstrações de apreço. Insisto em contar, novamente, a ocasião em que um residente do professor Haruhiko Kikuchi – o Yaşargil do Japão, catedrático de Neurocirurgia da Faculdade de Osaka – me ciceroneava pela cidade e, subitamente, me perguntou sobre a fidelidade de meus residentes na USP. Após a minha singela resposta, ele disse: "Eu seria capaz de morrer pelo professor Kikuchi!". Confesso que senti uma certa inveja do povo japonês, em especial por sua lealdade, afinal, eu já era o professor da cadeira na USP e não tenho certeza se as dezenas de residentes que eu tinha eram tão leais como os japoneses.

UM NOVO SERVIÇO

CAPÍTULO 20

Ao assumir a chefia do serviço de Neurocirurgia do Hospital das Clínicas (HC) da Faculdade de Medicina da Universidade de São Paulo (FMUSP), após o disputado concurso, em abril de **1990**, imediatamente senti o enorme peso da responsabilidade, mormente pelo fato de o serviço nunca ter tido um Professor Titular desde sua fundação, além de ter sido, durante décadas, uma disciplina capitaneada pela Clínica Neurológica e por seus titulares, com pouca autonomia, e cuja Divisão a Neurocirurgia fazia parte com pouca representatividade no conselho de departamento.

Eu estava acostumado com o serviço de Neurocirurgia Funcional, que fundei na década de 1970 no edifício da Clínica Psiquiátrica e que já era considerado modelo, com um corpo de especialistas invejável e equipamentos completos para pesquisas em neurofisiologia, estereotaxia, etc., embora ainda sem residentes. Ao aportar na antiga enfermaria, onde eu terminara a residência em 1964, deparei-me com uma outra realidade.

Raul Marino Jr., Professor Titular de Neurocirurgia do Departamento de Neurologia e da recém-criada Divisão de Neurocirurgia da FMUSP

A minha primeira tarefa foi sistematizar o programa de residência neurocirúrgica de acordo com os moldes aos quais eu estava acostumado nos Estados Unidos e no Canadá. Recebia, em média, cinco residentes por ano, após concurso disputadíssimo, e de dois a três residentes de intercâmbio, originários de vários países, como Colômbia, Venezuela, Bolívia, Paraguai e outros, incluindo um do Japão. Foi uma tarefa árdua, uma vez que lidava com um material humano superselecionado, com a obrigação de transformá-los em brilhantes neurocirurgiões após um intenso treinamento de cinco anos.

Raul Marino Jr. em sua sala de Professor Titular de Neurocirurgia no Hospital das Clínicas da FMUSP

Durante os quinze anos que permaneci chefiando a residência neurocirúrgica, creio ter conseguido atingir sucesso, gerando inúmeros Mestrados e Doutorados ainda durante o andamento da residência, muitos deles hoje Livres-docentes e chefes de serviço no Brasil e no exterior, dois deles em cargos de chefia na Cleveland Clinic, nos EUA, e um em Toronto, no Canadá, todos detentores de premiações por trabalhos publicados em seus países de moradia.

Como tudo na vida, não foram apenas flores; uma surpresa desagradável me aguardava. O serviço de Neurologia não contava com uma UTI neurológica. Havia apenas uma sala de recuperação com quatro leitos, cuidados por uma atendente, o que explicava algumas evoluções tormentosas de muitos casos operados, sobretudo os vasculares e os de fossa posterior. Portanto, a contingência de criar uma UTI neurocirúrgica exigiu a colaboração do Professor Titular de Clínica Médica, também um dos chefes do pronto-socorro do HCFMUSP, professor Antonino Rocha, brilhante intensivista que designou uma equipe especializada para tal finalidade, todos supertreinados, inaugurando a que talvez foi a primeira UTI do gênero em nosso país. Para a minha alegria, os pós-operatórios da Clínica Neurológica começaram a evoluir com os padrões que eu almejava.

O professor Rocha auxiliou-me também a melhorar os serviços no pronto-socorro neurocirúrgico, diminuindo o número de macas e melhorando os resultados cirúrgicos. A antiga sala operatória a que estávamos acostumados desde a residência ficava no mesmo andar da enfermaria –, e tão logo me deparei com a frequência de infecções, resolvi elucidar o problema. Ao inspecionar o ar-condicionado da sala cirúrgica, verifiquei que o ar lá injetado era retirado do banheiro coletivo ao lado,

Galeria dos ex-residentes em Neurocirurgia no Hospital das Clínicas da FMUSP

onde os vasos sanitários estavam sempre transbordando de dejetos das enfermarias e onde não havia sabonetes para higiene das mãos, toalhas, papel, etc. Eu e o professor Rocha fomos tomados por um acesso de surpresa e fúria, chamando a chefia geral da enfermagem do HCFMUSP e também da enfermaria para que constatassem os nossos achados. Felizmente, as falhas foram resolvidas, enquanto providenciávamos a mudança da sala cirúrgica para o centro cirúrgico geral do décimo andar, onde nos deram três novas salas, as quais continuam do HCFMUSP até hoje. A nova UTI neurológica, agora equipada com onze leitos, foi alocada ao fundo da enfermaria, onde a equipe especializada iniciou os nossos trabalhos e a reorganização. As visitas com os residentes passaram a acontecer às seis horas da manhã, leito por leito, embora alguns assistentes mais antigos estivessem acostumados a dormir até mais tarde. As reuniões gerais eram realizadas no anfiteatro da Neurologia, onde os casos programados eram apresentados pelos residentes e discutidos.

O mesmo programa foi adotado, em dias diferentes, nos 41 leitos funcionais localizados no edifício da clínica psiquiátrica do outro lado do campus. Poucas vezes, em minha formação, pude acumular tantas alegrias ao constatar o progresso de residentes e a excelente evolução dos casos operados. Vários residentes da Neurocirurgia aperfeiçoavam-se a olhos vistos, destinando-se, depois, a outros serviços em outros países, como Estados Unidos, Canadá, Alemanha, França e Inglaterra, e hoje representam os novos docentes e professores da FMUSP, para o meu mais profundo orgulho. Atualmente, os intercâmbios do serviço têm projeção na Bolívia, Colômbia, Venezuela, Peru, Paraguai e um em Osaka, no Japão. Creio ter cumprido a minha primeira tarefa na Neurocirurgia.

Paulo Henrique Pires de Aguiar, ex-residente de Neurocirurgia do Hospital das Clínicas da FMUSP, professor de Neurocirurgia e membro da Academia Brasileira de Neurocirurgia, junto de Raul Marino Jr.

André Guelman Gomes Machado, ex-residente de Neurocirurgia do Hospital das Clínicas da FMUSP e atual diretor na Cleveland Clinic, Ohio, Estados Unidos, junto de seu professor, Raul Marino Jr.

A FORMATURA

Em todos os finais de ano, algo me chamava deveras a atenção, não sem alguma intranquilidade: os residentes herdados da gestão anterior terminavam seus longos cinco anos de estágio e sequer se despediam de mim ao deixar o serviço. Por estar acostumado às tradições da Harvard e da McGill, eu não entendia por que isso ocorria.

Acreditei que, além de justo, já era tempo de estabelecer as minhas próprias tradições nesse novo serviço da USP que eu chefiava. Instituí uma despedida condigna de nossos residentes ao fim dos estágios, convocando a participação de suas orgulhosas famílias para uma formatura oficial com as despedidas tradicionais. Talvez tenha sido o primeiro serviço do HCFMUSP a inaugurar tais práticas. Com muita emoção, sobretudo para os familiares, essas comemorações aconteciam anualmente, perto das festividades do Natal. Inicialmente, elas eram realizadas nas instalações do Centro de Convenções Rebouças, ao lado do HCFMUSP. Mais tarde, no restaurante do último andar do Edifício Itália, de onde podia se descortinar uma paisagem incrível da cidade. Finalmente, já financiados por importante firma de produtos cirúrgicos, as formaturas eram comemoradas em um lindíssimo *buffet* na Avenida Rebouças, que contava com conjunto musical de câmera barroca e um menu impressionante, servido à francesa. Nem é preciso descrever a felicidade das famílias, provindas de vários estados do Brasil, Colômbia, Bolívia, Paraguai, etc., ao verem seus rebentos receberem seus diplomas e serem saudados por todos os assistentes do serviço, também ali presentes, depois de serem preparados para enfrentar um futuro como verdadeiros neurocirurgiões formados. Era notável a alegria e a realização estampada nos olhos e na face dos formandos e de suas famílias.

A cerimônia abarcava ainda, além de toda a emoção, os discursos, as saudações, as filmagens e as fotografias daqueles bonitos momentos.

Confraternização dos residentes de Neurocirurgia do Hospital das Clínicas da FMUSP, no sítio de Raul Marino Jr.

Raul fazendo um discurso na formatura dos residentes de Neurocirurgia do Hospital das Clínicas da FMUSP

Raul e André Guelman Gomes Machado, hoje um dos chefes da Cleveland Clinic

Raul e seus residentes na formatura de Neurocirurgia do Hospital das Clínicas da FMUSP

Um de meus discursos, reproduzido a seguir, talvez consiga transmitir um pouco do auspicioso evento que comemorávamos.

Meus amigos, estamos hoje aqui reunidos para homenagear nossos residentes desta turma que ora nos deixam como formandos. Na verdade, queremos homenagear também suas famílias, as quais foram certamente responsáveis por toda a ajuda e todo o incentivo, para que estes moços pudessem realizar a sua missão de se tornarem neuro-cirurgiões; árdua tarefa em que precisaram investir cinco duros, sacrificados e preciosos anos de suas promissoras vidas. Hoje é um dia muito solene para todos nós, formandos, famílias e professores. É o primeiro dia do resto de suas vidas como neurocirurgiões. Hoje é a sua verdadeira formatura em Medicina: uma extensão dos árduos seis anos que já passaram na faculdade de Medicina. É justo, portanto, que lhes seja oferecida uma pequena cerimônia de despedida, pois muito se prepararam para enfrentar, lá fora, uma difícil especialidade como a que escolheram e para a qual também foram por nós esco-lhidos. Achamos necessário criar esta cerimônia desde a primeira turma de formandos, repetindo-a agora todos os anos, até que ela se torne uma verdadeira tradição no de-correr dos anos, quando – junto com suas famílias – hoje, comemoramos neste evento único e tão importante para todos nós. Hoje, aqui estamos para evocar um passado que já construímos e também para preparar o nosso futuro, construindo nossas tradições de uma nova escola de Cirurgia, que luta muito para se formar e formar também novos seguidores e novos discípulos, que vocês deverão formar a seu turno. Aprendemos com vocês, meus caros amigos, que ensinar é voltar a aprender, e foi essa descoberta que nos tem motivado a lutar, cada vez mais, para melhorar nossas condições de trabalho e nossa qualidade de ensino. Nosso trabalho nesse hospital jamais deixou de ser apenas um grande ideal, e somente o futuro poderá avaliar a importância dessa tradição da qual vocês hoje já fazem parte. São ideais como esses que dão um significado e um pro-pósito às nossas vidas e um sentido de missão à nossa existência neste mundo. Foram esses ideais que me fizeram descobrir que somos melhores juntos do que sozinhos, pois ninguém pode, por si só, ter todas as habilidades e todas as ideias. Da vida, tiraremos exatamente o que nela tivermos colocado, pois a fé com obras é uma força, e a fé sem obras é uma farsa. Milagres só não existem para os homens que não acreditam neles. Se formos guiados pela fé, e não somente pela visão e pelos outros sentidos, veremos mila-gres acontecendo ao nosso derredor. Vocês, agora, já sabem que nada que valha a pena pode ser aprendido em poucas lições muito fáceis. Nossa vinda a este mundo teve uma finalidade: a de melhorar o nosso caráter! O nosso caráter é aquilo que fazemos quan-do ninguém está olhando, nos observando. E ele não nos é dado gratuitamente, como o talento. Nós precisamos construí-lo, pedacinho por pedacinho: pelo trabalho, pelo pensamento, pela reflexão, pela escolha, pela determinação e, sobretudo, pela nossa coragem! E lembrem-se: a falta de caráter e a falta de coragem são as únicas doenças incuráveis na nossa profissão, e estou certo de que vocês devem conhecer vários casos, infelizmente. Todos os dias podem nos atirar pedras, mas será o nosso caráter que nos dirá o que construir com elas: uma ponte ou uma parede. A escolha será nossa! É pelo caráter que vocês conseguirão dominar seus inimigos. Não pela força, mas pelo per-dão. Para mudar tudo, precisaremos apenas mudar nossa atitude, não o nosso caráter. Nossa religião é o alicerce de nosso caráter, de nossos ideais e de nossa missão, e ela será aquilo que fizermos depois que um "sermão" como este de hoje tiver terminado. Uma boa notícia: não foi inventada ainda uma arma suficientemente poderosa para matar um ideal. Por isso, agradecemos hoje aos que trabalharam a favor da concretiza-ção desses nossos ideais e também aos que trabalharam contra. Aos primeiros, somos gratos pelo dia de hoje; aos segundos, por conseguirem manter vivo e forte em todos nós esse mesmo ideal que hoje, em parte, realizamos, estimulando nosso ânimo, nossa vontade e nossos propósitos. Não poderíamos deixar partir nossos residentes, como se fazia no passado, sem uma cerimônia em que participassem suas famílias, suas esposas ou namoradas, deixando-nos sem um adeus formal, como se nada tivesse acontecido de importante em suas vidas durante estes [últimos] cinco longos anos. Resolvemos, então, modificar esses acontecimentos, no que já estamos até sendo imitados por outros serviços que gostaram da ideia.

[Acendemos uma vela à mão de cada residente.]

Agora, que começamos a ter nossa própria tradição, desde que dona Lidia Tenuto acendeu, pela primeira vez, nesta sala, esta mesma vela para que o Dr. Tenuto, fundador de nossa escola cirúrgica, soubesse que, onde quer que ele se encontre, grande parte da luz que hoje nos ilumina neste serviço de Neurocirurgia do HC foi acesa por ele! Que esta vela acesa passe a simbolizar uma cerimônia em que se faça a transmissão da luz daquele chefe muito querido, que nos iluminou no passado, para que ilumine agora também estes moços que serão seus seguidores. Uma luz que simbolizará aquele para quem a vida não foi apenas uma vela que logo se apaga, mas, sim, uma espécie de tocha esplêndida, que herdamos de Tenuto para conduzir e que devemos empunhar agora, cada um de nós, mantendo-a o mais radiante possível, até passá-la de novo às futuras gerações de neurocirurgiões formados nesta escola, jamais permitindo que sua chama se apague. Ao acender estas velas, eis a sua mensagem: **"Uma vela nada perde quando, com sua chama, acende outra que estava apagada"**.

[Os residentes acendem as velas uns dos outros.]

É assim que transmitimos o que sabemos, e estes novos especialistas transmitirão também suas chamas de conhecimento àqueles que se formarem no futuro. Essa é a tradição estabelecida por Hipócrates, quinhentos anos antes de Cristo. Lembrem-se de uma coisa: a vida não é uma vela efêmera. Quem caminha na direção da luz não tem tempo de observar o que se passa nas trevas. E, se derem as costas a essa luz, nada mais verão do que a sua própria sombra. Há sempre luz suficiente para aqueles que querem enxergar, e escuridão suficiente para aqueles com disposição contrária. Lembrem-se de que não há necessidade de apagar a luz do próximo para que a nossa possa brilhar melhor: a luz alheia jamais iluminará vocês se não possuírem luz própria. Há duas maneiras de espalharem a luz de vocês: serem como esta vela ou como o espelho que a reflete. Não se esqueçam: a luz foi a primeira criação de Deus. Ela é o símbolo da verdade. Não deixem que a sua luz se apague, para que vocês mesmos não fiquem em trevas. Procurem iluminar sempre, com esta luz, as trevas que os circundam, para que, um dia, possam também ensinar como professores de verdade e da verdade, que são aqueles que veem no aluno não apenas um material bruto, mas um material precioso, uma joia que, com perícia, pode ser polida e, a partir de uma pedra preciosa bruta, brilhar para emitir a luz que guardava dentro de si e que o professor colocou a descoberto. Com o que já aprenderam, são agora membros de uma fraternidade que goza da sensação indescritível de podermos nos realizar, todos os dias, como profissionais da arte de fazer o bem, que é a Medicina, já que a cirurgia é a mais nobre das artes. Bem-aventurados os que já sentiram esta sensação: a do dever cumprido. A única outra sensação que se pode comparar é a que tenho hoje: a de vê-los formados depois de cinco anos de convivência diária, agora todos preparados para auferir desta sensação santificada para o resto de suas vidas.

[Seguem-se os brindes e a entrega dos diplomas. A seguir, um dos residentes faz a leitura de um trecho do Evangelho de João (Jo 15:11-17).]

Tenho dito isto para que a minha alegria esteja em vocês, e para que a alegria de vocês seja completa. O meu mandamento é este: amem uns aos outros como eu amo vocês. O maior amor que alguém pode ter por seus amigos é dar sua vida por eles. Chamo vocês de amigos, pois tenho dito a vocês tudo o que ouvi de meu Pai. Não foram vocês que me escolheram. Pelo contrário, eu é que escolhi vocês, para que vão e deem muito fruto, e que esses frutos não se estraguem. Assim, o Pai lhes dará tudo o que pediram em meu nome.

As cerimônias de formatura repetiram-se anualmente durante os quinze anos de minha gestão como titular da cadeira. Ainda guardo, com carinho, muitas das emoções que compartilhei com os meus alunos e seus familiares durante as comemorações. Muitos deles ainda são, para mim, motivo de orgulho em razão das posições acadêmicas que ocupam, tanto no Brasil como no exterior.

AS FUNÇÕES SUBLIMES DO CÉREBRO

CHEGAMOS ATÉ AQUI, NESTE livro, após muita histologia, muita anatomia, muita neurofisiologia, muita neurologia e, sobretudo, muita neurocirurgia. Delineei muitos capítulos de minha vida, os quais me fizeram chegar ao conhecimento cerebral até onde me permitiu alcançar toda a Neurociência atual.

Agora, já podemos nos perguntar: "qual o propósito de todos esses estudos? Por que todo esse afã em conhecer mais profundamente todas as funções do cérebro como se ele representasse o órgão mais importante da natureza? Além de suas funções neurológicas e psicológicas, quais as suas funções cerebrais que nos diferenciam de nossos irmãos animais, que chamamos de inferiores? Essas são algumas questões que ora me proponho a responder e que se tornaram o motivo central de minha peripatética existência, de meu périplo espiritual por meio de tantas universidades e tantos gurus das ciências.

Já relatei, em escritos anteriores [37], a minha duradoura fascinação por esse órgão maravilhoso que é o cérebro. Os cientistas têm conseguido captar suas propriedades mais elevadas, verdadeira obra-prima da criação e templo do nosso pensamento e criatividade, a estrutura viva mais perfeita e, certamente, a mais importante de nosso Universo – o mais belo instrumento jamais saído das mãos divinas. É o que o nosso cérebro faz que o torna diferente dos outros órgãos, sendo tão difícil de estudar quando são e de curar quando doente. Nosso cérebro é uma obra de arte. Vejo a arte como a contribuição do homem no sentido de melhorar a matéria e a natureza, tanto no sentido estético quanto no sentido do belo e do bom. Como médico, vejo a Medicina também como arte: a arte de fazer o bem, cabendo ao médico colocar, em sua obra, aquilo que não encontrou na própria natureza.

Os meus estudos e tudo que acumulei em conhecimento me obrigam a procurar outras definições: quero saber qual o papel do cérebro na natureza, no destino do homem e em relação às outras dimensões que nos rodeiam, como a consciência, a visão e todos os outros sentidos, sejam eles respiração, pensamento, intelecto, linguagem, memória e aprendizado, além das emoções, faculdades mentais e controle à distância de todos os órgãos e hormônios. Isso sem falar na capacidade que o cérebro tem de planejar, pensar abstratamente, calcular, filosofar, fazer ciência, meditar, rezar e fazer teologia, ter uma religião e entrar em contato com a transcendência. Fazemos tudo isso por intermédio de nosso cérebro. Assim, todos os fenômenos básicos de nossas faculdades mentais, como consciência, emoções, personalidade, afetividade, caráter, sentimentos religiosos e experiências místicas ou transcendentais, passam primeiro por todas as vias neurais de nosso sistema nervoso, que tem nosso cérebro como sede, antes de se atualizarem em nossa consciência.

Nenhuma filosofia, ciência ou psicologia conseguiu provar a existência de entidades complementares a esses fenômenos, como alma e espírito, nem a existência de uma divindade ou de um demiurgo. Da mesma forma, até hoje, por meio da razão, também não se conseguiu provar sua não existência. É nesse ponto que as neurociências podem considerar sua humildade e sua insuficiência e tentar enriquecer-se com o conhecimento que os escritos sagrados proporcionam por meio da fé, da graça e da revelação, hoje aceitos como a ciência da Teologia, tendo essa fé como um instrumento de conhecimento de uma verdade superior à nossa limitada razão ou raciocínio. É uma sabedoria revelada pelo espírito, e não pela razão, como se pode ler em I Coríntios, 2:5-16: "O homem natural não compreende as coisas do espírito de Deus, pois lhe parecem loucura; e não pode entendê-las, pois só se discernem espiritualmente". A ciência não explica o sagrado!

Esses fatos começam a explicar o meu profundo interesse pelos mecanismos cerebrais que controlam as diversas dimensões de nossa existência. Voluntários têm sido estudados durante a prece, a meditação e a contemplação; o cérebro funciona como uma "janela" para o mundo da alma, da consciência e do espírito. Um dos neurocientistas mais importantes do último século, Sir John Eccles, ganhador do prêmio Nobel de Fisiologia em 1963, por ter sido o primeiro a registrar a atividade elétrica no interior do neurônio, afirmou, em 1994, que deve haver uma interação entre a alma e o cérebro. Essa interação, segundo ele, seria mediada por uma entidade especial, a qual denominou de *psychon*, cujo funcionamento deveria ocorrer no nível das sinapses entre os neurônios. Começava, assim, uma nova especialidade, que veio a ser denominada **Neuroteologia** [37].

AS REVELAÇÕES DA NEUROTEOLOGIA

SEGUNDO EINSTEIN, O CIENTISTA que revolucionou as ciências de todos os tempos, a finalidade da ciência é uma compreensão tão completa quanto possível da conexão entre as experiências dos sentidos em sua totalidade e, por outro lado, a consecução desse objetivo, valendo-se de um mínimo de conceitos primários e de relações, procurando, tanto quanto possível, uma unidade lógica nas imagens do mundo.

A ciência, como a entendemos hoje, relaciona-se com tudo aquilo que pode ser calculado, medido, pesado e enumerado. Nada que não possa ser observado objetivamente deveria ser chamado de científico, segundo a maioria dos cientistas. Entretanto, nossos conhecimentos atuais têm demonstrado que as experiências subjetivas de nossa mente e de nossa consciência não são apenas o resultado de erros de nossas emoções ou de pensamentos aleatórios.

No meu livro *A religião do cérebro: uma introdução à Neuroteologia* [37], a definição de ciência é:

> Nosso intelecto, nossa memória, nossa afetividade, nossos sentimentos, nossas intuições, nossas motivações religiosas, nosso estado de espírito e o mundo de nossas emoções, hoje sabemos, podem estar associados a eventos neurológicos observáveis, como parte de nossa função cerebral normal.

É propósito deste capítulo tentar correlacionar estudos que designaria como metafísicos (ia quase dizendo "espirituais") com os biologicamente observáveis e cientificamente reais, estando eles intimamente entrelaçados com a neurobiologia do nosso cérebro. Esse seria o âmbito do que, hoje, denominamos **neuroteologia**, um novo e vibrante capítulo da clássica teologia.

Desse modo, segundo as considerações já contidas neste volume, parto do princípio de que todos os fenômenos básicos de nossas faculdades mentais – consciência, emoções, personalidade, afetividade, sentimentos religiosos e experiências místicas, transcendentais ou metafísicas, como as experiências fora do corpo (EFC) – devem primeiro passar por todas as vias neurais de nosso sistema

Livro *A religião do cérebro*, de autoria de Raul Marino Jr.

Lançamento do livro *A religião do cérebro*, no salão nobre do Hospital Beneficência Portuguesa de São Paulo (BP). Raul e seu grande amigo da vida toda Paulo Bomfim, decano da Academia Paulista de Letras

nervoso, tendo o cérebro como sede, antes de se atualizarem em nossa consciência. Segundo a já citada nova teologia, a fé, como resposta intelectual afirmativa à revelação, é também um instrumento de conhecimento da verdade, superior à nossa limitada razão ou raciocínio; é uma sabedoria revelada pelo espírito, e não pela razão (ver I Coríntios, 2).

O primeiro presidente dos Estados Unidos, George Washington, afirmava que "a religião é tão necessária à razão como a razão é necessária à religião, uma não podendo existir sem a outra". Talvez um dia, após os citados estudos neuroteológicos, possamos repetir o que o próprio Einstein dizia: "A ciência sem religião é paralítica e a religião sem ciência é cega". Ou, então, lançando mão do lirismo do poeta inglês Alfred Noyes (1880-1958), repetir com ele: "O que é a ciência senão pura religião, procurando por toda parte os verdadeiros Mandamentos?".

Todas essas considerações e reflexões foram, aos poucos, criando raízes em meu subconsciente perscrutador dos segredos recônditos da vida. Tanto isso é verdade que, talvez também como sequela de meu tempo na Faculdade de Filosofia da Universidade de São Paulo (USP), durante a mocidade aos anos iniciais como estudante de Medicina, eu decidi, já como Professor Titular da cadeira de Neurocirurgia, partir para outras novas aventuras acadêmicas. Prestei vestibular novamente, desta vez na Faculdade de Teologia Pontifícia, para espanto de meus residentes e assistentes, que, inicialmente, ao tomarem conhecimento do ocorrido, não deixaram de murmurar e cochichar entre si sobre mais essa diabrura do professor fazer o curso noturno de uma tão temerária especialidade! E o pior é que logo pedi transferência para o curso de diaconato.

Verdadeiramente, lá eu passei momentos inesquecíveis, estudando e vivenciando as Escrituras. Asseguro também que tais estudos nunca prejudicaram as minhas atividades como chefe de departamento no Hospital das Clínicas (HC) da Faculdade de Medicina da Universidade de São Paulo (FMUSP). Pelo contrário, vários de meus residentes passaram a me procurar não apenas para orientação cirúrgica, mas também para orientações espirituais, melhorando muito a nossa relação, sobretudo nas visitas diárias às enfermarias.

Muitos, como eu, começaram a compreender que a teologia também é uma opção pela vida do espírito em oposição à vida exclusivamente em função da carne e da matéria, viva ou morta. Alguns residentes mais chegados a mim, hoje importantes nomes em nosso meio e no exterior e que muito me orgulham, cedo perceberam que, quando a fé seduz a razão, nasce a teologia, e toda pessoa de fé se torna também teóloga, pois é impossível haver fé sem um mínimo de reflexão sobre ela, sem que o espírito deixe de pensar sobre seu próprio conteúdo. É a fé em estado de ciência, a razão explanando a intuição, pois primeiro vem a fé, depois o entendimento. O saber teológico é a fé sabendo-se a si mesma. Não é apenas conhecimento, mas reconhecimento: o desdobramento teórico das Escrituras. A partir do momento em que começamos a refletir e a falar sobre Deus, estamos fazendo teologia, que nada mais é do que a fé de olhos abertos, lúcida, inteligente, crítica, feita de razão e entendimento, independentemente de apenas palavras. A paixão do teólogo é a procura pelo significado da palavra divina dirigida a todos os homens e pela vontade divina que existe por trás dela; o ser humano não pode abafar dentro de si o anseio natural da busca pela verdade, busca essa que é um compromisso de vida que cada um tem consigo mesmo: o de chegar à plenitude de sua realização e felicidade.

De qualquer forma, por mais que estudemos ciência, filosofia ou teologia, os estudos serão apenas um fragmento do que conhecemos sobre o Criador. Todo nosso conhecimento será somente uma gota no oceano do que ainda temos por conhecer, ainda que uma simples gota de orvalho – que seria o nosso cérebro – possa refletir o céu inteiro. Do ponto de vista de nossa finitude e de nossa "humanitude", o restante permanecerá um mistério, apesar de toda a nossa fé e de toda a nossa teologia em relação ao inescrutável plano do Universo, do qual nosso cérebro representa apenas um microcosmo, pois sempre enxergaremos nesta existência o nosso Criador com nossos limitados olhos humanos. A única forma de entender melhor seus desígnios é utilizando o nosso precioso cérebro para pensar teologicamente sobre a Revelação, é utilizando a nossa fé como instrumento de conhecimento, pois tais conhecimentos sempre estarão muito além de nossa maneira humana de raciocinar. Muitas vezes, nos esquecemos de que somos finitos e que o infinito jamais caberá em nossa caixa de ossos craniana. Quanta arrogância a dos ateístas, que nem sequer parecem se incomodar com esses mistérios.

Muitos dos diletos leitores, a essa altura dos fatos narrados, poderiam se perguntar: afinal, qual seria a utilidade ou a finalidade que teríamos de absorver tais conhecimentos, muitos deles fugindo da anatomia e da neurofisiologia convencionais? Eu poderia responder afirmando que são conhecimentos ainda muito pobres diante dos que virão nos próximos anos ou décadas. Sim, muito pobres, mas que enriquecerão sobremaneira a nossa sagrada especialidade.

Hoje, após décadas de muita dedicação a esses assuntos, posso dizer que, se trouxermos o sagrado para as nossas mesas de trabalho e de cirurgia, elas se tornarão um verdadeiro altar, e estaremos operando sempre **sob o olhar de Deus** – como sugere o título deste modesto volume –, pois é Ele quem controla os movimentos das nossas mãos e de nossa conduta cirúrgica. Muitos de nós, professores, temos notado que o treinamento atual de nossos médicos, seja na faculdade ou na residência, está se tornando bastante ateísta. Poucos de nós ainda dedicamos nossas intervenções cirúrgicas quotidianas àquele que nos deu a existência, mesmo que apenas por meio de uma pequena prece pré-operatória dirigida ao paciente que nos confiou sua vida. Quando esperamos que o Criador responda a essa curta introdução à nossa cirurgia, isso se chama fé (ver Hebreus 11:1). Quando surge no homem o entendimento do religioso e do sagrado, em grande parte pela atividade do seu sistema límbico, esse entendimento – da vida e da morte – será capaz de habilitá-lo a conduzir sua vida de acordo com o significado e a sabedoria das leis universais, das leis morais e da dignidade do ser humano.

UMA TEOLOGIA DA TRINDADE DO HOMEM: CORPO, ALMA E ESPÍRITO

Este item do capítulo provavelmente causará polêmica, principalmente entre os leitores que se dedicam às neurociências convencionais, à filosofia, à psicologia e à teologia clássica, entre os chamados "religionistas" e, sobretudo, entre os que professam sua fé no ateísmo.

Nunca é tarefa fácil conseguir a aprovação de todas as correntes de pensamento, principalmente porque muitas delas se contradizem, mesmo entre filósofos e religiosos, sendo frequentes as opiniões opostas em questões teológicas, em especial sobre as que envolvem o sagrado. A teologia atual já é uma verdadeira ciência, porém, uma ciência *sui generis*, que foge do modelo das ciências empírico-formais, possuindo uma analogia estrutural com sua própria epistemologia e sua própria metafísica – e, como todo saber científico, é constituída de três elementos principais:
1. O sujeito epistêmico: o teólogo.
2. O sujeito teórico: Deus e a criação.
3. O método específico: o caminho para o sujeito chegar ao objeto.

É assunto central da epistemologia saber que o objeto determina o método, pois a verdade se procura e se encontra; ela não pode ser inventada nem criada. O assunto da teologia é o próprio Deus e tudo o que se refere à sua realidade, a qual determina todas as outras realidades; é aquela dimensão da realidade que estuda o Sentido Supremo e o Ser Supremo.

Feitas as exposições anteriores, já sabemos que o conhecimento que temos da deidade é mediado pelo nosso cérebro e, para ulteriores explicações sobre este assunto, passaremos a utilizar o termo já consagrado: neuroteologia [37].

O objeto formal da teologia – seu sujeito eterno – é expresso pelo próprio Deus das Escrituras, à luz da fé, segundo sua própria Palavra nelas registrada. Em razão disso, a teologia pode ser considerada o conhecimento supremo ou a sabedoria em sentido absoluto. Trata-se, portanto, do estudo mais sublime a que podem se dedicar o cérebro e o espírito humanos: a fé como instrumento de conhecimento e a razão em busca do entendimento, como eco humano da Revelação da Palavra divina; a ciência perfeita ou a rainha das ciências; a epistemologia do amor.

A teologia como ciência é disciplina que enriquece a vida acadêmica. Ela promove um clima espiritual às universidades e oferece meios para entrarmos no mundo e na dimensão do sagrado, tornando-se a ciência central da vida por permitir a integração entre dois mundos – o sagrado e o profano – e proporcionar uma unidade entre os seres humanos, seus cérebros pensantes e seu Criador. Entretanto, não existe nem pode existir uma teologia definitiva, pois ela vai sendo construída à medida que conhecemos melhor a verdade que nos vai sendo revelada.

Tentarei mostrar, neste capítulo, que as novas aquisições da ciência vão se incorporando ao conhecimento teológico, o que irá transformar a nossa compreensão sobre a verdade.

Nenhuma religião ou filosofia aceitará mais a Terra como centro do Universo ou o coração como sede da alma e do pensamento, como pregavam os pensadores gregos. Os antigos não dispunham dos conhecimentos e das tecnologias que possuímos hoje sobre as neurociências nem do conhecimento das funções do cérebro humano, o qual não sofreu modificações em seu volume e em sua massa desde a época das cavernas. Até meados do século XIX, as funções das várias estruturas e tecidos do cérebro ainda eram desconhecidas. As funções cerebrais começaram a ser esclarecidas somente no final do século XIX, culminando com uma verdadeira explosão de conhecimentos ocorrida nos últimos trinta anos. Entretanto, somente há poucos anos começamos a entender certas funções menos conhecidas do cérebro, sobretudo as que transcendem os limites normais da experiência humana: suas funções metafísicas ou sublimes. Infelizmente, nossa vã e antiga filosofia, nossa limitada razão, nossa lógica, nosso raciocínio e, tampouco, as recentes aquisições das neurociências jamais nos permitiram elucubrar conceitos aceitáveis sobre consciência, emoções, vida, morte, alma e espírito, e verdade, de modo que os temos buscado nas Escrituras, como frutos da Revelação. Somos obrigados a humildemente admitir que a pura razão e o intelecto não permitem que cheguemos sozinhos e desacompanhados a esse tipo de conhecimento.

Assim, há duas ordens de conhecimento que se distinguem tanto por seu princípio como por seu objeto:

1. A razão natural: é o princípio pelo qual conhecemos inicialmente alguma coisa.
2. A fé divina: objeto pelo qual podemos atingir os chamados mistérios da Criação, uma vez que estes não são atingíveis pela razão natural, mas somente pela Revelação.

Somente a fé pode nos fazer crer naquilo que não vemos (ver Hebreus 11:1), dando-nos certeza sobre aquilo em que cremos e permitindo-nos entendê-lo, pois a fé é o princípio determinante de toda a teologia, sendo a Palavra da Revelação sua principal e única fonte. É necessário ter muita humildade, bem como não ter arrogância e orgulho científicos, para aceitar os postulados centrais da teologia como ciência do espírito. Vestidos com o manto dessas virtudes, poderemos aceitar e entender melhor as coisas do espírito, sobre as quais as ciências têm ainda pouca autoridade e pouco conhecimento. Como citado na introdução deste capítulo, as Escrituras dividem o homem completo em uma trindade – corpo, alma e espírito –, ajudando-nos a distinguir entre cada um de seus componentes e suas respectivas funções.

A psicologia das Escrituras não se contrapõe à nossa psicologia convencional, mas a completa, como será visto a seguir. As Escrituras jamais confundem alma com espírito, e seus textos ensinam que o homem é uma trindade, possuindo três partes: corpo, alma e espírito (ver I Tessalonicenses 5:23), as quais podem ser divididas.

> Porque a Palavra de Deus é viva e eficaz, e mais cortante do que qualquer espada de dois gumes, e penetra até o ponto de dividir alma e espírito, juntas e medulas, e apta para discernir os pensamentos e propósitos do coração. (Hebreus 4:12)

Pelo trecho citado, entendemos que as partes do corpo são as "juntas e medulas", órgãos dos movimentos e dos sentidos, sendo "alma e espírito" os componentes não corpóreos, mas que podem ser divididos por possuírem naturezas diferentes. Assim, lê-se em Gênesis 2:7: "Então formou, o Senhor Deus, o homem do pó da terra e lhe soprou nas narinas o fôlego da vida, e o homem passou a ser alma vivente".

O sopro da vida, segundo as Escrituras, teria se tornado o espírito do homem, que, ao entrar em contato com o corpo criado, teria gerado a alma humana, sendo esta, portanto, o resultado da união do corpo com o espírito. Essa teria sido a origem da vida a partir do espírito e da alma.

Conclui-se, pois, que o corpo do homem separado do espírito estava morto, passando a viver após receber o sopro do Espírito Divino. Essas três naturezas se fundiram perfeitamente, formando uma só individualidade. A alma representa aquilo que o homem realmente é: um ser possuidor de livre-arbítrio, capaz de permitir ou não que o espírito o governe, obedecendo às leis segundo as quais foi criado. Assim,

- **o corpo físico** é o meio pelo qual o homem entra em contato com o mundo material, dando-lhe a consciência do mundo;
- **a alma** fornece ao homem o intelecto, que o faz entender o mundo e as emoções, que complementam as faculdades dos cinco sentidos; ela constitui o "eu" do homem e representa sua personalidade ou autoconsciência;
- **o espírito** intermedeia a comunicação entre o homem e a divindade que o originou, permitindo-lhe ter consciência de Deus.

Em cada elemento do ser habita um veículo da trindade:
- Deus habita o espírito;
- o "eu" habita a alma;
- os sentidos habitam o corpo físico.

O espírito não atua diretamente sobre o corpo, necessitando da alma como intermediária. A alma, portanto, é o ponto de convergência das entidades que constituem o nosso ser, ligando-se ao mundo espiritual pelo espírito e ao material pelo corpo, pertencendo a ambos os mundos. Nosso corpo, assim, torna-se a carcaça ou o abrigo onde se aloja a alma, e esta, senhora de todas as decisões e ações por meio do livre-arbítrio, torna-se a capa que reveste o espírito, com os três mantendo um relacionamento harmonioso.

Dos três elementos da trindade, o mais nobre é o espírito, porque nos une diretamente com o Criador. Na esfera do espírito, tudo se realiza pela fé, que é o nosso instrumento superior de conhecimento, e pela Revelação, e não pelo entendimento ou pelos sentidos do corpo.

O espírito possuiria três funções mais importantes: (1) consciência do discernimento entre o certo e o errado; (2) intuição ou sensibilidade espiritual; e (3) comunhão, que leva à adoração e ao culto da divindade.

Conhecemos Deus pela intuição, por meio da qual Ele nos revela sua vontade, jamais sendo possível conhecê-Lo pela simples vontade expectante ou pela dedução racional. À vida do espírito, ou vida eterna, os hebreus deram o nome de *zoe*.

O homem tem consciência de sua existência e de si próprio pela alma, que é a sede de sua personalidade e o que o torna humanizado. É na alma que se encontram a mente, a vontade, o intelecto e as emoções. Como intermediária, ela exerce o poder de discernir e decidir se deve predominar o mundo espiritual ou o natural, exercendo, assim, o poder de sua vontade em relação ao espírito e ao corpo.

A alma (*nefesh* em hebraico, *psyché* em grego) é sede:
- da mente: intelecto, pensamentos, razão, entendimento, livre-arbítrio e intenções;
- da vontade: opiniões, decisões, escolhas e ações;
- do discernimento entre o bem e o mal;
- dos ideais;

- das emoções ou afetos que vêm dos sentidos: prazer, desprazer, amor, ódio, alegria, tristeza, ira, felicidade, gosto e antipatias;
- da sabedoria;
- do conhecimento e do raciocínio: partes do intelecto.

A alma é a sede da vida do homem (*bios*), e o homem nasce da manifestação da alma unida ao corpo e do verdadeiro eu, que entende as coisas criadas e tem a capacidade de penetrar nos elementos naturais da vida terrena; já o corpo ou "carne" (*baser* ou *sarx*) é o seu contato direto com o mundo material, constituindo o revestimento exterior do homem, que se encarrega de suas necessidades de sobrevivência (procura de alimentos, reprodução e defesa). A vida da alma (*nefesh*) é a própria vida do homem ou existência natural, aquilo que o faz viver e lhe dá alento. Ao sair do corpo – seu instrumento –, o homem morre ou se separa da vida, pois sem alma o homem não vive! As Escrituras dizem que é a alma que peca e provoca a queda do homem, quando a vontade deste aceita a tentação. "Ser alma" é o contrário de "ser espiritual", pois, segundo as Escrituras, o espírito deve comandar a alma e o corpo. Sendo a alma de inclinações terrenas, no que diz respeito às metas e motivações, ela faz o homem pensar que a razão e o intelecto são capazes de tudo, inclusive que seu cérebro animal é capaz de compreender todas as verdades do mundo, levando-o a teorias próprias e ao erro, uma vez que, sem as leis dos mandamentos e a direção do espírito, o intelecto deixa de merecer confiança porque passa a confundir entre o certo e o errado. A alma racional produz as ideias, e é por meio das ideias e dos sentimentos que a divindade se comunica conosco. O propósito central das leis divinas e de sua revelação é que o homem viva pelo espírito, e não pela alma ou pelo corpo, ou seja, não fazendo a sua própria vontade, e sim a Daquele que o criou. A alma tende a ser mudada e a amar a si mesma, fazendo guerra ao espírito, não querendo sujeitar-se a ele, permitindo que as emoções passem a dominar o corpo e deixando o espírito em trevas. Quando é a carne que começa a brigar com a vida espiritual, temos a impressão de que dentro de nós existem duas pessoas, cada uma buscando supremacia, como tristemente dizia o apóstolo Paulo, em Romanos 7:15-25: "Porque não faço o bem que quero, mas o mal que não quero, esse faço".

Foram necessárias essas últimas digressões teológicas para que fosse possível correlacioná-las com a nova ciência da Neuroteologia, já que esta pressupõe a mediação do cérebro com um Ser Supremo, seu Criador e Demiurgo. Essa nova ciência, que ora procuro descortinar, vem se constituindo em um verdadeiro chamado para que o homem redescubra o sagrado em si mesmo, desfazendo-se, assim, de mitos e crenças de outrora e passando a entender como funciona seu cérebro, e também para que conheça e capte o sentido do mundo do espírito, da religião, do próprio Ser Supremo e dos mistérios que o Universo nos reserva, pois estamos imersos nas leis desse cosmos, dependendo dele para cada um dos movimentos de nossa respiração, que também governam o funcionamento de nosso ser.

De acordo com Santiago Ramón y Cajal, pioneiro dos estudos cerebrais e descobridor dos neurônios, ganhador do prêmio Nobel de Fisiologia em 1906, "o mistério do cérebro reflete o mistério do Universo", sendo inevitável, portanto, que o estudo dos mistérios do primeiro nos conduza a especular sobre os mistérios do segundo, ou do seu Criador, valendo-nos do único instrumento que Ele nos outorgou para isso: o nosso próprio cérebro [75]. Para os mais interessados em continuar esses estudos teológicos, recomendo fontes bibliográficas especializadas. Entre as nacionais, há a obra magistral de Clodovis Boff, adotada na Faculdade de Teologia da PUC [8]; entre as internacionais, os escritos de Watchman Nee*, cujos textos jamais poderíamos encontrar em publicações da área das ciências.

Muitos cientistas de hoje, como se pode verificar pela extensa bibliografia – ainda que resumida – ao fim deste volume, afirmam que Deus existe no nosso cérebro e que circuitos cerebrais podem ser acionados quando pensamos em divindade, no sagrado, em valores supremos e na eternidade.

Claude Bernard, cognominado de pai da medicina experimental, afirmava: "A admissão de um fato sem causa é nem mais, nem menos, que a negação da ciência. A ciência deverá, um dia, tornar-se religiosa, enquanto a religião tornar-se-á científica".** Acredito que a autoridade científica de Claude Bernard seja uma boa chave para fechar este item e abrir o próximo.

NEUROTEOLOGIA E OS MISTÉRIOS DO UNIVERSO

NOSSO CÉREBRO COMO UM MICROCOSMO (ASTRONOMIA, COSMOLOGIA E TEOLOGIA)

Algum de nós, cientista ou não, já se fez a pergunta: por que nosso Criador projetou e criou o Universo e o nosso cérebro do modo que os vemos e estudamos? É o que procurarei esclarecer neste item, em continuidade com o anterior, já que esses conhecimentos poderiam auxiliar no melhor entendimento, ainda que relativo, e na compreensão dos propósitos divinos e dos nossos destinos. Neste curto item, procuraremos entender e explicar algumas das perplexidades do nosso cosmos, que tanto inquietam e perpassam as funções do nosso cérebro, sempre em busca de mais significado e coerência na exploração da verdade.

Parece difícil acreditar, mas, um dia, percebi que as maiores evidências para provar a existência e os atributos de um Criador poderiam emanar de uma disciplina: a Astronomia. Desde muito jovem, eu passei a assinar uma revista mensal

---

* Como exemplo, cito a obra *O homem espiritual* (vol.I. Belo Horizonte: Betânia; 2003).

** *Apud* Marino [37].

de astronomia, chamada *Sky and Telescope Magazine*, e, em pouco tempo, consegui juntar enormes pilhas dessa publicação, as quais lia com enorme empenho. Na época, meu sonho era adquirir um telescópio computadorizado tipo Celestron Cassegrain para levar ao meu sítio em Juquitiba, onde poderia observar o mapa dos céus, estudando as constelações e os planetas; porém, minha prática médica me permitiu apenas possuir uma grande luneta, que muito me ajudou nesse *hobby*.

Minhas observações evidenciaram que 99,73% de tudo o que existe no Universo é "escuro", e que, segundo os astrônomos que eu lia na revista, a Terra fica localizada na porção mais escura de nossa galáxia, na parte mais favorável para que nossa vida física se tornasse possível. Tudo o mais que pode ser observado diretamente, como estrelas, gases e poeira cósmica, compõe apenas 5% do nosso Universo. Os mesmos astrônomos afirmam que cerca de 23% do Universo é composto por algo denominado matéria escura, constituída sobretudo de prótons e nêutrons; que os faltantes 72% são os chamados de energia escura; e que ambas não podem ser vistas diretamente, nem mesmo com os mais poderosos telescópios (imaginem com o meu!).

Em 1923, Edwin P. Hubble postulou que a matéria escura tem propriedades antigravidade, as quais aceleram a expansão do Universo, ainda não sendo entendida pelos cosmologistas. A questão que passou a pairar nos campos da filosofia, da cosmologia e da metafísica passou a ser: "Por que o Universo é assim?". Contudo, logo se deram conta de que estamos confinados em uma porção limitada desse Universo, o que torna impossível descrevê-lo e compreendê-lo; mesmo os mais poderosos instrumentos não nos permitem descobrir os ocultos objetivos e propósitos da criação nem nosso eterno destino dentro desse cosmos, sobretudo porque nosso Universo é infinitamente vasto. Até há poucas décadas e o início do século XIX, pensava-se que a Via Láctea fosse a única galáxia existente. No entanto, poderosos telescópios constataram que, no Universo visível, se movimentam cerca de cem bilhões de galáxias, cada uma com cem bilhões de estrelas, como a nossa própria galáxia. Coincidentemente, esse é o mesmo número de neurônios que tremulam no parênquima ou glia de nosso cérebro! Portanto, podemos dizer que carregamos um miniuniverso em nossa humilde caixa de ossos. Coincidência?

Desde o Big-Bang, todo o espaço sideral foi preenchido exclusivamente por gás hidrogênio e gás hélio, cuja densidade de prótons e nêutrons se converteram em estrelas (cerca de quarenta bilhões de trilhões delas), cuja fusão nuclear gerou elementos mais pesados, como carbono, nitrogênio, oxigênio, fósforo, sódio, potássio, lítio, ferro, berílio, cálcio e outros essenciais à vida, manipulados nas fornalhas nucleares das estrelas. O surgimento das estrelas e dos planetas delas derivados vieram a constituir apenas 1% da matéria ou massa do Universo; a constituição da vida requer que 5% da matéria comum seja luminosa e 95% seja escura. Assim, a energia escura é o componente predominante no Universo, o que motiva a crescente expansão deste último para que nunca mais se contraia, segundo as leis da física e suas constantes que nos governam.

Há cerca de 4,5 bilhões de anos, o sistema solar ao que a Terra pertence foi originado. Os ferros das profundezas, urânio 235 e 238 e tório 232, produzem a energia que garante o campo magnético terrestre. Nossa galáxia espiral é das menores, mas, para atravessá-la à velocidade da luz, ou seja, a 300 mil km/segundo, levaríamos cem milhões de anos-luz, tempo necessário para voltar ao período dos dinossauros. Nossos vizinhos gasosos, Júpiter, Saturno, Urano e Netuno, servem-nos como escudos, protegendo o nosso planeta de colisões de asteroides e planetas que poderiam nos exterminar, cuidando, assim, de nossas vidas. A região mais próxima da Terra formadora de estrelas é a nébula de Orion, localizada a 1.500 anos-luz de nosso planeta. Somente 0,27% do conteúdo total do Universo emite alguma luz de comprimento de onda visível. Quanto maior a estrela, mais rápido ela queima o seu combustível. Se for menor, como o nosso Sol, pode durar cerca de dez bilhões de anos. Segundo as leis da física, as estrelas provêm toda a luz e calor do Universo. Dito tudo isso, a conclusão é de que o Criador de tais fenômenos deve possuir incríveis poderes, recursos, genialidade e, acima de tudo, um propósito envolvendo nós, humanos, como a criação de um "princípio antrópico", de modo que o Universo deve ter sido criado para o benefício da espécie humana (entre outros), para que ela pudesse delicadamente sobreviver e tivesse um supremo destino e um importante significado. Nessa conjuntura, a criação da vida não nos parece um mero acidente cósmico como postulam os ateístas. Todo esse preparo astronômico e cósmico, para prover a vida humana e sua civilização foi calculado como demandando 10^{700} (dez elevado a setecentos) de fina sintonia e precisão para manter uma simples vida; sendo que o número total de prótons e nêutrons de todo o Universo observado foi calculado como 10^{79} (dez elevado a setenta e nove), que já é um número incomensurável.

Moisés e demais profetas, no Antigo Testamento, identificam o nosso Criador como o agente causal de toda a matéria, energia, espaço e tempo, descrevendo a criação dos humanos à sua própria imagem (ver Gênesis 1:27), detentores de uma dimensão espiritual, conscientes de um *self*, capazes de pensar e ter sentimentos. Além disso, o Antigo Testamento diz que o Criador legou aos humanos dois livros – as Escrituras e o Livro da Natureza, este como sua manifestação do nosso lar e nossa morada –, os quais deveriam lidos como se fossem o nosso manual de instruções para ter certeza de sua existência, de seu caráter e de seus propósitos para a humanidade. O Criador escreveu, ainda, em seu Livro, um código moral, para complementar o que já havia colocado no coração e na consciência de cada humano (ver Romanos 2:14-15). As leis morais e éticas desse código moral definiram o bem e o mal em cada alma e cada espírito, transformando nossa mente, nosso coração e nosso caráter, trazendo-nos a uma relação com Ele mesmo (ver Romanos 12:1-2) e agraciando-nos com o livre-arbítrio, sem o qual o amor seria impossível. E, ainda, coloca o desejo de eternidade no coração do homem (ver Eclesiastes 3:11), na declaração de Salomão sobre a beleza.

É assim que toda essa cosmologia tem profundas raízes teológicas e filosóficas. Os cientistas contentam-se com suas observações, mas nós, com a nossa fé, temos a revelação, para que jamais duvidemos daquele que nos criou e de sua existência.

Ao examinarmos e ao tomarmos consciência da vastidão do Universo que rodeia o minúsculo planeta no qual habitamos, a incrível anatomia desse cosmos oferece-nos o maior espetáculo de pequenez que poderíamos experimentar. Nosso ego apequena-se, e o que acontece em nosso cérebro de 1,5 kg nos dá apenas uma ideia do que ocorre nesse Universo que procuramos entender. Não estamos simplesmente nesse Universo: é ele que está em nós, pois somos feitos da poeira de suas estrelas que explodiram; assim, o Universo é nosso endereço cósmico.

Os cientistas ensinaram que a luz viaja na velocidade de 300 mil km/segundo, ou seja, à velocidade da luz, em um segundo seria possível dar a volta na Terra oito vezes ou viajar da Lua até a Terra, e levaria oito minutos do Sol até nós. Volto a dizer que as distâncias intergalácticas são tão incomensuráveis que devem ser medidas em anos-luz, ou seja, à distância de dez trilhões de quilômetros – que mede a distância, mas não o tempo. Orion, a galáxia mais próxima, situa-se a 1.500 anos-luz da Terra. Portanto, quando a avistamos, estamos, na verdade, vendo como ela era há um milhão e meio de anos. A segunda galáxia mais próxima é Andrômeda, situada a 2,5 milhões de anos-luz, que partiu quando os humanoides começaram a andar sobre a Terra. Segundo os astrônomos, não podemos ver nada no Universo além de quatorze bilhões de anos-luz, porque sua luz não teria ainda tido tempo de nos alcançar (desde o Big-Bang). Uma eventual travessia por nossa pequena galáxia, a Via Láctea, à velocidade da luz, levaria cem milhões de anos-luz, ou seja, três mil anos, sem comer, beber, dormir e sem morrer! Os cientistas também ensinaram que a rotação de nosso planeta se faz de oeste para leste, ao contrário do relógio, e que o nosso Sol parece nascer no leste e se pôr no oeste. Essa rotação ocorre a 1.000 km/hora. Nossa velocidade no espaço em torno da órbita solar é de cem mil km/hora, cem vezes mais do que uma bala de arma de fogo! São números estonteantes, principalmente se considerarmos que a velocidade de nosso sistema solar no interior da galáxia se dá a 800 mil km/hora.

Não seria adequado finalizar este capítulo sem lembrar o Salmo 19, em que Davi medita na glória de Deus, na sua lei e na revelação natural: "Os céus proclamam a glória de Deus e o firmamento anuncia as obras de suas mãos. Um dia discursa a outro dia, e uma noite revela conhecimento a outra noite".

O pensamento contemporâneo começou com Immanuel Kant (1724-1804) e chegou até nossos dias como centro do pensamento moderno, segundo o qual a ética não será mais o comportamento virtuoso, mas, sim, o cumprimento da lei moral. Enchia-se ele de admiração quando contemplava o céu estrelado e dizia:

> Duas coisas enchem o ânimo de admiração e veneração sempre novas e crescentes, quanto mais frequentemente e com maior assiduidade delas se ocupa a reflexão: o céu estrelado sobre mim e a lei moral dentro de mim. Esta começa no meu eu invisível, na minha personalidade e me expõe a um mundo que tem verdadeira infinidade, mas que só se revela ao entendimento [...] Mas a razão humana não pode nos oferecer nenhuma garantia de que alguma vez possamos alcançar esse bem supremo (a felicidade); nesse ponto, a única coisa que a razão pode fazer é nos remeter à fé religiosa. [25]

Nesta altura dos fatos, não posso me furtar de concluir este pequeno capítulo com a célebre frase de Einstein, o maior dos cientistas do século passado: "Eu quero conhecer os pensamentos de Deus; o resto é apenas detalhe". Por enquanto, continuaremos com a nossa absurda ignorância sobre o Universo que nos circunda. Inconformados com esse último pensamento, passaremos a uma próxima fase de nossa breve existência, procurando nos situar no bojo e no âmago deste infinito Universo em que estamos mergulhados e viajando a altíssimas velocidades.

O DIVINO CÉREBRO: O UNIVERSO QUE HABITA EM NÓS

CAPÍTULO 23

> *"O Criador nos fez seres pensantes.*
> *Cada ser humano é aquilo que pensa."*
> Raul Marino Jr.

EM PARÁGRAFOS ANTERIORES, FORAM elucidadas asserções sobre a cosmologia, ramo da astronomia que nos permite o conhecimento – ainda que parcial – do Universo infinito que nos rodeia. Não por coincidência, cada um de nós recebeu um patrimônio incrível: um outro Universo contido no interior de nossa caixa craniana – o nosso cérebro! Nosso **divino** cérebro... É ele que torna o humano o único animal na natureza capaz de analisar o sentido das coisas, filosofar, antecipar e planejar o próprio futuro, estabelecer metas, fazer escolhas, ter imaginação, ter sentimentos sublimes – como o amor, a fé, a esperança e a caridade –, sentir empatia e amor ao próximo, evocar o passado, avaliar causa e efeito, fazer literatura, poesia, música, ciências e matemática, além de entender o tempo, a espiritualidade e a eternidade. E mais ainda: o nosso cérebro nos torna o único animal que chora e ri, que é capaz de acender ou apagar um fogo e que sabe que vai morrer, o que nos permite ser cocriadores e capazes de transformar o mundo (para melhor ou para pior).

Este livro nasceu de uma tentativa de elucidar, por meio de alguns trabalhos que realizei durante minha vida, as misteriosas conexões e relações entre o cérebro, a mente e o corpo, incluindo o mistério do espírito, enquanto nos questionamos, constantemente, sobre o que é a **consciência** e como o nosso cérebro funciona na saúde e na doença. No entanto, algumas dessas perguntas só poderão ser respondidas pelos recentes e incríveis progressos que as neurociências vêm nos trazendo nas últimas décadas e que a têm tornado uma **nova ciência** humana, cujo objetivo é tentar decifrar o código de nosso cérebro como "novíssimos" primatas que somos, desde que começamos a originar todos esses progressos, a partir do século passado.

Só foi possível enxergar mais longe nesse campo pelo fato de, agora, o enxergarmos apoiados nos ombros dos "gigantes" que nos precederam e ensinaram, como disse o grande Newton em uma de suas cartas [57]. No último milênio, o *Homo sapiens* tem sido apontado como o único primata capaz de olhar para dentro de sua própria mente e nela ver todo o cosmos refletido em seu interior. É fácil observar que qualquer macaco consegue alcançar uma banana na sua planta de origem, mas apenas esse novo primata que é o ser humano tem conseguido explicar as estrelas e o Universo, ainda que parcialmente.

Nosso lobo frontal tem sido estudado como a sede de nossa "humanitude", de nossa personalidade e do senso de moralidade e de dignidade, pois não está presente nas espécies inferiores. As neurociências e a Neuroética, como vimos em páginas anteriores, esclareceram também o que nos torna diferentes uns dos outros como seres humanos evoluídos. São nossos neurônios que têm modulado nossas civilizações, nossa cultura, nosso aprendizado pela imitação e nossa linguagem, tornando-se o substrato de nosso pensamento. A moderna neuroestética tem explicado como o cérebro humano responde à arte, à beleza, ao belo e ao bom e ao bem. Nosso giro supramarginal esquerdo, junto com o giro cíngulo anterior (que tanto já foi estudado), ajuda-nos a escolher as nossas ações baseadas na hierarquia de valores ditada pelo córtex de nosso lobo frontal.

A neurofilosofia afirma que há apenas uma mente, instrumento de nosso espírito único, a nós outorgado pelo Criador. Nossa consciência seria o suprimento, a essência indefinível que chamamos de Espírito (que é o que somos): onipresente, onipotente e onisciente. Nossa teologia define Deus como espírito, que é a substância e a essência das quais todas as coisas são formadas, tudo o que está na terra, no céu, no ar e na água. Essa substância indestrutível e indivisível – o Espírito – é que denominamos Deus. Ele inclui tudo: a vida do homem, sua mente, sua alma, a lei moral, a substância e a causa. Nosso corpo é vida formada, e a lei de Deus é a vida eterna. Verdade é sinônimo de Deus e a **vida** também o é, já que é n'Ele que ela se origina. Sua **palavra** está guardada e gravada no coração de cada pessoa, e nenhum método de controle da mente será capaz de retirá-la ou atingi-la, porque ela não está na mente. Estará no que as Escrituras chamam de "coração" (palavra repetida 658 vezes na Bíblia), mas que significa nosso espírito, donde ninguém conseguirá retirá-la, pois se tornou carne de nossa carne. Lao-Tsé dizia que, se pudermos defini-lo, não se trata de Deus. Ele não é nosso pensamento; este é apenas uma via de recepção. A carne nada mais é que Deus tornado visível – Ele é a alma, o espírito e a vida de todos os seres.

Nossa alma ou consciência é a base das faculdades que interpretamos como órgãos ou sentidos físicos. Nossos cinco sentidos são realmente cinco facetas diferentes da atividade de nossas consciências, que são a única faculdade real, e é espiritual. Além dessas cinco faculdades, existem, na verdade, mais duas, em contraposição aos cinco sentidos físicos: a faculdade da intuição e a da consciência (ou sentido da alma). A intuição nos permite ver sem os olhos, ouvir sem ouvidos e sentir sem os sentidos. O corpo é tão somente o veículo. Já a consciência independe por completo do físico. A nossa vida está "dentro" da consciência; nós somos a nossa consciência! Mais uma vez, medicina e metafísica misturam-se.

Nenhum ser humano consegue definir vida ou definir espírito. Vida é uma realidade e existe antes de sua definição e antes de qualquer ciência. Assim como o corpo não vive sem a vida biológica, o espírito não vive sem fé, pois a vida espiritual é gerada pela fé, que é um tipo de conhecimento que não depende da racionalidade ou do intelecto. A teologia considera a fé (essa forma de conhecimento) a essência do homem, isto é, do homem metafísico. A definição de fé em Hebreus 11:1 diz: "Ter fé é estar certo de que vamos receber as coisas que esperamos; e ter certeza de que existem as coisas que não vemos". Nenhuma teologia nos deu, até hoje, uma definição mais abrangente. Aqui, estamos novamente com a teologia e a metafísica juntas, que sempre aparecem quando falamos das funções mais sublimes do nosso cérebro.

Agora, poeticamente falando, transcrevo um poema da famosa poetisa do século XIX, Emily Dickinson (1830-1886), escrito antes de os neurônios serem descobertos por Ramón y Cajal:

> O cérebro – é maior do que o céu –
> Porque – ponha-os lado a lado –
> Um ao outro vai conter
> Com facilidade – e você ao lado –
>
> O cérebro é mais fundo que o mar –
> Porque – segure-os – azul sobre azul –
> Um ao outro vai absorver –
> Como as esponjas – e os baldes – fazem –
>
> O cérebro é exatamente do peso de Deus –
> Porque – levante-os – libra por libra
> E eles serão diferentes – se for –
> Como a sílaba é diferente do som –
> (In: Poems*)

Neste livro, procura-se enfatizar que o nosso cérebro, histórica e antropologicamente, transformou-se no principal responsável pela preservação de nossa espécie, obedecendo a princípios universais que, se não fossem seguidos, levariam à extinção da vida humana, estabelecendo um "momento autopoiético", ou seja, o cérebro é parte da corporalidade e das funções autônomas, captando a realidade por meio de mediações neurológicas e de uma categorização perceptual, oriundas de um sistema de reconhecimento por seleção. O cérebro converte-se

---

* Poems, de Emily Dickinson (1830-1886), foi publicada em 1890, em Boston, pela editora Robert Brohters.

no responsável por continuarmos vivendo, definindo os critérios das verdades e dos valores por meio da explicação neurobiológica da autoconsciência e dos significados, assim como da criação das culturas e seus sistemas morais. Em virtude de seu cérebro, o homem tornou-se o único ser que tem noção de futuro e de seu próprio desaparecimento e finitude; ele sabe que vai morrer. O cérebro nos permite ver o corpo e a alma como "seu" capital metafísico, que nos permite existir e continuar existindo. A vida é o critério de toda ética e nos lembra de que o sujeito é também espírito. Assim, a vida humana torna-se a nossa referência suprema e com significado absolutamente universal. Nosso propósito da vida acaba por se tornar o propósito de manter a própria vida; o milagre de nossa existência e o redescobrimento de nossas raízes espirituais.

Essas descobertas supracitadas transformaram a minha biblioteca e a minha escrivaninha em minha catedral. Fizeram-me também descobrir o significado de me tornar um médico cristão, e não ateísta, dedicando-me a um tipo especial de serviço após essa sagrada revelação. O estudo do cérebro e de todas as suas particularidades e seus mistérios sempre foi meu guia dentro da ciência médica. Não seria demais insistir neste texto, quando afirmo e tento mostrar que o cérebro é o nosso órgão mais glorioso (ia quase dizendo divino novamente), já que ele tem uma certa majestade: sua função principal é a de nos manter vivos a cada segundo, regulando cada respiração que inspiramos e exalamos. Controla o tubo digestivo, o coração, os pulmões e toda a química do corpo; dá-nos a sobrevivência, o despertar e o adormecer; regula os estados de consciência. É essa consciência que faz do cérebro um **cérebro**, bem como a sede de nossas experiências metafísicas e espirituais, e o guia de nosso comportamento e nossas emoções. Não é o nosso olho que vê; quem vê é o nosso cérebro.

Quanto ao entendimento do que é a nossa consciência, o maior triunfo da ciência seria conseguir um completo entendimento do que ela própria é. Ela constitui-se na totalidade dos elementos mentais inerentes ao indivíduo, entre os quais o sentido de um eu materializado, gerado pela existência de um cérebro--mente e de um sistema nervoso.

Voltando à metafísica, concluiu-se, até aqui neste livro, que o homem não é apenas seu corpo, não é só matéria. Existem forças ainda desconhecidas responsáveis pelos processos vitais que o animam – as quais, às vezes, a teologia denomina de **alma**. Neurofisiologicamente, a nossa consciência poderia ser definida como a percepção que o nosso organismo tem de seu próprio ser e do seu ambiente que o rodeia. Ela é uma função crítica que nos permite conhecer a tristeza e a alegria, sentir dor e prazer, sentir vergonha ou orgulho, chorar a morte ou o amor que se perdeu e elaborar os desejos. Ela é a chave para uma vida examinada, para melhor e para pior; é a certeza que nos permite conhecer tudo sobre a fome, a sede, o sexo, as lágrimas, o riso e o fluxo das imagens que denominamos **pensamento**, bem como sobre os sentimentos, as palavras, as histórias, as crenças, a música, a poesia, a felicidade, o êxtase. A consciência nos permite, ademais, reconhecer o impulso irresistível para a conservação da vida, desenvolver um interesse por si mesmo e cultivar a arte de viver.

Hameroff e Penrose [22] têm comparado o campo da consciência com o da internet, o qual não se origina no interior do computador ou do *laptop*, sendo apenas recebida por eles, já que, como demonstrado anteriormente, a consciência pode ser experimentada independentemente do funcionamento cerebral, como, por exemplo, nas curiosas experiências de quase-morte (EQMs). Nós, seres humanos, somos uma espécie privilegiada por possuirmos esse tipo especial de consciência, sobre a qual ainda pouco entendemos. É ela que nos permite embarcar na grande aventura de tentar compreender o sentido da vida.

Tendo em vista esse tema, poderíamos afirmar que a consciência é a parte divina do cérebro. Alguns têm denominado de **bioteologia** essas "funções espirituais" do cérebro: a parte de nosso cérebro onde o Divino atua. É difícil continuar ignorando esses conceitos. A espiritualidade, segundo essa nova ciência, representaria um outro modo inerente de conhecimento, de cognição ou, até mesmo, de intuição, diferente da razão e do intelecto, que, durante séculos de filosofias, dominaram nossa razão e hoje se confundem com a fé e a revelação como formas de conhecimento intuitivo, possibilitando-nos ter experiências transcendentais e, inclusive, sagradas. É a nossa mente humana, viciada em matéria, que nos impede de entender as coisas do espírito.

Infelizmente, a espiritualidade ainda não faz parte de nossa ciência e de nossa "conscienciosfera". Tempos virão em que, ao enfrentarmos a clássica pergunta "você acredita em Deus?", responderemos "claro, eu sou um cientista!". Deus nos fez seres pensantes, mas somos conscientes "apesar" do nosso cérebro. Consciência é algo que ainda não podemos compreender com a mente, pois é uma realidade mais alta. Só a fé a pode compreender depois da razão. Nikola Tesla, o descobridor do magnetismo, dizia: "No dia em que a ciência começar a estudar fenômenos não físicos, ela fará mais progressos em uma década do que em todos os passados séculos de sua existência". Nossa consciência é algo subjetivo, e não objetivo; essa é a razão pela qual não foi decifrada até hoje pela ciência. Ela parece não fazer parte do mundo físico, mas, sim, do espiritual – nossa alma. Por isso, ainda não existe uma ciência da consciência, o fenômeno mais transcendental do Universo, que parece querer nos ensinar, contra a nossa vontade, que a vida não termina aqui. Daqui se depreende o fato do por que a espiritualidade ainda não faz parte do currículo da ciência. Nossa ciência ainda não quebrou esses paradigmas. Esses véus misteriosos ainda não foram levantados pelo nosso empirismo científico, que só contam com algumas poucas décadas de evolução.

Hoje, a nossa medicina já nos faz entender que a morte é uma parte normal da vida. Entretanto, essa vida não pode terminar com a morte. Ela nos prepara para um outro nascimento, desta vez no plano espiritual, apesar de já morrermos um pouco a cada segundo que se passa, todos os dias. Um dia, deixaremos de lado essa absurda ignorância que temos sobre as leis do nosso Universo. Não há nada na lagarta – que somos – que a impeça de se tornar uma digna e belíssima borboleta. Os milhares de casos já relatados de EQMs têm demonstrado que há uma semente da Divindade dentro de cada um de nós e que a morte está deixando de ser o fim de nossa consciência. Tornamo-nos uma feliz exceção do nada, e essa divina consciência tornou-se a mais veemente afirmação do tudo. Segundo Pascal, "é o finito sendo aniquilado pelo infinito"**. É a nossa união com o cosmos. Na nossa espécie, há conexões específicas em nosso cérebro que nos fazem ter a sensação de que nossa consciência é espiritualmente eterna, tornando-nos "programados" para crer que nosso ser consciente, nossa alma ou espírito, permanecerá para sempre, como afirmam as Escrituras, com as quais todos cientistas deveriam estar familiarizados [37], perdendo o medo do desconhecido.

Esses conhecimentos revelados têm motivado uma verdadeira revolução cognitiva, tornando o homem mais consciente não apenas de sua própria existência, como também da possibilidade de sua não existência, da percepção e da realização de sua inevitável morte, do ponto de vista físico. Uma nova realidade. Assim, a menos que possamos ver, sentir, degustar, cheirar e tocar alguma coisa, tendemos a duvidar de sua existência. As crenças espirituais representam uma exceção a essa regra, sendo obtidas por informações que vêm de dentro de nós, e não por intermédio de nossos sentidos físicos; a espiritualidade representa um outro modo inerente de percepção, um outro plano de cognição.

Esses conceitos foram criados por alguns indivíduos inspirados, cujas ideias inovadoras têm passado de geração em geração de nossa espécie, espalhando-se pelos continentes: impulsos espirituais e religiosos, que neles geraram estados alterados de consciência, evocadores de sentimentos de reverência, serenidade, santidade e êxtase, além do âmbito das ciências físicas. Afinal, o que é a realidade?

Não custa lembrar de uma das frases lapidares de Einstein, o maior dos cientistas do último século: "Eu quero conhecer os pensamentos de Deus. O resto é apenas detalhe!". Flaubert dizia que a morte talvez tenha mais segredos a nos revelar do que a vida. Esse é o milagre de existir: hoje, descobrimos que o espírito é o que há de Deus em nossa alma. Aquele cuja manifestação entre nós aboliu os mistérios da morte, tornando-a um novo começo. A vida é também morrer, cada dia um pouco. Estejamos cientes disso. A vida não é um acidente. Nosso cérebro e o seu Criador são os que velam por ela.

** A obra de Blaise Pascal (1632-1662) intitulada *Pensamentos* foi publicada em 1670.

FASE BIOÉTICA

CAPÍTULO 24

DEPOIS DE ANALISAR, NO capítulo anterior, as vastidões incomensuráveis e a amplidão do Universo que nos circunda, é oportuno ressaltar que, quando eu estava quase ao término do meu cargo de Professor Titular de Neurocirurgia da Faculdade de Medicina da Universidade de São Paulo (FMUSP) para ser alçado a de Professor Emérito, voltei a me (pre)ocupar com as antigas dúvidas de minha mocidade.

Pergunto-me se, de alguma forma, os fatos expostos sumariamente nos capítulos anteriores melhoraram as minhas antigas concepções filosóficas e metafísicas, no sentido de continuar a ser alguém que continua buscando, ainda que dentro de minha profissão médica e na literatura universal, uma razão para o sentido último da vida e da morte do ser humano e de suas ações para além da argumentação de filosofias imanentistas secularizadas e fechadas à dimensão transcendental da vida humana.

Nesse momento, cheguei ao ponto de compreender que sou alguém que não mais se contenta com a superficialidade das argumentações das mais diferentes concepções filosóficas que tão intensamente estudei em minha passagem pela Faculdade de Filosofia da USP durante a minha vibrante mocidade; argumentações que, infelizmente, não deixaram espaço para um "mais além" da materialidade da vida e das coisas. Essas razões explicam, agora, minhas incursões pela teologia e pela ética cristã, que surgiram logo que senti a necessidade de cultivar uma Medicina mais humana e mais humanizada, uma vez que não me ensinaram isso durante o curso de graduação em Medicina nem durante toda a minha carreira, e logo que percebi, em nosso país, um enorme vácuo na humanização de nossa especialidade e nos cuidados da saúde no universo de nossa Medicina.

Diante da crescente tecnologização dos cuidados médicos, é urgente o resgate de uma visão antropológica holística do ser humano em suas várias dimensões: física, social, psíquica, emocional e espiritual. Diante dessa conhecida crise global, tive uma nova inspiração e uma nova esperança de que virão melhores dias no planeta, em especial em nossa Medicina, no sentido de garantir o futuro de nossas vidas e de nossos pacientes, durante a vida e para além dela. Essa inspiração surgiu de meus primeiros contatos com uma nova especialidade, que não me foi ensinada durante o curso de graduação em Medicina nem depois dele: a **bioética**. Após esse primeiro contato, um pensamento renitente e que não me abandonava passou a martelar a minha consciência: o século XXI ou será ético, ou não será nada.

Em virtude do meu aprendizado na Faculdade de Teologia, tomei contato com os cursos de ética, moral social e de atitudes, bem como pude estudar os *Tratados* de M. Vidal [85,86], o que enriqueceu ainda mais o meu pensamento e respondeu a muitas perguntas que eu fazia como estudante pré-pascaliano.

Esses estudos motivaram-me a me inscrever em um curso de especialização em Bioética, organizado pelo então professor Marco Segre, na FMUSP. Esse novo curso me fez inquirir, desta vez, mais a Bioética do que a Teologia, embora esta última continue sendo a minha grande afeição extramedicina. Após essa especialização, procurei por mais aperfeiçoamento, prestando novo vestibular na Universidade São Camilo, sob a direção do padre Leo Pessini e do professor William Saad Hossne, fundador da Sociedade Brasileira de Bioética e da Comissão Brasileira de Ética Médica, em Brasília. Ali, em abril de 2007, no último ano de meu mandato como Professor Titular de Neurocirurgia da FMUSP, defendi mais uma dissertação de Mestrado, desta vez intitulada *"Avaliação de métodos confirmatórios e complementares no diagnóstico da morte encefálica: aspectos clínicos, éticos e bioéticos"* [38]. A escolha do tema baseou-se em minha grande experiência com as famílias dos doadores oficiais de órgãos para transplantes no Hospital das Clínicas (HC) da FMUSP após a detecção da morte encefálica e também como membro da Comissão de Transplantes do HCFMUSP, cujos problemas éticos me motivou, cada vez mais profundamente, a enaltecer a bioética desses procedimentos que têm salvado milhares de vidas. Felizmente, minhas buscas e meus estudos não foram em vão e certificaram-me, pelo menos em parte, por meio da razão ou da fé, de que Ele teve o cuidado de implantar o nosso sistema neuronal humano no processo de nossa criação.

É importante salientar que a minha diuturna convivência com as doenças do cérebro, as emergências neurocirúrgicas e neurológicas no HCFMUSP – que é o maior pronto-socorro do país –, a familiaridade com a dor e o sofrimento de milhares de pacientes e de suas famílias, a morte cerebral e a minha responsabilidade nos muitos dilemas e decisões diante de doadores e receptores de transplantes de órgãos, desde que assumi a função de Professor Titular da cadeira de Neurocirurgia, cedo me despertaram para os problemas da vida e da morte – esta como nossa constante companheira –, questões que somente a Bioética prometia me responder. Tudo isso me causava grande aflição e angústia, que me forçavam a tentar responder uma constante pergunta desde a precoce escolha de minha especialidade, ainda na juventude: **o que é a Medicina?** Sem resposta durante muitos e muitos anos, apesar de, durante o segundo ano do curso de Medicina, ter iniciado meus prematuros estudos filosóficos na Faculdade de Filosofia da USP – localizada ainda na saudosa rua Maria Antônia –, persistiam ainda novas questões sobre o melhor modo de exercer e cultuar a profissão e a carreira que escolhi em momento de graça, como: O que é a vida e o que é morte? O que é o homem e como ser humano? O que é humanismo? Qual a conduta certa (ou errada) perante o sofrimento humano? É a ciência suficiente para explicá-lo? Afinal, o que é ser médico? Como fazer para pensar medicamente ante a sacralidade da vida? Ela é mesmo sagrada? Se for, como surgiu? O que pensar do ateísmo e do agnosticismo, tão comuns entre colegas de classe? Por que o homem existe? Quais são os propósitos e o sentido da existência? O que é a compaixão, a caridade, o amor e o respeito em face das doenças humanas? O que é dignidade? Como adquirir uma educação mais humana ou humanitária dentro de uma Medicina tão ligada à matéria? Qual o significado da existência? Para que serve o homem? O que é a bondade? A quem recorrer para obter tantas respostas?

Nessa época do início dos meus estudos de filosofia, eu me lembrava constantemente de uma frase de Pascal (meu livro de cabeceira) há muito tempo sublinhada em seu *Pensées* [65] e em suas obras completas e que sempre me acompanhara: "Pelo espaço o Universo me abraça e me engole como um átomo que sou, mas pelo pensamento eu abraço o Universo". Que revelação! Àquele grãozinho humano de poeira cósmica que estudava Medicina e filosofia em uma das melhores faculdades do país, mas que sabia tão pouco e não tinha ainda respostas para nenhuma daquelas perguntas, as respostas começavam a aflorar. Foi uma grande descoberta quando pude descortinar o véu e descobrir que "a Medicina é a mais humana das ciências e a mais científica das humanidades (embora a mais empírica das artes)", segundo E. Pellegrino [66], meu ícone desde então e um dos maiores bioeticistas que o mundo já teve. Foi uma grande descoberta, quase neotestamentária. Assim, como um médico ainda moço, em evolução e crescimento, passei a procurar (para mim mesmo) uma educação mais humana – que, ulteriormente, percebi que faltava durante o curso de graduação em Medicina e a residência médica. Nesse panorama de busca por uma educação mais humana, a Providência "apresentou-me" um notável teólogo e filósofo, saído do clã dos jesuítas, chamado Huberto Rohden, autor de mais de sessenta obras. Segui suas preleções catecúmenas durante um ano sobre o *Sermão da montanha*, o qual me levou a um afastamento dos filósofos que se contradiziam uns aos outros e à abdicação da Faculdade de Filosofia antes mesmo de me formar, para me dedicar, até recentemente, à filosofia cristã e à teologia, sem, porém, deixar de lado a boa Medicina.

Seguiram-se quatro anos de residência em Neurocirurgia no HCFMUSP e mais seis anos entre os Estados Unidos e o Canadá, sempre com muitos livros do gênero à cabeceira. De volta ao Brasil, em 1970, comecei como plantonista do pronto-socorro do HCFMUSP, preceptor dos residentes, ligando-me também à Clínica Psiquiátrica, em cujo prédio fundei um novo serviço batizado de Neurocirurgia Funcional, no qual pretendia estudar todas as funções cerebrais e as decorrências de suas disfunções. Ali, criei também a Neuropsicologia e uma nova Psicocirurgia. Sobrevieram um Doutorado, uma Livre-docência em

Neurologia e, em 1990, um concurso para a titularidade em Neurocirurgia, tornando-me, assim, o primeiro professor da cadeira recém-criada. Não posso me esquecer também dos dois concursos como professor-adjunto de Psiquiatria, títulos que muito acarinho.

Nesse ínterim, logo após o meu casamento, conheci um novo ser humano que muito iria influenciar o meu pensamento. Primeiro, por meio de suas inspiradoras obras; depois, pelos meses de permanência em sua tebaida na Úmbria, na medieval vila de Spello, que não consta nos mapas da Itália, situada nas cercanias de Assis, cidade natal de São Francisco de Assis. Esse personagem fora ex-presidente da Ação Católica, com sede no Vaticano, tendo abandonado o honorável cargo e deixando, em Roma, seus tratados de teologia, passdou a se dedicar aos desvalidos tuaregues, em Tamanrasset, no Saara algeriano, servindo por quinze anos como um dos Irmãozinhos do Evangelho. Seu nome era Carlo Carretto, outro inesquecível catecúmeno que soube, mediante sua santidade e seu exemplo, introduzir milhares de leigos e também muitos clérigos nos mistérios do cristianismo. Quem ler um de seus preciosos volumes, como *Cartas do deserto*, por certo deixará de ser o mesmo como pessoa [10].

Apesar disso tudo, este "antigo estudante" ainda continuou a se fazer as mesmas perguntas de antanho, que ainda soavam em sua consciência. Algumas delas, tentei responder ingressando na Faculdade Pontifícia de Teologia Assunção (Unifai), hoje parte da Pontifícia Universidade Católica (PUC), na transição do século, em seu curso noturno. Lá, cursei as matérias que mais me interessavam entre o primeiro e o quarto ano do diaconato. Dentre elas, a que mais me compungiu foi o curso de Teologia da Revelação, ministrado pelo brilhante teólogo suíço Renold Blank, também autor de muitas obras. Ali, meu pensamento foi deveras enriquecido e muitas perguntas do estudante pascaliano foram respondidas. Os cursos de ética, moral social e de atitudes que fiz me levaram a me interessar profundamente pela nascente ciência da Bioética e da Neuroética – especialidade esta ainda mais nova e vibrante, ligada às funções éticas e morais do cérebro humano, onde o Criador implantou áreas especiais que condicionam o comportamento, a conduta, as escolhas, as atitudes e as decisões morais, e que explicou muitos processos cerebrais dos humanos, como será visto mais adiante. Assim, o nosso cérebro elevou-se ao patamar de sede de nossas funções éticas, morais e espirituais, e não mais o coração, como queriam os antigos filósofos e as Escrituras.

A proposta do presente capítulo é demonstrar que a Bioética é, hoje, a mais bela expressão de uma construção comum do saber humano perante o desafio da vida e da Medicina. Ela tem a vida e a saúde do homem como objeto de estudo por meio da Ética – ramo da Filosofia –, tornando-se, hodiernamente, a mais vibrante área da filosofia e da ética aplicadas, com dimensões extrainstitucionais, já que, por ser uma ciência multi e transdisciplinar, relaciona-se com uma série de outras disciplinas, como Filosofia, Ética, Moral, Psicologia, Antropologia, Sociologia,

Teologia, Teologia Moral, Ecologia e Humanismo, e também com o cuidado e as virtudes, cujas implicações serão abordadas nos próximos parágrafos.

Essas considerações e definições serão necessárias porque o objetivo central deste livro, em especial deste capítulo, é o de interpretar – com base nessas disciplinas – o que deveria ser uma **bioética global**, ecumênica e de aplicação universal, a qual abarcaria seu cotejamento com todos esses conhecimentos se fosse fundamentada na **lei moral natural**, eterna e divina, escrita, implantada e revelada pelo seu Criador no âmago do coração do homem (leia-se cérebro) como fonte natural de toda moral, de toda justiça dos valores supremos e, sobretudo, do sagrado; certamente, todos esses requisitos necessários para uma **nova Ética Médica**, uma **nova bioética** e uma **Medicina mais humana** do que a atual. Espero que o conteúdo deste livro de cunho humanístico possa servir como reflexão e modesta contribuição para uma verdadeira Medicina da pessoa humana, a qual, nos dias de hoje, cada vez mais se distancia dos valores e da "humanitude" que a criou e da espiritualidade que, ao longo dos tempos, a tornou sagrada, tendo os médicos como seus consagrados "sacerdotes". Sei que estamos aqui acendendo apenas uma simples centelha de uma utopia dentro de nossa hoje ultrajada Medicina. No entanto, temos visto, na história da humanidade, que algumas utopias podem, algum dia, se tornar uma realidade e uma luz inextinguível a iluminar nossos passos e nossos caminhos. Essa é a finalidade dos próximos parágrafos.

Após cinco provas e cinco severos examinadores, defendi, em 2008, a minha tese de no Departamento de Medicina Legal da USP, para a obtenção do título de Livre-docência em Bioética e Ética Médica. A tese, intitulada "Por uma bioética universal em harmonia com a lei moral natural e fundamento de uma Medicina mais humana", foi transformada, um ano depois, em um livro, cujo título " *Em busca de uma bioética global: princípios para uma moral mundial e universal e uma Medicina mais humana* [40].

O conteúdo do livro abrange toda a história da ética e da bioética, desde suas origens com Sócrates e toda a filosofia grega até os tempos atuais, analisando, *per si*, todas as correntes éticas e filosóficas que culminaram na Bioética atual, fundada, em 1971, por Van Rensselaer Potter [74], autor este que reivindica sua paternidade, pedindo a criação de uma nova ciência – a ciência da sobrevivência – baseada

Livro *Em busca de uma bioética global*, de Raul Marino Jr.

na aliança do saber biológico (*bios*) com os valores humanos (ética). Seria exaustivo analisar cada uma dessas correntes, desde as mais antigas às mais modernas. Após mais de dois milênios e meio de análise filosófica do pensamento ético e moral, podemos mostrar que, no decorrer do tempo, houve o aparecimento de incontáveis sistemas de pensamento, cheios de contradições e combatendo-se entre si, principalmente em razão da separação entre nossa principais culturas: a cultura clássica (ou humanidades) e a cultura científica – ambas nascidas de uma dupla revolução do grande progresso das ciências.

Surgiu, assim, a necessidade de aliar o saber biológico (*bios*) com os valores humanos (ética), dando origem à moderna Bioética, na década de 1970, no intuito de estabelecer uma ponte ou aliança entre elas (uma Bioética transdisciplinar), cujas correntes lançaram as bases de uma prática moral de toda ciência e da Medicina, a qual constitui, hoje, uma disciplina mais ampla que a antiga Ética Médica. Antes da Bioética, filósofos e cientistas tentavam avaliar o Universo astronômico que nos rodeia, cada um à sua maneira e de modos diferentes, esquecendo-se das leis imutáveis de sua criação: as leis eternas, da física e da astronomia, como já discorremos no capítulo anterior. Assim, apesar da novidade do termo, a Bioética moderna não é senão uma nova etapa de reflexão mais que milenar, uma amálgama do antigo e do novo. Apesar de seu caráter secular, a Bioética, nascida nos Estados Unidos, proveio do pensamento cristão (que dividiu a História em dois períodos – antes e depois), como renovação desse mesmo pensamento, que, mais tarde, repercutiu na Europa e, depois, no restante do mundo. O vazio do discurso filosófico dos períodos precedentes cedeu lugar à profundidade das questões sobre o sentido da vida e da morte, e a organização dos sistemas de saúde colocaram as preocupações de ordem teológica novamente na ordem do dia. Passou-se a falar da abordagem **global** do doente como pessoa humana, assim como da necessidade espiritual dos pacientes (derivando-se daí os cuidados paliativos, a ética do cuidado, a ética da virtude e da responsabilidade) e da necessidade de uma abordagem diversificada nos pacientes de culturas e religiões diversas, como islamismo, budismo, judaísmo, cristianismo, xintoísmo e demais religiões autóctones.

SURGE O PRINCIPIALISMO

Segundo essa nova doutrina, que se tornou clássica, a Bioética passou a se centrar em alguns princípios que não se baseiam em nenhuma teoria filosófica clássica, mas cuja aplicação levaria a uma solução dos dilemas éticos na área da saúde, teoria proposta por Beauchamp e Childress [7], que se baseia em quatro princípios *prima facie*:

1. Respeito à **autonomia**: atribui valor à escolha livre e intencional de agentes cognitiva e moralmente competentes.
2. **Não maleficência** (*primum non nocere*): requer uma relação hipocrática médico-paciente, evitando-se danos injustificados.

3. **Beneficência** (*bonum facere*): valoriza os atos que proporcionam algum bem a terceiros.
4. **Justiça**: requer que se proporcionem equitativamente benefícios, riscos e custos entre os envolvidos.

O principialismo tem sido uma espécie de porto seguro para os médicos e profissionais de saúde durante as grandes mudanças nos cuidados médicos-assistenciais ocorridas nas últimas cinco décadas, o que levou a um fortalecimento desse principialismo, transformando a Bioética no que ela é hoje. Dizer que o principialismo de Georgetown é *prima facie* significa que os princípios precisam ser seguidos sempre que não entrem em conflito, de modo que a decisão última nos casos concretos deve ficar a cargo dos diretamente afetados, dando prioridade ao "mal menor", pois curar é também uma forma de cuidar. É "uma 'arte moral', necessária a qualquer cuidador da saúde; é um modo de estar no mundo, que deverá originar um 'código de ética universal'", como postulado em meu livro *Em busca de uma bioética global*, tornando a caridade o princípio ordenador da ética cristã e de todas as outras virtudes, já que a ética cristã é inspirada no amor: uma ética agapeística.

DEFINIÇÕES

Adotaremos a definição de Bioética de acordo com Francis S. Collins, diretor do Projeto Genoma, que, em seu livro *A linguagem de Deus*, diz: "Bioética é a pratica da moral na ciência da Medicina" [13]. Não encontrei outra melhor, a não ser a de Darryl Macer, bioeticista neozelandês, que, em seu livro *Bioethics is love of life*, afirma que "Bioética é o amor da vida", já que o amor é a base comum da ética e da moral [31], o objetivo básico e universal da ética. Se focalizarmos apenas em obrigações, teremos apenas leis, deveres e códigos artificiais, mas não ética. O amor é um mediador entre os mundos divino e humano, e seu objeto é a felicidade (a *eudaimonia* de Aristóteles); precisamos ter capacidade de amar para sermos completamente humanos. É um princípio básico da Bioética. Para funcionar como uma pessoa humana, um cérebro é necessário – faço, aqui, uma alusão à Neuroética, que logo será abordada. O amor é infeccioso, contagiante, mas a apatia também o é; ouso afirmar que uma pessoa que fracassa em amar é moralmente deficiente, pois o amor pode ser um guia de decisões, tornando o mundo um lugar melhor. Segundo Joseph Fletcher, famoso bioeticista estadunidense, há somente uma norma universal, uma só lei inquebrantável, um absolutismo:

> Há uma só lei para tudo, uma só arma moral – a lei do amor –, norma absoluta que pode ser aplicada a qualquer situação ou dilema ético. Não há outras leis universais senão o amor. Toda outra lei pode ser quebrada por ele. A justiça é o amor usando sua cabeça. Alguma coisa só é boa porque é da vontade de Deus, que a determina: é o amor ágape. [18]

O AMOR

A esta altura do livro, decidi abrir um parênteses no estudo da ética, a fim de discorrer um pouco mais sobre o sublime sentimento chamado amor. Em 2011, publiquei um pequeno livro que me deu muitas alegrias, no qual discorro sobre esse assunto em toda sua extensão, intitulado *Ensaio sobre o amor: do Eros carnal ao sublime Ágape* (Ed. Nacional) e prefaciado pelo príncipe dos poetas brasileiros, decano da Academia Paulista de Letras, o poeta Paulo Bomfim [41].

Nesse mencionado ensaio, procurei mostrar (já que o presente volume é sobre neurociências) que o amor – o mais nobre dos sentimentos e a mais sublime das emoções – também é um fenômeno cerebral, além de constituir o mais universal de todos os nossos sentimentos e aquele que nos torna verdadeiramente humanos e espirituais. A Medicina atual e os novos achados têm nos dirigido a âmbitos mais modernos, como a ética e a moral médicas, a bioética, a neuroética, a neuroteologia e a espiritualidade, áreas tão necessárias para a prática de uma Medicina humanística. No entanto, essa Medicina humanística – infelizmente utópica, hoje – não pode ser dignamente praticada sem as virtudes do médico, ou seja, sem o cuidado, sem a ternura, sem a caridade e, principalmente, sem o amor pela profissão e pelos que sofrem. O amor é uma disposição do caráter que leva a pessoa a considerar seus semelhantes com estima, respeito, justiça e compaixão. Segundo o Evangelho de Mateus (Mt 22:34-40), o amor é o resumo da lei de Deus, o mandamento mais importante. O amor é a finalidade dos Mandamentos (1Tm 1:5), a essência do cristianismo, o símbolo da eternidade, a linguagem e a gramática de Deus em todas as suas modalidades. Ou seja, o amor é tudo que existe; amar é admirar com o coração, e admirar é amar com o cérebro.

No livro *Ensaio sobre o amor*, tento analisar a biologia do amor, a filosofia do amor, as várias formas de amar, as leis do amor, a ciência do amor, o amor e a religião, amor e sexo, o amor após a morte e outros tantos assuntos a ele relacionados. Embora riquíssima, nossa língua portuguesa tem apenas uma única palavra para exprimir o amor. Já os gregos tinham cerca de dez palavras para expressar esse importante sentimento:

1. *Porneia* – amor-apetite, devorador e animal.
2. *Pothos* – possessivo (meu tudo).
3. *Pathé* e *mania* – amor-paixão; amar loucamente, impossível viver sem ele.
4. *Eros* – amor erótico; sinto desejo e prazer, amo sua beleza.
5. *Philia* – amor-amizade ou parental.
6. *Storge* – amor-ternura; faz-me feliz.
7. *Harmonia* – bondade; amor-harmonia; estamos felizes juntos.
8. *Ennoia* – amor dedicado; compaixão, cuidarei de você.
9. *Charis* – amor-celebração; gratidão, caridade, amor sem condições.
10. *Ágape* – amor puro, espiritual; gratuito.

Assim, a vida e o amor são o centro de nossa existência. O amor é mágico. Se visto com amor, o mundo se transforma e se transfigura e se torna divino, sagrado.

Segundo João (I Jo 4:8), "Deus é amor", e esse é o ponto de partida de todas as religiões. É o maior dos milagres, a escada que liga a terra ao Céu. É a lei básica do cosmos.

Hoje, a ciência nos mostra que o homem é um Universo em miniatura, assim como nosso cérebro. O homem é a forma mais elevada e sublime de conhecer o mundo, nossos semelhantes e o Criador. O Ágape do Criador é a "causa eficiente" e a razão primeira da existência do Universo infinito – e não o Big-Bang. O Big-Bang é mais uma teoria gerada pelo cérebro de alguns cientistas que não acreditam no milagre da criação amorosa do Universo, que é regido pelas leis do amor ágape, e não apenas pelas leis da física e da química, cheias de opiniões e vazias de conhecimento. Assim, amor e Deus são si-

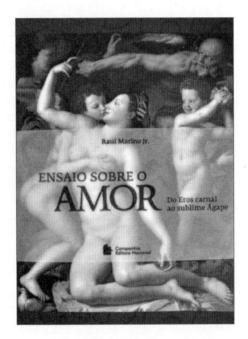

Livro *Ensaio sobre o amor*, com prefácio do poeta Paulo Bomfim

nônimos! Toda atividade do Criador é ditada pelo amor, o maior Mandamento e a lei suprema do Universo, já que tanto as pessoas quanto o Universo nasceram de um ato de amor. Apesar de todas as formas já mencionadas, existe um só amor, assim como um só Universo. Aqui estamos para nos transformar naquilo que amamos, afetivamente e espiritualmente, pois o amor que em nós habita torna tudo sagrado, fazendo-nos pisar em terra santa, como no episódio de Moisés ao receber os dez Mandamentos. O amor colocado em nossos atos os purifica. As coisas só são impuras quando as fazemos sem amor, por isso, temos de reaprender a amar a cada dia. Já dizia São João da Cruz, em sua mais célebre frase: "Onde não há amor, plante amor e colherá amor". Assim, o amor nos impõe as suas preciosas leis, transformando-o em atividade sagrada.

Não me culpe, agora, de tentar responder à eterna pergunta que sempre me fiz: o que é o amor? A única resposta plausível seria: ele é o "não faça aos outros o que não quer que lhe façam". A verdadeira definição e o critério do amor ágape é nunca pensar no outro como apenas o outro, pois ele é possuidor da mesma vida que nos anima, do mesmo sopro divino. É formidável reconhecer como isso é válido nas relações médico-paciente! Somente o amor nos permitirá recuperar o senso do sagrado, do eterno e do humano.

A nossa verdadeira ética surgirá quando descobrirmos que ética é amor ao outro – a alteridade – e que nossa missão ética é dizer sim ao amor e à vida. Ninguém mais precisaria nos dizer o que devemos fazer (ao diabo com os códigos!), pois a ética se transformaria em uma verdadeira arte, a arte de viver. O amor ágape é a verdadeira essência da ética, sobretudo da ética cristã (que dividiu a História em antes e depois). Essa nova ética, ou seja, a arte de viver, é hoje alimentada pela ciência, pela filosofia e pela tecnologia, ganhando, a partir da década de 1970, um novo capítulo sobre o qual ora discorri: a **bioética**, que é a ética da vida, que se transformou no "amor da vida", em torno do qual deveria girar toda a moderna Medicina. Entende-se por moderna Medicina as decisões e os dilemas éticos que envolvem a vida e a morte, desde o nascimento até a morte, passando por todas as fases da existência: as doenças, os transplantes, a reprodução humana, o aborto, a eutanásia, os crimes contra a saúde humana, a mercantilização da saúde, a morte cerebral, a ecologia do planeta e tantos outros problemas da vida atual, *mui* diferentes dos que ocorriam décadas atrás, quando havia pouca ciência e pouca Medicina.

Neste ponto do livro, não seria exagero afirmar que as leis do amor são as mesmas que regem o Universo, as estrelas e as galáxias, pois o amor é a lei básica do cosmos. Essa é a nova cosmologia, o milagre de nossa existência. Quando entendermos essas leis e as pusermos em prática, nossa visão do Universo será a de uma linda parábola de amor: passaremos a viver em um mundo novo, vivenciando a verdadeira arte da Ética de Gaia, a mãe-terra, em uma comunhão íntima com o planeta, ouvindo a voz viva de Gaia, o hino da terra como ser vivo, e compreendendo o fenômeno da vida no nosso planeta. Essa ética será para todos nós um presente e uma revelação de amor, demonstrando-nos que, dentre as numerosas maravilhas da natureza, a maior de todas é o próprio homem – o fenômeno humano –, um verso desse poema que denominamos **vida**! É essa mesma vida que se torna conteúdo de toda ética, que só se realiza vivendo, pois a vida humana é o referencial supremo, o valor supremo e absolutamente universal de toda Ética e também da Bioética, que é a ética da vida e do amor. Assim, o amor, nessa nova cosmologia, torna-se o eixo da revolução moral cristã, com sinais e sintomas patognomônicos de que estamos, agora, em uma era de sabedoria e ternura.

Somente há poucos anos começamos a entender certas funções menos conhecidas do nosso cérebro, sobretudo as que transcendem os limites normais da experiência: as funções metafísicas. Hoje, sabemos, como exposto em capítulo anterior, que as funções metafísicas do cérebro nos ligam à deidade, à fé, à verdade, à consciência, à alma, ao espírito e, por consequência, a essa emoção indefinível que é o amor. São todas funções mediadas por nosso cérebro, que é o assunto fundamental deste livro (funções essas que, em outro livro meu, chamei de neuroteologia, em vez de Cardioteologia, como preconizavam os antigos teólogos). Assim, o sopro original da vida, segundo as Escrituras, teria se tornado o espírito do homem, que, ao entrar em contato com o corpo criado do pó da terra, teria gerado a alma humana, sendo esta o resultado da união do corpo com o espírito. A alma produz as ideias, e é por meio das ideias e dos sentimentos – como o amor – que a Divindade se comunica conosco, com o objetivo de que o homem descubra o sagrado em si mesmo, utilizando o único instrumento a nós outorgado para isso: o cérebro – um presente dos céus à humanidade ignara, uma ajuda física para que possamos acreditar na existência de um Demiurgo, no sagrado, nos valores supremos, no amor e na eternidade. É o nosso cérebro que usamos para pensar neuroteologicamente, e não o coração, como pregava Aristóteles.

***

Aqui, faço apenas um ensaio, uma vez que um tratado sobre o amor jamais teria fim. Por isso, vamos voltar ao núcleo central deste capítulo, que é a minha fase bioética, em função de meus novos estudos dessa especialidade à qual tenho dedicado muitos anos de minha carreira médica, tentando me melhorar como esculápio.

***

Em um de meus últimos livros – *Em busca de uma bioética global* [40] –, produto de uma recente tese de Livre-docência obtida na USP, fiz uma extensa análise de toda a ética e da moral desde os primórdios dos filósofos gregos, iniciando com Sócrates, o pai da ética, passando por Aristóteles, seu segundo pai, e depois pelos filósofos do cristianismo, como Agostinho, São Tomás de Aquino e todos os medievais, pais da moral cristã, até os tempos modernos, culminando com o surgimento da **Bioética**, na década de 1970, e depois da **Neuroética**, mais recentemente; esta última envolvendo os mecanismos cerebrais de uma nova Neurofilosofia [45]. Os fatos apresentados no livro mencionado alteraram sobremaneira o pensamento da Medicina moderna, embora nem sempre conhecidos e divulgados. É o que pretendo fazer no item a seguir.

ÂMBITO DA BIOÉTICA

Creio ter oferecido, ainda que de modo resumido, nos parágrafos anteriores, uma pálida ideia dos princípios gerais da bioética e da importância desses estudos em minha vida médica e acadêmica, tendo me dedicado, nesses últimos anos, a estudar o assunto.

Acho apropriado, agora, listar alguns dos principais temas dessa – hoje já tão extensa – especialidade que, a meu ver, deveriam ser temas obrigatórios, em nosso país, dos conhecimentos médicos desde os primeiros anos da graduação em Medicina:

1. Códigos de conduta ética.
2. Princípios de ética e moral.
3. Relação médico-paciente (obrigações e virtudes).
4. Papel do consentimento informado.
5. Relação entre médicos/confidencialidade.

6. Ética clínica:
- Dilemas genéticos e reprodução.
- Terapia genética.
- Clonagem.
- Estudo do genoma humano.
- Pesquisa de paternidade, fertilização, "barriga de aluguel".
- Biobancos.
7. Início da vida: embriões e fetos, fertilização, moralidade do aborto, pesquisa com embriões, direitos dos fetos e nascituros.
8. Transplantes de órgãos e tecidos, doações de órgãos.
9. Anencéfalos.
10. Transplantes fetais neurais.
11. Xenotransplantes.
12. Aids.
13. Questões éticas em psiquiatria: álcool, drogas, tratamento compulsório, suicídio, psicocirurgia.
14. Eugenia: invalidez, aborto seletivo, eutanásia, escolha sexual.
15. Envelhecimento: demências, morte, Alzheimer, determinação e definição de morte, **morte cerebral**, cuidados, casas de repouso.
16. Fim da vida: eutanásia, ortotanásia, distanásia, mistanásia, futilidade médica, suicídio assistido, suicídio.
17. Medicina e sociedade:
- Ética em pesquisa humana e animal.
- Novas tecnologias.
- Justiça em saúde.
- Leis e ética, criminalística, disputas civis, processos.
- Juramento hipocrático, convenção de Genebra, Declaração de Helsinki.
- Sideroética, internética, nanoética.
18. A ética da Bioética – definição de valores e obrigações.
19. Neuroética.
20. Ética global – uma moral planetária, contra o humanicídio.
21. Proteger a natureza (Gaia): inclui a biosfera e a ecosfera; gerenciar a ecologia do planeta, responsabilizando-nos pelas futuras gerações, assegurando a sobrevivência da humanidade e do globo terrestre, pois a natureza não é uma lata de lixo e a sobrevivência é uma obrigação moral; a **vida** é o equilíbrio providencial entre a energia solar, oceanos, atmosfera e biosfera. A **Terra** exige os mesmos cuidados de um paciente, e o supremo mandamento é o instinto vital, segundo a Declaração de Haia: "O direito à vida está na base de todos os outros".

Essa listagem dá uma ideia da extensão dessa nova especialidade médica – a bioética – e de sua importância nos mecanismos de nossa vida atual e futura. Passaremos, agora, a estudar a parte "cerebral" dessa disciplina.

A NEUROÉTICA

A neuroética é uma disciplina ainda mais jovem que a Bioética, surgida dos mais recentes estudos sobre os mecanismos cerebrais, a neurofisiologia e a neuroimagem (esta última, após a ressonância magnética). Ela desvenda nosso cérebro como sede de nossa humanidade e de nossa pessoalidade: é, hoje, a ética das ciências do cérebro. É um esforço para estudar a filosofia da vida em bases cerebrais, respaldando-se nas modernas neurotecnologias: neuroimagens, *scanners*, mapeamento cerebral, efeitos de drogas e implantação de *chips* que podem alterar o comportamento humano. É, portanto, o estudo da ética das neurociências: o estudo das questões éticas, legais e sociais que surgem quando os achados científicos sobre o cérebro são levados à prática médica, às interpretações da lei, bem como à saúde e às orientações da sociedade. É também o exame do que é certo ou errado, bom ou mau sobre o tratamento, o aperfeiçoamento e a invasão bem-vinda ou preocupante na manipulação do cérebro humano.

Essa novíssima especialidade chamada neuroética estuda:

1. As bases biológicas da responsabilidade e do livre-arbítrio.
2. Mecanismos moleculares da memória e medicamentos que a influenciam.
3. Prever a possibilidade de desenvolver uma doença degenerativa tipo Alzheimer, Huntington, etc., por meio de testes genéticos.
4. Predisposição a psicopatias.
5. Predisposição à violência.
6. Interface entre cérebro e máquina.
7. Psicocirurgia.
8. Estudos das bases neurais do pensamento ético e dos dilemas éticos.
9. Papel do neurologista nas decisões sobre a terminalidade da vida.
10. Bases biológicas da espiritualidade (neuroteologia).
11. Drogas que alcançam alvos e estruturas cerebrais.
12. As doenças mentais e a mente dos indivíduos normais.
13. Decifrar ou definir se o cérebro é causa ou consequência das propriedades da mente humana (genética e ambiente).
14. Decifrar o mistério que nos torna humanos (impedir que sejamos desumanizados).
15. A experiência moral do dever (Neurociência da Ética).
16. Implantação de células-tronco ou tecido nervoso no cérebro.
17. Neurofilosofia – estudo das neurociências e da filosofia da mente, para uma teoria unificada sobre a mente e o cérebro.

Segundo todos esses temas, os neuroeticistas terão doravante uma responsabilidade especial no debate bioético: devem ajudar o público geral não somente a evitar concepções erradas sobre o que a Neurociência pode fazer, como também a entender o que ela não pode fazer. Além disso, também é necessário colocar o contexto dos avanços neurocientíficos e as neurotecnologias no lugar correto e afastar medos desnecessários sobre isso por meio do uso da neuroimagem, da neurotecnologia e da farmacologia psiquiátrica, sem cometer erros, pois, em algum ponto de nossas vidas, todos seremos vulneráveis.

Como vemos, a neuroética visa a estabelecer que nosso cérebro (motivo deste livro) é o órgão crucial para definir a personalidade e o caráter humanos e para comandar as múltiplas funções essenciais à vida em sociedade, possibilitando-nos uma reflexão filosófica, ética e moral sobre a vida, envolvendo aspectos intelectuais, psicológicos, sociais e religiosos. A neuroética considera que toda nossa conduta, nossa cultura e nossa vida social, assim como tudo que fazemos, pensamos e sentimos, depende de nosso cérebro, pois ele é o que nos dá o senso de moral, deveres, direitos, justiça e moralidade, que são modulados por áreas cerebrais especializadas. É nele que se manifesta a nossa natureza humana.

BASES NEUROBIOLÓGICAS DA NEUROÉTICA

As estruturas cerebrais ligadas ao **sistema límbico** modulam diversos comportamentos, como o ético, o moral, o social e o antissocial, o político e o metafísico, e também a responsabilidade moral.

1. O córtex orbitofrontal faz a mediação das emoções de culpa e as escolhas críticas da adequação de nossas ações: planejamento, tomada de decisões, emoções, atenção, memória, espaço-tempo, execução e emoções morais.
2. A amígdala temporal controla a nossa capacidade de respostas normais aos estímulos do medo relacionados à sobrevivência e às emoções.
3. O giro do cíngulo anterior (área 24) controla a nossa capacidade de empatia e o reconhecimento entre atitudes certas e erradas, o comportamento ético-moral e o raciocínio moral abstrato.
4. O hipocampo (lobo temporal) é essencial para o aprendizado e a lembrança de eventos específicos, junto com o córtex hipocampal e as áreas entorrinal e perirrinal, permitindo que eventos passados afetem decisões do presente.

Essas e outras estruturas, quando lesadas por traumas, tumores, acidente vascular cerebral (AVC), lesões vasculares, dentre outros, podem se tornar o substrato de **psicopatias**, com distúrbios na tomada de decisões éticas e no raciocínio prático e moral, acarretando incapacidade de internalização de normas morais e de reação a estímulos éticos ou morais, falta de requisitos essenciais para a vivência de uma vida moral (nos psicopatas) e tendência a agir sem refletir ou medir consequências (hiperatividade do sistema mesolímbico de gratificação, que é o produtor da dopamina).

Conclui-se que, segundo as neurociências, todos os cérebros são iguais neuroanatômica e neurofisiologicamente. Como consequência, a Neuroética, como Neurociência da Ética, evidencia de que uma ética universal é possível e imperativa. Resta-nos procurá-la e buscar entendê-la. Há séculos, nossa espécie procura acreditar na utopia de alguma **ordem** natural que nos torna mais humanos [40].

Acredito ter externado que o amor (ágape) é universal na sociedade humana; o elemento faltante em uma teoria integrada de bioética, tornando-nos seres morais completos. Verifiquei a existência de várias correntes de Bioética e grande diversidade moral. Segundo o já exposto, em face de um dilema ético, a única pergunta a fazer seria: "Qual dessas bioéticas está mais a serviço do amor?". Pois, segundo Fletcher [18], se uma situação ou sistema for amoroso, ele será justo. Após o Onze de Setembro de 2001, cada um de nós deve ou não, mais do que nunca, levar seriamente em conta a diversidade moral existente no mundo? E, parafraseando Viktor Frankl, concluo: "Desde Auschwitz, nós sabemos do que o ser humano é capaz. E, desde Hiroshima, nós sabemos o que está em jogo!" [19].

Somos levados a arrematar que a verdadeira moral nada mais é do que a ordem querida por Deus no universo humano, a introdução do amor na Ética Médica como apologia da santidade da vida, cujo modelo é Cristo, e não mais Hipócrates ou correntes pagãs. Essa é a chave para uma Medicina mais humana, que nasce da humanitude do médico e de um novo modo de fazer Medicina, junto a um estilo sublime de fazer uma nova Bioética.

O INSTITUTO BRASILEIRO DE ÉTICA E BIOÉTICA (IBRAEB)

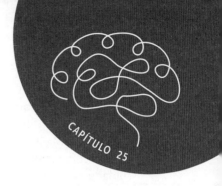

CAPÍTULO 25

APÓS TER SIDO APROVADO no concurso de Livre-docência em Bioética e Ética Médica no Departamento de Medicina Legal da Universidade de São Paulo (USP), em 2008, eu não cessei por ali meus esforços e meu empenho no campo da bioética. Parecia-me insólito que muitas das melhores faculdades de Direito do Brasil haviam abolido as matérias de bioética de seus currículos. Imaginem a situação de um futuro juiz ao julgar um caso de aborto, um transplante, um caso de barriga de aluguel ou um problema qualquer que envolvesse um dilema ético. Com que formação moral poderia fazê-lo se a Medicina Legal e a Bioética foram extirpadas de seu preparo jurídico? Dá-me arrepios pensar em uma situação dessas! Seria o mesmo que pedir para um mecânico de automóveis operar um transplante cardíaco. Inesperadamente, hoje, esses são fatos corriqueiros.

Após o falecimento de meu querido amigo e professor de Ética Médica, professor Linneu Schützer, também meu padrinho de casamento e um dos melhores advogados que já conheci, sua esposa nos legou sua imensa biblioteca, com cerca de dez mil volumes. Assim, consegui formar uma das maiores coleções sobre o assunto, com todas as publicações que pude amealhar; e, então, resolvi atacar de frente tão difícil problema. A primeira atitude foi procurar uma faculdade que pudesse albergar a biblioteca e dar um curso muito sério sobre o assunto. E achei. Foi-me emprestado um antigo colégio desativado, que decidi recuperar; foi pintado e recebeu novas cortinas, carteiras e um mobiliário proveniente de um outro consultório meu.

Fui à luta. Contratei funcionários e secretária, recebi doações de computadores de uma famosa firma da capital e coloquei placas nas salas com os nomes dos doadores e o de Linneu Schützer na biblioteca, ainda toda empilhada. Formei um conselho consultivo com as melhores personalidades disponíveis: professores da USP, informatas, meus filhos ligados a instituições financeiras, grande jurista e bioeticista José Renato Nalini (que me deu a honra de prefaciar este volume), minha esposa e muitos outros. Depois da reforma, fiz, inclusive, uma inauguração, patrocinada por meu grande amigo Carlos Iglesias, um dos donos do Rubaiyat, que também ganhou uma das placas. E assim foi fundado o IBRAEB.

O início dos trabalhos englobou a organização de um programa perfeito para o curso, um Mestrado e, até mesmo, um futuro Doutorado em Bioética. Faltava apenas começarem as aulas. Então, surgiu o primeiro problema: os donos da faculdade privada que dava abrigo ao IBRAEB resolveram que cursos de Mestrado e Doutorado sairiam muito dispendiosos junto ao MEC e cancelaram os contratos. Depois de tudo pronto e reformado, chamaram de volta suas secretárias, resgataram arquivos, carteiras e toda a minha mobília, solicitando a retirada da copiosa biblioteca.

Senti-me como se a antiga biblioteca de Alexandria tivesse pegado fogo novamente nas mãos dos vândalos. Que perda! Por fim, ela foi enviada provisoriamente para o meu sítio em Juquitiba, SP. Era mais um dos meus sonhos desbaratados (tal qual o Instituto do Cérebro, com projeto de Ruy Ohtake).

Desde 2016 estou em recuperação psicológica depois de tanto trabalho e reformas. Recuso-me a crer que este país ainda não esteja preparado para estudar ética e bioética em suas escolas e universidades, sobretudo depois que um político resolveu extinguir, há anos, a comissão de ética do Senado. A ética é, realmente, algo que incomoda, principalmente aos que atentam burlar a moral e os bons costumes, seja na política seja na vida quotidiana. As tentativas de criar um centro de referência nessa matéria, com o objetivo de instruir e divulgar todos os princípios ventilados em parágrafos anteriores, foram abafadas, para gáudio dos que são alérgicos aos seus princípios e à moralidade em geral. Que tristeza! Principalmente quando ficamos sabendo que centenas de centros especializados são fundados e divulgados em tantos outros países. Em função desses fatos lastimosos, decidi criar uma organização não governamental (ONG), com os mesmos princípios e estatutos do IBRAEB (o nome permanece, aguardando melhores dias para sua divulgação).

UMA NEUROFILOSOFIA

CAPÍTULO 26

ESTE É O PONTO nodal destes escritos. Poderia chamá-lo de **Neurofilosofia**? Pelo que vim pregando até o momento, creio que sim; trata-se de uma preparação para responder às perguntas que se impõem. Como o cérebro criou o homem? O que é a consciência? O que é a mente? O que é o pensamento? O que é o *self*? O que é o eu? Existe algo além da matéria? Alma, espírito?

O meu intuito é responder ou esclarecer algumas dessas questões até o fim do presente volume. Para isso, será necessária muita metafísica. A modesta Neurocirurgia será apenas uma pequena janelinha que nos permitirá espiar do outro lado da verdade. Ela e todas as existentes neurociências em seu conjunto. Que responsabilidade dessas humildes matérias!

Muitos definem a neurofilosofia, após as publicações de Churchland [12], como um conjunto de princípios fundamentais que governam as funções cerebrais como a consciência, o aprendizado, o livre-arbítrio, o *self* (o "eu") e a natureza da mente; suas verdades e sua metafísica. Entretanto, certas verdades metafísicas e suas respostas estão aquém do alcance dos métodos científicos e suas descobertas, considerados métodos e princípios supracientíficos. Assim, por exemplo, não há um método independente para se descobrir a natureza da realidade, pois somente a mente consciente pode ser conhecida.

É o cérebro que nos faz pensar que temos um *self*. O que me faz eu mesmo? O que é estar vivo? Como o cérebro chega a conhecer o seu próprio corpo? Como a força vital entra em uma célula? A consciência pode ser entendida em termos de função cerebral ou é uma coisa da alma? Como os cérebros aprendem? Qual é a função da cognição? Seria fazer previsões que guiam nossas decisões?

Em suma, a neurofilosofia é o estudo filosófico das neurociências, da filosofia da mente e da linguagem. Vale ressaltar que também já abordei os conceitos de neuroética e sua importância na formação do médico, em todas as especialidades existentes.

O FENÔMENO DA CONSCIÊNCIA

CAPÍTULO 27

Os MODERNOS ESTUDOS DA Neuroteologia, em especial os mais recentes, sobre as experiências de quase-morte (EQMs) têm demonstrado que o homem não é apenas seu corpo, não é só matéria. Ele se constitui, hoje, em um dos temas mais palpitantes da neurofisiologia, da neurofilosofia e da psicofisiologia. Segundo essas disciplinas, o corpo humano seria apenas o continente, o envoltório no qual estão contidas entidades menos materiais e forças ainda desconhecidas, responsáveis pelos processos vitais que nos animam. Dentre elas, está a nossa consciência, que consiste na totalidade dos nossos elementos mentais. Dentre esses elementos, está o sentido de um "eu materializado", gerado pela existência de um cérebro-mente e de um sistema nervoso.

Antecipadamente, esclareço que não é intenção deste capítulo misturar Medicina e Metafísica. Entretanto, nos dias de hoje, com os inegáveis progressos das neurociências e da neuroteologia, nem sempre isso é possível. Francis Crick, ganhador do prêmio Nobel de Fisiologia em 1962, autor do famoso livro *The astonishing hypothesis: the scientific search for the soul* [14] e que descobriu, junto com J. D. Watson, a estrutura do DNA, foi um dos responsáveis pelo atual entendimento das bases moleculares da vida, elucidando que a nossa consciência, às vezes denominada alma ou *psyché*, é atualmente acessível à investigação científica como parte das redes neurais de nosso cérebro. A definição clássica de consciência é que ela é a percepção pelo organismo do seu próprio ser (*self*) e do seu ambiente. O brilhante neurofisiologista António Damásio, em seu livro sobre a neurobiologia da consciência [16], a responsabiliza por todas as ordens de criações humanas, como:

> a consciência moral, a religião, a organização social e política, as artes, as ciências e a tecnologia; considerando-a como a função biológica crítica que nos permite conhecer a tristeza ou a alegria, sentir a dor ou o prazer, sentir a vergonha ou o orgulho, chorar a morte ou o amor que se perdeu, o *páthos* ou o desejo. Ela é a chave para uma vida examinada, para o melhor e para o pior; é certidão que nos permite tudo conhecer sobre a fome, a sede, o sexo,

> as lágrimas, o riso, os murros e os pontapés, o fluxo de imagens a que chamamos pensamento, os sentimentos, as palavras, as histórias, as crenças, a música e a poesia, a felicidade e o êxtase. Reconhecer o impulso irresistível para conservar a vida e o interesse por si mesmo, o interesse por outros si mesmos e cultivar a arte de viver.

Assim, ela pode ser construída no cérebro humano, vindo a constituir as bases de nossa identidade e da pessoalidade.

Portanto, se, apesar de toda a ciência, temos tanta dificuldade em explicar o funcionamento de nosso próprio cérebro, que dirá explicar a nossa consciência, os mecanismos da mente, o surgimento da vida e a ação do Criador sobre nós e o mundo. A neuroteologia diz que podemos conhecer as leis do Universo e do mundo e a vontade do Criador apenas porque elas nos foram reveladas; sem a revelação, associada que é ao conhecimento pela fé, seria vã toda a nossa teologia. Para nós, é muito difícil entender o que nem sequer conseguimos definir, seja a vida, a morte, a alma, o espírito, a mente, o pensamento ou a consciência, e esse é um dos grandes dilemas das ciências do cérebro, da filosofia e da teologia. A meu ver, conseguiremos alguma introspecção sobre o fenômeno da consciência somente se considerarmos os conhecimentos que vêm surgindo na literatura mundial sobre a morte encefálica e as pesquisas de EQMs.

Infelizmente, a maior parte dos cientistas acredita que a morte do corpo e, consequentemente, a do cérebro é o fim da identidade humana e, portanto, o fim de nossa consciência. O que aconteceria com a consciência que habitava esse corpo que morreu? Lommel, intensivista holandês, estudou, em 1988, junto com outros autores, um grupo de 344 pacientes sobreviventes de paradas cardíacas, investigando as frequências, as causas e o conteúdo mental dos casos que relataram EQM [30].

Nesse estudo, ele mostrou que 50% dos pacientes que apresentaram EQM relataram conhecimento ou ciência de ter morrido, junto com emoções positivas; 30% relataram passagem por um túnel, observação de paisagens celestiais ou encontro com um parente já falecido; 25% relataram episódios tipo experiência fora do corpo (EFC), comunicação com uma luz ou observação de cores; 13% relataram a experiência de uma rápida revisão de vida; 8% observaram uma fronteira entre os acontecimentos. Entrevistas registradas em vídeo com os que sobreviveram em boas condições demonstraram que esses pacientes perderam o temor da morte, passaram a acreditar em uma pós-vida, mudaram suas introspecções sobre o que é realmente importante na vida, passaram a demonstrar amor e compaixão por si mesmos, pelos outros e pela natureza, tornaram-se mais intuitivos e passaram a compreender melhor as leis cósmicas e a entender que tudo o que fazemos ao próximo retorna para nós mesmos. Entretanto, o exame das várias teorias que tentam explicar as EQMs ainda não demonstraram como a identidade, as memórias e a cognição com emoções podem funcionar independentemente de um corpo que está inconsciente, mantendo uma certa percepção "não sensorial", pois a neurofisiologia atual postula que a consciência, as memórias e os pensamentos são produzidos a partir de grandes grupos neuronais e de redes neuronais.

Torna-se difícil, portanto, explicar claramente a existência de uma consciência "fora do corpo", experimentada durante um período de morte clínica, no exato momento em que o cérebro para de funcionar, constatado por um eletroencefalograma isoelétrico ou um PET *scanner* mostrando ausência de circulação cerebral, pois, alguns segundos após uma parada cardíaca, ocorre uma anóxia global do cérebro: a isquemia aguda pancerebral. Somente uma ressuscitação cardiopulmonar de urgência, realizada nos primeiros minutos da parada cardíaca, pode reverter a capacidade funcional do cérebro, prevenindo, assim, o dano definitivo de seus neurônios, o que resultaria em morte celular e cerebral. As anóxias de maior duração, que acarretam perda de fluxo sanguíneo cerebral por cinco a dez minutos, resultam em dano irreversível em decorrência da morte celular de todo o cérebro, o que é chamado de morte encefálica, cujo diagnóstico declara a morte do indivíduo em termos da medicina moderna e de acordo com a legislação em quase todos os países.

A física quântica tem revolucionado os conceitos tradicionais de um mundo material e manifesto denominado espaço real, afirmando, por exemplo, que partículas podem se propagar como se fossem ondas e vice-versa, podendo, portanto, ser consideradas uma função quântica. Assim, experiências têm demonstrado que a luz pode se comportar tanto como partículas ou fótons quanto como ondas, sendo verdadeiros ambos os achados. De acordo com Niels Bohr (2008) [9], ondas e partículas são aspectos complementares da luz e da mesma "realidade" – essa descoberta lhe valeu o prêmio Nobel de Física em 1922. É certo que a física quântica não tem explicação para a "essência" da consciência ou para o segredo da vida, mas ajuda a entender a transição de campos de consciência do espaço-fase para o mundo material, em cujo processo o córtex cerebral serve apenas como estação intermediária para partes da consciência e das memórias a serem recebidas pela consciência desperta. Nesse conceito, vários autores afirmam que a transição do espaço-fase para o tempo-espaço contínuo não se baseia em um espaço físico. De acordo com essa hipótese, a vida cria a possibilidade de recebermos os campos da consciência na forma de ondas ou de informação em nossa consciência desperta, a qual pertence ao corpo físico e é constituída de partículas. O aspecto físico da consciência no mundo material origina-se no aspecto de ondas da consciência no espaço-fase, por colapso da função ondulatória em particular (redução objetiva), aspecto esse que pode ser medido e comprovado pelo magnetoencefalograma, pela ressonância magnética ou pelo PET-*scanner*.

Esse novo conceito de "colapso da função de ondas" é vital para a compreensão desses fenômenos tão complexos. O aspecto ondulatório de nossa consciência seria indestrutível no espaço-fase, sem interconexões locais, e não pode ser medido por meios ou processos físicos. Segundo Lommel et al., quando morremos, a nossa consciência deixa de ter o aspecto de partículas para assumir o eterno aspecto de ondas [29]. Com esse novo conceito sobre consciência, tanto a relação mente-cérebro quanto os fenômenos de EQM durante paradas cardíacas podem ser explicados, e o DNA do corpo funcionaria como uma antena quântica ou uma cadeia de *bits* quânticos (*qubits*) providos de uma torção helicoidal e funcionando como um aparato supercondutor de interferência quântica. Alguns autores ilustram essa assertiva citando casos em que um receptor de transplante cardíaco recebe um coração com um DNA diferente do seu e, algumas vezes, experimenta pensamentos e sensações novos e estranhos que, mais tarde, passam a combinar com o caráter e a consciência do doador falecido.

É interessante estabelecer uma comparação entre os citados fenômenos quânticos e os meios de comunicação corriqueiros através dos campos eletromagnéticos de rádio, TV, telefones celulares, *laptops* e outros equipamentos sem fio. Geralmente, não percebemos a vastíssima quantidade de campos eletromagnéticos que constantemente atravessam nossos corpos, paredes e edifícios. Damos conta deles apenas no momento em que ligamos um desses aparelhos e passamos a detectá-los sob a forma de imagem ou som, no momento em que causas que nos são invisíveis se tornam observáveis aos nossos sentidos e sua percepção atinge nossa consciência. Sabemos que as imagens e os sons não estão dentro dos aparelhos, nem que a internet está dentro dos computadores. Ao desligá-los, a recepção desparece, mas a transmissão continua e a informação permanece nos campos magnéticos que nos circundam. Assim, segundo a teoria da continuidade da consciência proposta por Lommel, se a função do cérebro fosse perdida, como na morte clínica ou cerebral, as memórias e a consciência continuariam a existir, perdendo-se apenas a recepção pela interrupção da conexão. Ao tempo da morte física, a consciência continuaria a existir e a ser experimentada em outra dimensão, em um mundo não visível e imaterial – o espaço-fase –, que contém o passado, o presente e o futuro.

Infelizmente, os estudos de EQM ainda não podem fornecer provas irrefutáveis dessas conclusões. Afinal, esses pacientes não morreram, apenas estiveram perto da morte, em razão de uma parada momentânea do funcionamento do cérebro. Resta-nos, então, concluir que a consciência pode ser experimentada independentemente do funcionamento cerebral, o que poderá, futuramente, acarretar uma enorme mudança nos paradigmas da Medicina, surgindo a possibilidade de se admitir que a morte, assim como o nascimento, constitui meramente a passagem de um estado de consciência para outro.

Aqui estou eu novamente misturando Medicina com um pouco de Metafísica. Seria a morte semelhante a outro nascimento? Será que, considerando algumas filosofias orientais, haveria apenas uma vida, apenas uma consciência universal, apenas uma alma e um espírito onipresente? Haveria apenas uma consciência cósmica? Esse é um tema que daria mais um livro.

Hoje, sabemos que a eletricidade sempre esteve presente no mundo, mas, só agora, pela percepção consciente de suas leis, ela nos fornece luz, calor e força.

Ela sempre esteve disponível, embora não soubéssemos fazer uso dela até a virada do último século.

A moderna neurofilosofia assegura que alma e consciência se confundem, constituindo as bases de nossas faculdades, que interpretamos através de nossos órgão e funções físicas ou sentidos físicos. Nossos cinco sentidos são, realmente, cinco facetas diferentes das atividades da consciência, que é a única faculdade real – ia quase dizendo espiritual. Na realidade, reitero que, em lugar de cinco sentidos, existem sete, sendo os dois menos conhecidos as faculdades da intuição e a da consciência – ou sentido da alma –, que contrapõem aos cinco sentidos físicos. A consciência não é apenas uma atividade mental; ela não raciocina ou pensa: ela apenas percebe. O que falamos ou escrevemos não vem do nosso intelecto humano.

Ouso afirmar, elucubrando a nova neuroteologia, que somos a presença de Deus na Terra. Somos Ele em ação; Ele tornado visível. Deus é a alma, o espírito e a vida de todos os seres. Não há Deus e o homem. Ele é a mente, a vida, a alma e o espírito e até a substância do nosso corpo. Instigo aqueles que n'Ele não acreditam que nos provem o contrário e que nos expliquem o surgimento do infinito Universo em que vivemos.

Nesta altura dos meus escritos, após certas considerações metafísicas feitas anteriormente, eu gostaria de adentrar em um setor deveras delicado para esta obra, que talvez gere alguma controvérsia entre os que ainda não se encontram familiarizados com os modernos achados da Neuroteologia – embora o propósito formal deste livro tivesse começado apenas com um simples relato histórico das ciências do cérebro em nosso meio. Disponho-me a receber críticas sobre alguns casos clínicos da literatura neurológica que agora serão apresentados, uma vez que alguns deles, apesar de revolucionários, já constam do conhecimento público e de várias publicações em artigos e livros.

CASO CLÍNICO 1

O caso mais arrebatador sobre o tema discutido ocorreu justamente com um neurocirurgião acadêmico da Harvard, Dr. Eben Alexander III. Eu o conheci em congressos como um famoso neurocirurgião, filho do chefe de serviço em Winston-Salem, durante meus seis anos morando nos EUA. Trabalhei com ele no Peter Bent Brigham Hospital e no Children's Hospital, em Boston, durante meu treinamento em radiocirurgia estereotáxica, em 1993, cujos trabalhos conjuntos me estimularam intensamente a trazer a metodologia para o Brasil.

Ulteriormente, convidei-o para inaugurar a Sociedade Brasileira de Radiocirurgia (SBRC), junto comigo e com o Dr. J. S. Loeffler, hoje chefe do serviço da Radiocirurgia do Massachusetts General Hospital, onde fiz uma de minhas residências médicas. O simpósio de Radiocirurgia (o mesmo da fundação da SBRC) foi realizado no Hotel Mofarrej (hoje Tivoli) e patrocinado pelo Dr. Antônio Ermírio de Moraes, então presidente da Beneficência Portuguesa de São

Paulo, que acabara de adquirir aquele equipamento de radiocirurgia. O Dr. Eben Alexander III compareceu ao simpósio de Radiocirurgia como meu convidado e amigo, junto de sua adorável esposa, Holley. Foram dias auspiciosos e houve jantares muito agradáveis em minha residência, em meio a amigos da especialidade. Depois, a amizade com o Dr. Eben resumiu-se a algumas visitas a Boston e ao chefe do serviço, o professor Peter Black, futuro presidente da World Society of Neurosurgery.

Desde que o conheci, jamais imaginei que Dr. Eben viesse a enfrentar, algum dia, episódio neurológico tão importante, que revolucionou os conhecimentos sobre EQMs, hoje tão discutidas na literatura mundial, sobretudo nos estudos relacionados à consciência.

Em 10 de novembro de 2008, às sete da manhã, Dr. Eben acordou com severa dor na coluna, seguida de forte cefaleia, perda de consciência e, em seguida, estado de coma. Foi levado à UTI do hospital em que ele trabalhava, onde apresentou convulsões de tipo grande mal, sendo entubado e considerado em morte cerebral. Permaneceu sete dias em coma até ser efetuado o diagnóstico de meningite purulenta por *Escherichia coli*, com exame liquórico demonstrando sua medula embebida em pus e glicose = 1 (quase zero). Foi mantido em respiração mecânica, fazendo uso de três fortes antibióticos e com prognóstico de 90% de óbito. Somente um milagre o manteria vivo. Apesar do quadro gravíssimo, ele começou a acordar no sétimo dia, sem consciência do que havia passado, sem linguagem e sem memória de sua vida pregressa, demorando três meses para recuperar a consciência de seu corpo. Entretanto, apesar de lhe faltarem todas as memórias de sua existência prévia, quando ele acordou plenamente, teve nítidas memórias de tudo que vislumbrou durante o estado de coma, quando seu cérebro parou de funcionar. Ele declarou que as impressões foram tão fortes que passou a anotá-las com precisão, como bom neurocientista.

"Inicialmente, vi escuridão com chuvas, animais grotescos, muita lama e sons monótonos circunjacentes. Lá, perdi o conceito de tempo, meses ou anos, rodeado por uma luz giratória. Depois da luz, vi paisagens indescritíveis e belíssimas, seguidas de bela melodia, da qual me lembro até hoje. Era um vale belíssimo, verdejante, com milhares de borboletas, flores e quedas d'água. Uma linda moça me acompanhava, cavalgando nós dois em uma grande borboleta, sem pronunciar palavra, mas da qual emanava grande afeição, podendo sentir seus pensamentos, que comunicavam que eu seria eternamente amado na futura vida e que nada deveria temer. Visualizei rios de vida, sempre voando; crianças e cães brincando, junto com almas humanas que aparentavam felicidade, banhados por uma brisa mágica e seres divinos que se deslocavam espalhando amor incondicional através da galáxia. Seguiu-se luz brilhante, que me dizia que eu não estava ali para ficar, sem necessárias palavras. Senti tristeza ao saber que não poderia ficar naquele local celestial, onde muitas almas estavam ajoelhadas e orando. O ambiente escureceu e, então, acordei na UTI – quando arranquei o tubo endotraqueal, dizendo: obrigado!"

Dr. Eben sentiu-se muito frágil nos dias seguintes, iniciando recuperação e tendo dificuldade em descrever o que passara em palavras humanas. Perdeu quase 9 kg de peso durante o coma, parecendo um zumbi ao espelho.

No começo da recuperação, passou a escrever o que vivenciou na sua pós--vida, pedindo livros sobre EQMs, já que todo seu conhecimento de física (sua paixão), química, biologia, cosmologia e teologia não era suficiente para explicar os mecanismos cerebrais que o acometeram. Talvez a mecânica quântica, que ele havia estudado, explicaria, já que ela diz que a consciência não é um fenômeno local. Ou, talvez, os conhecimentos dele como neurocientista sobre cérebro, mente, alma e espírito estivessem completamente errados em relação à nova e ampla experiência dessa nova realidade. Ou, talvez, a consciência não fosse produzida no cérebro e não dependesse dele como havia aprendido.

Dr. Eben preocupou-se com a identidade da donzela que o acompanhara durante seu prolongado voo em uma borboleta. Lembrou-se de que fora adotado aos três meses de vida e que não chegara a conhecer seus pais biológicos. Seu pai adotivo morrera quatro anos antes de sua doença. Descobriu quem eram seus pais biológicos antes de o pai adotivo falecer, o que ocorreu antes de entrar em coma. Estes o deram à luz quando ainda eram colegiais; depois, casaram-se e tiveram mais três filhos, seus irmãos. A mais nova, Betsy, já havia falecido, e foi uma enorme surpresa quando lhe mostrarem uma foto dela: era sua acompanhante silenciosa durante o voo sobre o vale das borboletas do outro lado da vida, em uma outra dimensão da realidade.

Nas múltiplas palestras que hoje realiza, nas quais Dr. Eben revela seu dom da fala e que estão às dezenas na internet, ele chegou à conclusão que o espírito, a alma e a consciência existem independentemente do cérebro físico. Ele acha que tudo o que aconteceu teve algum propósito; talvez para que ele divulgue, neurocientificamente, as suas experiências ao mundo. Além de suas palestras, ele escreveu três livros: *Proof of heaven* [2] foi *best-seller* durante mais de um ano na lista do *The New York Times* e foi traduzido para 43 idiomas; *The map of heaven: how science, religion and ordinary people are proving the afterlife* [3] vem tendo destino semelhante; e seu último livro, *Living in a mindful universe: a neurosurgeon's journey into the heart of consciousness* [1], completa os anteriores com mais pensamentos neurofilosóficos, afirmando que não morremos quando nosso cérebro morre, pois a vida doada pela graça de Deus é eterna – apenas mudamos de dimensão.

CASO CLÍNICO 2 – PAM REYNOLDS

Esse caso foi relatado e cedido a mim pelo meu bom amigo Robert L. Spetzler, famoso neurocirurgião do Barrow Neurological Institute de Phoenix, no Arizona. Foi tão comentado que apareceu no History Channel em uma extensa reportagem. A paciente, Sra. Reynolds, tinha 35 anos de idade quando foi diagnosticada como portadora de um aneurisma gigante da artéria basilar, de dificílimo acesso.

Assim, o professor Spetzler programou complexa cirurgia, visando a abordar o difícil caso utilizando circulação extracorpórea, sob hipotermia de cerca de 15°C, o que permitiria retirar o sangue do cérebro durante vinte minutos, facilitando a clipagem exangue do volumoso aneurisma nesse curto intervalo de tempo. Foram colocados plugues auriculares para potencial evocado e proteção fechada dos olhos. Foram realizados eletroencefalograma e anestesia profunda com parada cardíaca. Durante o tempo principal, o eletroencefalograma permaneceu isoelétrico, sem registro do potencial evocado, denotando morte clínica do cérebro. Após a craniotomia e a abordagem da basilar, o aneurisma murchou e, em seguida, foi clipado. Terminou, portanto, a intervenção.

Após a recuperação na UTI, a paciente relatou que, durante toda a intervenção, ela permaneceu flutuando acima de seu corpo inerte, enquanto ele era todo monitorizado. Ela afirmou ter ouvido todas as conversas dos cirurgiões e descreveu todos os instrumentos cirúrgicos retirados de suas respectivas caixas. Escutou todos os ruídos da sala cirúrgica, apesar de ter os ouvidos tapados com plugues ruidosos.

Esse caso foi, e ainda é, amplamente divulgado pela imprensa e TV, com inúmeras entrevistas no YouTube, representando mais uma ilustração de que os fenômenos de EFC (experiências fora do corpo) podem acontecer. É um dos casos mais bem documentados da literatura, junto com centenas de outros também relatados nos meios médicos e centenas de livros escritos sobre o assunto, corroborando e documentando fartamente o achado – agora, comprovado, mas ainda não aceito em todos os meios – de que o cérebro sem vida não participa dos fenômenos da consciência e do estado de alerta. O fato de que cérebro não "gera" a consciência já vem sendo corroborado há bastante tempo por grande número de pesquisadores no assunto. Seria até tedioso citar todos em vista da copiosa bibliografia.

CONCLUSÃO

Eu poderia citar vários outros casos clínicos, à saciedade, mas não vamos nos alongar ainda mais neste controvertido capítulo.

Seria interessante citar que já foi inaugurada uma fundação internacional dedicada a esses estudos: a International Association for Near-Death Studies (IANDS), fundada pelo Dr. Jeffrey Long, após a publicação de seu livro *Evidence of the afterlife* [34], um *best-seller* que conta com milhares de casos bem documentados.

Dezenas dessas publicações fazem parte de meu acervo bibliográfico pessoal, que, a meu ver, estão revolucionando a Medicina do futuro. Refletindo Pim van Lommel e a sua teoria da "continuidade da consciência", ontologicamente poderíamos considerar a morte como um novo nascimento (eu não poderia deixar de escrever essa frase, pois ela vibra na minha cabeça!). Nesse conceito, tantos autores que deixei de citar afirmam que essa atividade – a transição da consciência do espaço-fase para o tempo-espaço contínuo – não se baseia em um espaço físico e comparam o campo da consciência à internet, a qual não se origina no interior do computador ou de um *laptop*, mas é apenas recebida por ele.

Cientificamente, hoje sabemos que as manifestações de EQM e EFC têm lugar nas variações do sistema límbico, conforme já exposto em meu primeiro livro, *Fisiologia das emoções* [43], prefaciado por MacLean, em que apresento, por vez primeira em nosso meio, os conceitos aprendidos nos laboratórios de neuranatomia e neurofisiologia de Walle Nauta e Paul MacLean, conforme mencionado em capítulos anteriores. Esse sistema límbico é responsável por nossos instintos básicos, como sobrevivência, fome, sono, medo, fuga e ataque, sexo e todas as emoções, com um amplo espectro de conscientizações e percepções emocionais, que são depois elaboradas e refinadas nos hemisférios direito e esquerdo do nosso cérebro, a estrutura mais complexa do planeta. Muitos cientistas afirmam que, se o nosso sistema límbico não dá origem à mente, é, com certeza, seu portão de entrada. Esse sistema parece ter ação sinérgica na percepção superconsciente (como será visto mais adiante), em termos de gnose, aprendizagem mística e união espiritual com uma fonte maior, o que pode indicar que o sistema límbico seja chave para o aparecimento de EQM.

Poderíamos tentar definir consciência como a totalidade (ou qualquer) dos elementos mentais inerentes ao indivíduo, um dos quais seria o sentido de um "eu materializado", gerado pela existência de um cérebro-mente e de um sistema nervoso, em que muitas linguagens bioquímicas são faladas. Entretanto, muitos autores têm tentado definir o fenômeno da consciência diante dos progressos atuais das neurociências. Afinal, a limitação de nosso cérebro, restrito à caixa de ossos de nosso crânio, frente aos nossos conhecimentos atuais, é tanta que ousaríamos afirmar que tentar elucidar esse fenômeno nos dias de hoje seria como tentar explicar a internet para uma formiga.

CÉREBRO E GLÂNDULA PINEAL

CAPÍTULO 28

Após ESTUDAR ASSUNTO TÃO polêmico como a nossa consciência, a qual, na verdade, mereceria um outro livro, tal sua complexidade, abordarei agora um outro assunto que me fascina desde os primeiros anos da graduação em Medicina na Faculdade de Medicina da Universidade de São Paulo (FMUSP), quando eu passava muitas horas operando ratinhos no Departamento de Histologia, sob o microscópio binocular, retirando suas pineais e estudando-as sob várias colorações, como hematoxilina e variantes de Cajal e Río-Hortega, específicas para esse tecido. Os meus colegas de laboratório caçoavam e zombavam de mim, pois, naquela época, a **glândula pineal** era considerada um órgão vestigial e sem função, herdado como resquício do olho parietal dos lacertilianos inferiores e em desaparecimento na evolução darwiniana. Na verdade, essa não é sua origem embriológica. Durante muitos anos, suportei as caçoadas; anos depois, publiquei o meu primeiro trabalho sobre os tumores dessa glândula operados por James Poppen, meu mentor na Lahey Clinic, onde eu era residente. Foi uma das maiores séries operadas da época, registradas na literatura contemplando mais de quarenta casos [73]. Logo depois, começaram a surgir os trabalhos de Axelrod sobre a descoberta da melatonina, que lhe valeram o prêmio Nobel [4]. Em seguida, seu discípulo Wurtman complementou seus trabalhos.

Tive a oportunidade de ouvir várias palestras de Axelrod enquanto trabalhava com MacLean no National Institutes of Health (NIH), estudando o sistema límbico que ele batizara. Desde então, as pesquisas sobre a pineal vêm se avolumando, inclusive com a criação de uma revista especializada para essas publicações. Seria interessante saber por onde andam hoje meus antigos colegas de laboratório que zombavam de mim por eu estudar uma estrutura tão "sem importância", sobretudo se tiverem acesso a este pequeno livro e à imensa literatura acumulada sobre essa glândula.

pelo fato de essa glândula ocupar o centro geométrico do cérebro, no século XVII, o grande matemático e filósofo Descartes, a considerou como a sede da alma, corroborando certas afirmações da filosofia oriental, que também lhe atribuíam funções metafísicas. Hoje, sabemos que seu principal hormônio, a melatonina, é responsável pelos ciclos circadianos de nosso organismo, explicando, dentre outras questões, por que a adolescência ocorre na idade adequada, por que os ciclos menstruais duram 28 dias e não quarenta, como são regulados os ciclos de vigília-sono, como é regulado o hipotálamo, etc. Hoje, essa glândula ocupa funções de realce conectada à habênula como parte do sistema límbico. Além disso, a pseudopuberdade precoce em meninos decorre de tumores da pineal (pinealomas). A pineal já foi chamada também de terceiro olho ou "olho da escuridão" em razão de suas conexões importantes com as vias visuais e a produção de melatonina quando o ambiente escurece.

Ressalto que a nossa visão, como um dos cinco sentidos do corpo humano, não se limita apenas àquela detectada pelos cones e bastonetes, pelas vias ópticas ou pelo córtex occipital. Como exemplo, cito a facilidade de, mesmo de olhos fechados, visualizarmos, em nossa mente, a face de nossos pais, de nossos filhos, uma paisagem, o local de nossos livros em uma estante, um quadro de um grande pintor. Que tipo de visão é essa? Como a nossa mente se dá conta de todas essas imagens sem fim? Como nossa mente, nosso intelecto, nossa alma ou nosso espírito conseguem realizar essa incrível façanha de olhos fechados? E as nítidas imagens que vemos em nossos sonhos durante a fase REM (*rapid eye movement*), como explicá-las? Haveria um "olho" pineal? Podemos encontrar, na internet, crianças e adultos que leem textos ou reproduzem desenhos de olhos vendados. Que tipo de visão é essa, sem os globos oculares? Nossa ciência aguarda respostas.

Em 2001, Rick Strassman, um importante psiquiatra da University of New Mexico, nos EUA, publicou um livro revolucionário sobre pesquisas de um novo componente da pineal, a dimetiltriptamina (DMT), intitulado *DMT – the spirit molecule: a doctor's revolutionary research into the biology of near-death and mystical experiences* [81]. A DMT é uma substância derivada do triptofano e da serotonina e que surge na pineal 49 dias (portanto, sete semanas) após a concepção; seria quando o espírito entra no feto e o sexo é definido (sic). Strassman fez múltiplos experimentos em seres humanos, atestando que a DMT tem efeitos psicodélicos endógenos e efeitos na química da consciência, atravessa a barreira hematocerebral e é inibida pela monoaminooxidase (MAO). O autor a denominou "molécula do espírito" em virtude dos achados que obteve quando a ministrou a voluntários, que foram muitos, nos quais notou estados psicológicos e espirituais associados a sensações de nascimento, morte e EQM, aparentemente se constituindo como base para experiências transcendentais e também como base biológica para essas experiências descritas pelo autor. Conforme suas descobertas, ele sugere que a DMT é possivelmente liberada pela pineal em estados de EQM ou morte em si, abrindo a mente para novos planos de existência e mantendo nosso cérebro sincronizado em canais da normalidade.

Como se vê, a nossa moderna Medicina sabe muito pouco sobre a nossa misteriosa glândula, especialmente se nos recordarmos que, até há poucos anos, ela era considerada sem função.

A DMT, uma triptamina derivada da serotonina (5-hidroxitriptamina) e do triptofano, tem efeitos parecidos aos de drogas ilícitas, como LSD (dietilamida do ácido lisérgico), ibogaína, peiote, psilocibina e feniletilaminas mescalina e MDMA ou ecstasy (metilenodioximetanfetamina). Todas essas drogas afetam a consciência, a percepção, as emoções, o pensamento e o sentido do *self*. Já as betacarbolinas presentes na ayahuasca parecem abolir a destruição (natural) de DMT pelo organismo, daí suas propriedades alucinatórias, descritas pelos consumidores do referido vegetal. Segundo Strassman, os níveis de DMT parecem aumentar durante orações profundas e meditações, em certas psicoses e nas EQM. Sabe-se também que a DMT estimula a vasopressina, a prolactina, a corticotropina e o hormônio de crescimento (GH).

Como se não bastassem esses achados insólitos, Strassman publicou outro livro, em 2014, intitulado *DMT and the soul of prophecy: a new science of spiritual revelation in the hebrew Bible* [82], que balançou mais ainda os conhecimentos sobre neuroteologia e teoneurologia, ao conceber uma biologia do cérebro gerando experiências espirituais, como se a Divindade utilizasse o nosso cérebro para se revelar a nós, humanos. Nesse livro, Strassman compara a ação da DMT na geração de estados proféticos nos profetas canônicos, em uma verdadeira renascença das experiências relatadas nos livros sagrados. O Antigo Testamento, segundo o autor, passou a considerar as profecias como a mais alta experiência espiritual que os humanos podem atingir e, com isso, mirava se tornar um texto profético, um modelo teoneurológico, reconciliando, assim, ciência e fé. É como se o cérebro não gerasse consciência ou experiência espiritual, sendo apenas seu receptor. Através do cérebro, o Criador invisível comunica suas leis éticas e morais à humanidade que delas necessita. O *Homo sapiens* tornou-se o único animal que fala, escreve, faz literatura e música, filosofa, chora, ri, sorri, ora, estuda, medita e sabe que vai morrer.

A VERDADE SOBRE A MORTE

SE A FILOSOFIA, A biologia, a medicina e as religiões conhecessem a verdade sobre a morte, tudo seria diferente e todos os nossos conceitos seriam modificados.

O índice de mortalidade diária no mundo é de cerca de 160 mil humanos, e ninguém consegue escapar dessa inexorável estatística quotidiana. Morrem todos imbuídos de muito medo e muita ignorância. Até há poucos séculos, acreditava-se que a Terra era plana, achatada, que éramos o centro do Universo e que a Via Láctea seria a única galáxia existente. Eis que, logo após a Renascença, surge o método científico, tornando-se de extrema utilidade para os nossos conhecimentos, mas ainda incapaz de estudar a vida após a morte, como entrevisto nos parágrafos anteriores. Cada vez mais, nos certificamos de que estamos neste mundo para descobrir o significado de nossa existência durante nossa curta permanência nele.

A moderna Medicina e sua Neurologia trouxeram à baila o conhecimento das experiências de quase-morte (EQMs), que parecem ser o produto de um cérebro moribundo após sofrer uma isquemia, fazendo-nos acreditar que é possível uma real, porém transitória, experiência de pós-morte. Essa moderna neurobiologia tem afirmado, após esses conhecimentos, que a nossa mente e a nossa consciência não são geradas no nosso cérebro, ainda que essa informação surpreenda os mais ortodoxos neurocientistas. Cada vez mais se acumulam os milhares de relatos de que níveis de consciência após EQMs de cunho metafísico são tão reais como as do nosso universo material. Ademais, embora haja toda a ciência, a maior parte do Universo ainda é invisível para nós, sendo composta de 96% energia escura e matéria escura, não visíveis aos nossos olhos e aos mais poderosos telescópios. Apesar disso, a maior parte dos ateístas, certos filósofos e, até mesmo, alguns religiosos acreditam que a simples morte cerebral leva à nossa extinção como indivíduos, como se a fé nas ciências fosse muito superior àquela exaltada nos Evangelhos.

Neste momento, é oportuno citar um mui querido versículo do Novo Testamento, que estremeceu a existência deste que vos escreve. Trata-se de uma axiomática definição da verdadeira fé (não científica): "Ter fé é estar certos de que vamos receber as coisas que esperamos; e ter certeza de que existem as coisas que não vemos" (Hebreus 11:1). Se alguém conhecer alguma outra melhor definição de fé, eu gostaria de ser comunicado. Essa passagem me lembra de outra, quando Jesus fala a Nicodemos sobre o renascimento pelo espírito, em João 3:12: "Se não acreditam quando falo das coisas deste mundo, como vão acreditar se eu falar das coisas do céu?".

Essas afirmações são sagradas, assim como é sagrada a profissão de médico. Reitero: ao trazermos o sagrado para a nossa mesa de trabalho e para as nossas mesas cirúrgicas, elas se tornam um altar. É exatamente isso que justifica o título deste livro, pois tudo o que as mãos enluvadas realizam em Medicina é **sob o olhar de Deus**, sob a luz dos seus olhos, sempre guiando nossas mãos. Portanto, em Medicina, para o médico humanista, a fé não é apenas crer no que não vemos, mas é criar o que não vemos. Convenço-me, cada vez mais, de que a mente humana ainda não conseguiu entender as coisas do espírito, mesmo em Medicina, pois muitos de meus colegas ainda não se convenceram de que a vida humana é sagrada e que a morte é apenas um novo começo. Esse é um sentimento profundo que eu desejo propalar no texto destes escritos.

O CÉREBRO, NOSSO AMIGO

CAPÍTULO 30

O CRIADOR NOS FEZ seres pensantes. Para isso, outorgou-nos sua maior obra de arte, obra-prima da criação e templo do nosso pensamento e criatividade, a estrutura viva mais complexa, mais perfeita e, certamente, a mais importante de nosso Universo, o mais belo instrumento jamais saído das mãos Divinas: o nosso cérebro.

Este livro não busca apenas definições. Dentre outros desígnios, busca saber qual é o papel do nosso cérebro na natureza, no destino do homem e em relação a outras dimensões que nos rodeiam.

Custa-nos crer que a essa massa amolecida de neurônios, glia e vasos, que se desfaz ao nosso contato e ao manuseio, foram outorgadas funções tão elevadas quanto a consciência, a visão e todos os outros sentidos, a respiração, o pensamento, o intelecto, a linguagem, a memória, o aprendizado, as emoções, as faculdades mentais (a mente) e o controle à distância de todos os demais órgãos e hormônios. E, ainda, a nossa capacidade de planejar, de pensar abstratamente, de calcular, de filosofar, de fazer ciência, de meditar, de fazer música e literatura, de criar poesia, de orar e fazer teologia, de ter uma religião e de entrar em contato com uma transcendência. Fazemos tudo isso por meio de nosso cérebro, e essa última afirmação já justifica estas tantas páginas que procuro dedicar à difusão das funções desse órgão maravilhoso.

Utilizando os meus estudos, tantos e todos aqui já descritos, o meu maior propósito sempre foi trazer para o Brasil os conhecimentos que acumulara no exterior; implementar as mesmas técnicas que me permitiram, por meio dos progressos da Neurocirurgia, formar novos pensadores no meio universitário e fora dele, quer no âmbito da Medicina, quer no estudo da mente, das ciências do cérebro e do espírito.

É o que o nosso cérebro faz que o torna diferente dos outros órgãos e tão difícil de estudar ou de curar quando doente. Muitas vezes, esquecemos de que somos finitos e que o infinito jamais caberá em nossa caixa de ossos craniana. Todo o nosso conhecimento é apenas uma gota no oceano em comparação ao que ainda há para conhecer, embora uma simples gota de orvalho – que seria nosso cérebro – possa refletir o céu inteiro. Do ponto de vista de nossa finitude e de nossa humanitude, o restante permanecerá um mistério, apesar de toda nossa fé e de toda nossa teologia em relação ao inescrutável plano de Deus, do qual nosso cérebro representa apenas um microcosmo, pois sempre enxergamos o nosso Criador com limitados olhos humanos.

Assim, os conceitos descritos nos capítulos anteriores nos permitem afirmar que começamos a adentrar em uma nova era: a da **Neurociência**, do **determinismo neurobiológico**, quando cada pensamento humano e cada ação humana é "determinada" por condições de nosso encéfalo. Escolhas, desejos, crenças e reflexões serão determinados por intercomunicação neuronal, em que o cérebro representa um sistema que gera nosso comportamento e nossa conduta. Nossa **consciência**, enquanto "mente em movimento" se manifesta como uma propriedade emergente de nossos neurônios, que interagem de forma não consciente, tornando o cérebro um sistema maior do que as suas partes: o cerne de nossa vontade, uma verdadeira agência moral e ética, sendo os lobos frontais (exclusivos da espécie humana) a origem e o centro de nossas funções executivas, que podem ser anuladas pelas antigas lobotomias psicocirúrgicas, que deram a Egas Moniz, ilustre cientista português, a láurea do prêmio Nobel.

Como já abordado, essa nova idade da Neurociência gerou, pela primeira vez, novos capítulos da nova ciência, como a neuroética, a neuroteologia, o determinismo neurobiológico e a exuberante neurofilosofia [11], todos regulados pela neurofisiologia do cérebro e pela consciência, a qual pode ser definida como a percepção do organismo de seu próprio ser e do seu ambiente, como a totalidade dos elementos mentais inerentes ao indivíduo ou como o sentido de um "eu materializado", gerado pela existência de um cérebro-mente e de um sistema nervoso. Ponderemos, entretanto, o fato de que, metafisicamente, o homem não é apenas seu corpo, não é somente matéria. Existem forças ainda desconhecidas, responsáveis por processos vitais que nos animam, as quais a teologia às vezes denomina de **alma**, que é produzida pelo sopro de um certo **espírito**, que, por sua vez, nos insuflou a **vida** ou nascimento. Dessa maneira, percebemos a vida como um fenômeno normal, graças ao qual animais e plantas se mantêm em contínua atividade, manifestada por nascimento, metabolismo, crescimento, reação a estímulos, adaptação ao meio, reprodução, existência, senilidade e, finalmente, morte.

Nesse ínterim, as neurociências, as ciências do cérebro, têm provido grandes respostas para questões pequenas, mas a neuroteologia [37] nos tem dado pequenas respostas para grandes questões, inclusive teológicas. Perguntas sobre o sentido da vida ou sobre o seu significado ainda não foram respondidas pela ciência comum nem pelas religiões. Parece que a Divindade não nos permite que as respondamos racionalmente. No entanto, podem ser compreendidas intuitivamente ou por meio da fé enquanto incognoscíveis, imunes a toda lógica. A teoria de Platão e Aristóteles de que os nossos pensamentos se originam no coração perdurou por quase dois mil anos. Hoje, essa lógica parece inútil no mundo do espírito, pois nossa fé e nossa intuição têm gerado um tipo de conhecimento direto, enquanto o raciocínio, a razão, produz conhecimento indireto ou hipóteses. A meu ver, a Divindade não poderá jamais ser descrita racionalmente, mas ela é tão real que deveríamos reagir a ela como limalhas de ferro à sua atração magnética, através do espírito que para tanto foi designado.

Ninguém ainda definiu o que é espírito, mas, quando o fizerem, o **caráter** será um dos seus componentes mais importantes. Sejamos amigos de Platão, de Sócrates e de Aristóteles, mas, acima de tudo, sejamos amigos da **verdade**, como dizia este último. Hoje, sabemos que os cientistas têm menos limites que o homem de fé, cujo pensamento pode abranger outras dimensões. O cientista não diz nada sobre quem somos, não explica por que estamos neste mundo e o que devemos fazer por estar nele, não esclarece o que acontece conosco quando morremos e tampouco diz o que dá sentido e motivação à nossa vida. A ciência lida apenas com coisas e nos oferece a crença de que é o único caminho para a verdade, já que a matéria é tudo o que existe. Jornalistas e literatos como eu são escritores. Os primeiros só se interessam pelas notícias do dia; os literatos, pelas notícias da eternidade. Considerando a ciência, perdemos a consciência da presença de uma divindade quando tivemos de aceitar a teoria do darwinismo materialista, que sugere que, ao longo das idades, nenhuma força espiritual tocou a vida do homem nem modelou o destino das nações. Essa teoria não tem nada a dizer sobre a alma nem sobre a genética, descoberta por Mendel e ignorada por Darwin.

Nunca devemos nos esquecer de que o corpo humano é uma espécie de microcosmo, um Universo em si mesmo, e que a vida deve ser vista como um milagre. O cérebro é nosso órgão mais glorioso. Tem sua majestade, visto que sua função principal é nos manter vivos a cada segundo, regulando tudo: cada respiração, cada batimento cardíaco, o tubo digestivo, o pulmão, sua própria química neuronal, a consciência, o despertar e o sono.

Nossa sobrevivência, enfim, realiza em nossa vida o plano do Universo: o ser humano como o ser em que o Universo toma consciência de si mesmo. O desejo do Universo em nós. Um desejo infinito dentro de nós, que só o infinito pode preencher. A vida deseja viver em nós, desde que seja com muito amor, aquele amor que está além de todo entendimento.

Quando eu me atinei sobre todas essas conceituações, descobri a vocação e o significado de me tornar um médico cristão e reconheci que essa dedicação era a coisa certa a fazer. Minha farta biblioteca, minha escrivaninha, minha mesa cirúrgica e meu centro cirúrgico tornaram-se minha catedral. Segundo a Madre Teresa, nosso trabalho se tornará o meio de expressar nosso amor por Ele, servindo as pessoas, passando tempo de qualidade com Ele, nosso principal desígnio, descobrindo nossas raízes espirituais, descobrindo o amor como a palavra mais importante de todas as línguas, entendendo que tudo o que não é eterno é eternamente inútil. Tornando-se Ele mais íntimo de mim que eu mesmo.

Cansei-me dos burocratas religiosos que separam a religião da espiritualidade, o coração da cabeça e a graça da natureza. Não nos esqueçamos de que 90% do Universo é escuro, embora a luz esteja passando por ali; mas a graça preenche os espaços vazios, sobretudo os vazios morais. Que possamos ser médicos e, ao mesmo tempo, os remédios, tornando a vida vivida pelo amor a nossa obra de arte, pois nossa medicina é a arte de fazer o bem. Infelizmente, as escolas ensinam, até hoje, apenas como ganhar a vida, e não como viver a vida. Só temos uma vida, façamos alguma coisa! Há cura para a cegueira. Se retirarmos o homem da ciência, não haverá mais ciência; não existirá mais cérebro.

Fomos ideia d'Ele. E conhecê-Lo é o desejo do Universo em mim. Pensamento é vida. E a morte é uma parte normal dessa vida. Morrer não é deixar de existir. Talvez, algum dia, possamos responder à mais sublime pergunta "Você acredita em Deus?" com uma resposta bem científica: "Claro, eu sou um cientista!". Enquanto isso, não há nada em uma lagarta que diga que ela se tornará uma borboleta.

A ACADEMIA PAULISTA DE LETRAS

CAPÍTULO 31

ANTES DE CONTINUAR A minha história – pois não há nada mais triste do que não ter história –, relatarei um dos fatos mais auspiciosos e honrosos que encimaram a minha carreira acadêmica.

Quando adentrei a Faculdade de Medicina da Universidade de São Paulo, como estudante, jamais vaticinei que chegaria vir a fazer parte de um seletíssimo sodalício. Desde o primeiro ano, dediquei-me ininterruptamente ao estudo, para mim prioritário, do órgão humano mais importante: o cérebro. Sem ele, os demais órgãos não sobreviveriam nem funcionariam; todos estão sob seu comando. Cedo, descobri que cada ser humano é aquilo que pensa. Somos o nosso cérebro! E somente esse órgão pode prevenir a nossa absurda ignorância sobre o Universo que nos circunda. Outrossim, nossos sonhos e nossos ideais só serão possíveis por causa desse um quilo e meio de massa cinzenta e branca que forma o nosso encéfalo.

Esses pensamentos me levaram, mais tarde, a mais um exame vestibular, como já mencionado, desta vez na vetusta Faculdade de Filosofia da Universidade de São Paulo (USP), da rua Maria Antônia, onde procurei estudar o pensamento dos filósofos, cuja leitura vinha há tempos me inspirando a fazê-lo. Mais tarde ainda, já quase ao final de minha carreira acadêmica como Professor Titular de Neurocirurgia, submeti-me a mais um exame, desta feita em uma faculdade de Teologia – eu queria conhecer o Deus do cérebro, pois foi Ele que nos fez seres pensantes. Mais tarde, seguiu-se outro vestibular, em uma faculdade de Bioética, a fim de aperfeiçoar uma verdadeira ética e uma sólida moral dentro da minha sagrada Medicina. Será que me tornei um "rato" de faculdades?

Somente depois de muito estudo, então, descobri as mais sagradas funções espirituais e transcendentais dentro de uma Medicina que agora se tornou humanística de verdade: uma parte divina de nossas áreas cerebrais [40].

Estava quase completada a minha almejada missão não fosse o coração, que é citado 958 vezes nas Escrituras – as quais, por sinal, não citam o nosso cérebro uma vez sequer. Para elas, tudo ocorre no coração. É o coração que nos mantém vivos, sem dúvida, mas é o nosso cérebro e a nossa consciência, que dão sentido a nossas vidas.

Pude tornar-me um neurocirurgião acadêmico e depois Professor Titular da especialidade, porém nunca um médico ateísta. Aos poucos, de tanto ler e estudar, a literatura e a ciência foram se unindo ao meu espírito e se apoderando do meu ser. Ser médico e publicar centenas de trabalhos científicos foram me aproximando de meus amigos literatos e poetas da Academia Paulista de Letras, alimentando meu sonho de tornar-me um poeta desta vida a mim outorgada por Deus nosso Pai – talvez até um bom literato, quem sabe. Queria não somente tentar escrever livros e poesias, mas tentar viver a vida como se fosse também pura poesia, amando e sendo amado, uma vida ligada à alma e ao espírito. Uma missão e tanto. Uma realidade mais alta.

Quando me dei conta de que é possível enxergar melhor e mais longe se estivermos apoiados sobre os ombros de um gigante, pude conhecer muitos deles na Academia. Todavia, eu me sentia demasiadamente pequeno ao ler os livros daqueles gigantes: um Monteiro Lobato, um Guilherme de Almeida, um Vicente de Azevedo, um Menotti Del Picchia, uma Lygia Fagundes Telles, um Altino Arantes, um Vicente de Carvalho, um Cleómenes Campos e tantos outros, inclusive professores da Faculdade de Medicina da Universidade de São Paulo (FMUSP) que se tornaram uma plêiade constante de quarenta vidas imortais que viraram livros. Eu sentia-me pequeno demais perante todos esses nomes, em especial ao ler os poemas de meu ilustre mestre e decano Paulo Bomfim, príncipe dos poetas brasileiros, meu amigo desde a infância, sempre admirado.

Hesitei publicar mais um livro de Bioética, depois de ler os polpudos volumes de bioética, ética e ecologia do atual (2019/2020) presidente, o insigne jurista José Renato Nalini, que, por fim, foi meu padrinho e me recebeu como

Raul Marino Jr. e seu eterno amigo
Paulo Bomfim, em plena infância

Raul e Paulo Bomfim: a alegria de sempre

paraninfo na minha cerimônia de posse acadêmica – e que me honra com seu incomparável prefácio deste volume, demonstrando saber tudo de minha vida.

O estimado leitor encontrará, no Anexo deste capítulo, a reprodução do meu discurso na cerimônia de posse da Academia Paulista de Letras, um dos dias mais comoventes de minha existência, com a presença de meus familiares, amigos e colegas.

Nessa Academia, depois de ser a ela guindado por Paulo Bomfim e por Nalini e após escrutínio em 2015, aprendi uma nova especialidade, hoje em expansão: a neuroliteratura, em que textos literários são utilizados, por alguns centros médicos, para tratamentos neurológicos de acidentes vasculares cerebrais (AVCs) e Alzheimer. Justamente para tratar doenças do cérebro é que são utilizados textos literários e poéticos, que tem desvendado o homem como único animal da natureza cujo cérebro nos dotou de capacidade linguística, literária, musical, matemática, filosófica. Cada um desses expoentes são representados na confraria da Academia Paulista de Letras, destacando dois maestros e um bispo muito querido. São pessoas que não deixam as boas ideias apenas na intenção.

Ali me conscientizei de que, hoje, eu sou aquilo que os livros fizeram de mim – e este volume é o meu décimo a ser oferecido a público. Neste ano de 2020, a Academia Paulista de Letras completa 110 anos de existência, de forma que, para mim, é um coroamento fazer parte dela.

Raul Marino Jr., Paulo Bomfim e Lygia Fagundes Telles em reunião semanal da Academia Paulista de Letras

Raul Marino Jr. e seus confrades e confreiras em reunião semanal da Academia Paulista de Letras

Reunião dos membros da Academia Paulista de Letras

Raul Marino Jr. junto de seu neto Theo

Raul Marino Jr. junto de seu neto Igor

Raul e seu filho Rodolfo no dia da posse como acadêmico na Academia Paulista de Letras

Rodolfo, filho de Raul, e sua esposa, Katrine, no dia da posse como acadêmico na Academia Paulista de Letras

Daniel, neto do Raul, no dia da posse como acadêmico na Academia Paulista de Letras

Paulo Bomfim e Raul Marino Jr., no dia de sua posse como acadêmico na Academia Paulista de Letras

Raul e sua esposa, Angela, no dia da posse como acadêmico na Academia Paulista de Letras

Fotos dos acadêmicos nos 107 anos da Academia Paulista de Letras, em 2016

ANEXO DO CAPÍTULO 31

DISCURSO PROFERIDO PELO AUTOR EM SUA CERIMÔNIA DE POSSE NA
ACADEMIA PAULISTA DE LETRAS*

(29 outubro de 2015)
Dr. Raul Marino Junior – (Cadeira nº 1)

Senhor presidente;
Senhoras e senhores acadêmicos;
Ilustres convidados;
Meus amigos, minha família.

Antes de tudo, quero apresentar os meus mais profundos agradecimentos a todos os amigos acadêmicos que me conduziram a fazer parte deste colendo cenáculo de brilhantes intelectuais, a fim de ocupar o histórico faldistório de número 1 desta Academia, que sempre admirei à distância com um sentimento de profundo respeito, e cujo pórtico há poucos minutos transpusemos, onde a vossa fidalguia agora nos recebe com tanto alinho e distinção portando vossas eglantinas como símbolo desta solenidade.

Nesta casa, fundada pelo **Dr. Joaquim José de Carvalho**, médico como nós, em 1909, desde então com quarenta membros estelares, dos quais sete na ocasião também eram médicos, e que, mais tarde, veio a contar com outros célebres esculápios como Ulysses Paranhos, Franco da Rocha, Rubião Meira, Eurico Branco Ribeiro, Otacílio Lopes, Raul Briquet, Luciano Gualberto, Ernesto de Souza Campos, Edmundo Vasconcellos, José Pedro Leite Cordeiro, Lycurgo de Castro Santos Filho, Duílio Crispim Farina, **Antonio Carlos Pacheco e Silva.** Este último, meu querido mestre e orientador, que trouxe para a Universidade os alicerces da Psiquiatria clássica e da Psiquiatria Biológica, construiu seu belo edifício e foi o primeiro presidente de meu serviço e Fundação de Pesquisa Cerebral Humana no Hospital das Clínicas. E mais recentemente, ganhamos meu bom amigo Raul Cutait. Sendo que alguns exerceram aqui o cargo de presidentes, quase todos originários de minha célula-*mater*, a Faculdade de Medicina da USP, muitos meus antigos professores, todos devotados à arte de curar, porém literatos em espírito.

Agraciados que fomos com esta honraria, como novo membro desta Academia de Letras, como médico e escritor, confesso que grande parte de nossas publicações não são sobre literatura ou poesia. Muitas centenas delas são artigos e livros sobre Medicina, e a maior parte sobre o cérebro humano, com o qual aprendi a lidar – desde o primeiro ano da Faculdade – com sua anatomia, fisiologia, filosofia e, depois, com suas funções mais sublimes, como a consciência e a espiritualidade. Somente nos nossos anos maduros começamos a nos dedicar

---

* Reprodução exata do proferido na ocasião, portanto, sem eventuais alterações referentes à revisão de texto.

à literatura em si, e aqui estamos hoje como consequência desse fato, depois de ter aprendido que, hoje, temos algo a dizer através das letras.

Bilac já dizia que "literatura não é apenas filosofia e poesia, retórica e estética: é todo pensamento e toda palavra, todas as paixões e todas as ideias, todas as formas, todas as cores e todas as harmonias da vida". Assim, ler e escrever é a mais difícil das artes!

Assim, fizemos do estudo do cérebro – esse órgão ainda pouco conhecido – a nossa literatura, a nossa poesia e o nosso Universo, quando saudável, e o nosso trabalho, quando doente. Entrementes, minhas horas de literatura foram sempre roubadas de minhas horas de ciência médica.

Meus amigos, acredito que temos apenas dois dias mais importantes em nossa vida: (1) o dia em que nascemos e (2) o dia em que descobrimos o porquê! Hoje, para mim, é um terceiro dia importante, no qual nos tornamos membro de um novo corpo – o corpo imperecível desta celebrada e venerável Academia Centenária.

Entrementes, nossos estatutos recomendam que seu novo empossado louve, em seu discurso de posse, seu patrono, seu fundador e antecessores da cadeira, em delicada homenagem extensiva aos que ainda estão aqui conosco; para um não muito prolongado discurso.

A meu ver, meus antecessores (que foram seis) ainda ocupam a cadeira nº 1 desta instituição pelos direitos da memória histórica; e, como seu sucessor, tenho o propósito de não deixar morrer sua dignidade intelectual neste que é o mais prestigioso cenáculo de letras de São Paulo, tão rico de tradições. Uma fraternidade de quarenta irmãos. Serei breve para ser bem-vindo.

Patrono – Brigadeiro Brasilio Machado de Oliveira (1790-1867): foi filho do tenente-coronel Francisco José Machado de Vasconcellos. Membro da Legião dos Voluntários Reais, bem paulistano, colecionador de postos e honrarias, serviu na campanha Cisplatina, participando de vários combates, em várias funções do Império, encontrando tempo para obra literária de inegável valor: *O quadro histórico da província de São Paulo*.

Fundador – Barão Basílio Machado de Oliveira Filho (1849-1916): filho do patrono, Brigadeiro Basílio, defendeu veementemente a Igreja após converter seu pai, merecendo a medalha "Pro-Ecclesia Pontifice" das mãos do Papa Leão XIII. Grande orador, transfigurava-se ao ocupar a tribuna. Foi barão pelo Papa Pio X. Foi catedrático da Faculdade de Direito de São Paulo, primeiro presidente desta Academia e poeta.

Sucessores:

1. José Alcântara Machado de Oliveira (1875-1941): foi notável professor das Arcadas de São Francisco, natural de Piracicaba. Eleito para a Academia Brasileira; vereador, deputado, senador. Diretor da Faculdade de Direito, emocionou o Brasil com seu discurso em 11 de agosto de [19]32, através do

então milagre do rádio. Seu livro, *Vida e morte do bandeirante*, demonstrou como empurramos o meridiano de Tordesilhas, engrandecendo o Brasil.

2. José Carlos de Macedo Soares (1883-1968): foi grande liderança desde estudante, presidente do Centro Acadêmico 11 de agosto. Empresário, economista, banqueiro, político, secretário de Estado, embaixador, ministro, constituinte, escritor, historiador, interventor e filantropo. Membro da Academia Brasileira e da Paulista, duas vezes presidente da primeira.

3. Paulo Nogueira Filho (1899-1969): criador e diretor do *Diário Nacional*, nascido em Campinas. Autor do livro *Sangue, corrupção e vergonha*, que teve enorme êxito. E, depois, perseguido por Getulio Vargas, refugiando-se no exterior por sete anos, voltando ao Brasil por *habeas corpus* subscrito por mais de seiscentos advogados. Após a queda de Getulio, voltou à política, elegendo-se deputado federal. Foi pai do atual e ilustre acadêmico Paulo Nogueira Neto, brilhante ecologista ocupante da cadeira nº 10.

4. Osmar Pimentel (1912-1969): vale-paraibano, foi aluno das Arcadas, crítico e literato notável, de estilo escorreito e jornalista brilhante; jamais se curvou aos poderosos do momento, portador de extensa bibliografia e magníficos retratos de São Paulo como civilização, povo, cultura, espírito e instituições.

5. José Benedito Silveira Peixoto (1909-2006): dotado de grande cultura, foi preso na era getulista e participou da revolução de 1930 na Brigada Ataliba Leonel e na Revolução Constitucionalista de [19]32, recebendo o colar e Grã-Cruz do Ipiranga; foi também membro da Academia Cristã de Letras. Sua vocação foi o jornalismo, dedicando à *Gazeta* suas maiores atividades, além de musicólogo e teatrólogo.

6. José Cretella Junior (1920-2015): meu antecessor imediato nasceu em Sorocaba em 10 de janeiro de 1920. Ao final do curso secundário, entrou para a Faculdade de Filosofia, Ciências e Letras em 1941. Especializou-se em latim e grego, escrevendo uma série de livros de português e latim, os quais estudamos no ginásio e no colégio, com mais de cem edições, formando várias gerações de estudantes, inclusive a nossa. Em 1946, entrou para a Faculdade de Direito, bacharelando-se em 1950. Publicou cerca de 150 obras jurídicas, um *Tratado de Direito Administrativo* em dez volumes, *Comentários à Constituição* (1958) em nove volumes, recebedor do Prêmio Pontes de Miranda. Recebeu ainda o Prêmio Drault Emary sobre a poesia de Augusto dos Anjos. Recebeu o prêmio Professor Emérito 2010, o troféu Guerreiro da Educação Ruy Mesquita, concedido pelo Centro de Integração Empresa-Escola (CIEE) – entre os dezoito até agora premiados, nove (metade) foram concedidos a membros desta academia. [Junto] com a dedicada esposa Agnes, publicou várias traduções de Beccaria, Maquiavel, Von Lhering, Justiniano, Kelsen, Coulanges, Boécio e Gaio. Foi, antes de tudo, um humanista e apaixonado cultor da língua portuguesa. Graças a inúmeras viagens, tornou-se poliglota, falando espanhol, francês, italiano e inglês. Foi um dos acadêmicos mais queridos desta academia e deixa um enorme vazio, difícil de ser preenchido. Imortal não será

somente este grande autor, mas, sim, as suas obras, que ficam para a posteridade! Sua lembrança nos leva a cultura da célebre frase de Olavo Bilac: "Última flor do Lácio, inculta e bela".

No soneto *Língua Portuguesa*, Olavo Bilac (1865-1918), parnasiano de coração, se refere ao idioma português como o último dos filhos do latim vulgar, então falado no Lácio, uma região italiana. O termo inculta designava o latim falado pelos soldados, camponeses e camadas populares, diferente do latim clássico das classes superiores. Para Bilac, essa língua continuava a ser bela, apesar de inculta, quando nos diz:

> Última flor do Lácio, inculta e bela.
> Amo-te assim, desconhecida e obscura.
> Amo o teu viço agreste e o teu aroma
> Amo-te, ó rude e doloroso idioma,
> Em que da voz *mater* ouvi "meu filho"!

Depois do inglês e do espanhol, o português é a língua ocidental mais falada no mundo e dela nasceu *Os Lusíadas*, uma das oitavas epopeias do mundo e que deu alma a Camões e a esta venerável Academia de Letras, da qual foi, em 25 de janeiro de 1948, lançada sua pedra fundamental no atual Largo do Arouche, onde se ergue sobranceiro seu atual sodalício, direcionado à tutela do vernáculo, decantado por Bilac, para o estímulo à leitura e à escrita em solo bandeirante, tendo por emblema sua célebre eglantina, a clássica rosa de cinco pétalas, desenhada pelo artista José Wasth Rodrigues (1891-1957), que comemora o natalício da citada "última flor do Lácio", onde Bilac exibe força, vigor e exprimindo "saudade", nosso exclusivo e privativo "idiotismo".

O mito das academias

Qual, então, **o significado de uma academia de letras no século XXI?** Pergunta essa que fizemos em meu artigo no precioso livro editado pelo meu paraninfo Renato Nalini por ocasião do centenário desta Academia, quando seu presidente. Cito meu artigo: "Ora, onde mais nosso pensamento e ideias poderiam medrar na literatura bandeirante? Ela é a expressão mais alta do espírito e do cérebro humanos, os quais revelam nossa vontade. A essência do homem é pensar, o que faz sua grandeza e a sua pequenez; e o pensar humano se faz através de palavras, da linguagem, na qual estamos mergulhados desde que nascemos, através do cérebro, o qual constrói na consciência nossa biblioteca privada. O homem, entre todos os animais, é o único com o poder da fala, da linguagem, que permite perpetuar suas ideias através dos séculos. Somente o cérebro do homem possui áreas corticais que elaboram a linguagem: a área de Broca, no lobo frontal, e a área de Wernicke, no giro parietal supramarginal e angular. Além disso, nosso cérebro é o único instrumento biológico e universal que constitui o alicerce para o comportamento humano e sede de todos os instintos, sentimentos, pensamentos, afetividade e emoções. O único lugar onde Deus poderia revelar-se para nós é no emaranhado de vias neurais do cérebro e não no coração, como queriam os antigos e alguns poetas".

O cérebro é o nosso microcosmo e, nele, o nosso Criador implantou suas leis morais em nossos neurônios como sua obra-prima do Universo. Poucos artistas e cientistas têm conseguido captar as propriedades mais elevadas desse órgão tão maravilhoso, obra-prima da criação e templo de nosso pensamento e criatividade, a estrutura viva mais complexa, mais perfeita, certamente, mais importante de nosso universo – o mais belo instrumento jamais saído das mãos divinas.

Nos templos religiosos, cultuamos o sagrado e o venerável. Em seus altares e aras, elevamos nossas preces e apelos ao Criador. Onde, pois, melhor cultuar nossa sagrada arte literária do que na inviolável ambiência de nossa Academia de Letras? Esse o seu significado. Dali, emanam as regras e os preceitos – ia quase dizendo: os exemplos para o culto e a liturgia das belas artes das letras, da boa literatura e da sublime poesia. Essa é a sua função no século XXI, como foi em todos os séculos que nos precederam.

Nosso cérebro, portanto, também é uma obra de arte. Minha definição de arte é: a contribuição do homem, como cocriador, para melhorar a matéria e a natureza, tanto no sentido estético quanto no sentido de belo e bom. E, como médico, diria que a Medicina é a arte de fazer o bem, cabendo ao médico colocar em sua obra aquilo que não encontrou na própria natureza. Esse é também o papel do cérebro na natureza, fazendo da Medicina uma especialidade sacerdotal e divina, como a Teologia e a Astronomia. Esta estuda o macrocosmo, e a Medicina – as neurociências, em particular – estuda o microcosmo, ou seja, o universo contido em nossa caixa craniana. Ele possui, em seu um quilo e meio de massa, circuitos mais complexos que todas as redes telefônicas do mundo juntas e cem bilhões de neurônios, que é o mesmo número de estrelas contidas em nossa via Láctea, a qual só pode ser atravessada em cem milhões de anos-luz, e coincide com o mesmo número de galáxias contidas no Universo. Será alguma coincidência? Ou há algo de Divino nisso? No último verso de *Divina Comédia*, Dante escreveu: "É o amor que move o sol e as estrelas". João da cruz arremataria: "O principal é sempre o amor". E, neste minuto, eu o parafraseio: "Amo, logo existo".

***

Nós não escolhemos nossa carreira, creio que é ela que nos escolhe. Desde o primeiro ano de Medicina, resolvi dedicar toda a minha vida ao estudo desse cérebro transcendente e imanente. Comecei por sua anatomia, depois sua histologia e, em seguida, sua patologia: a neuropatologia. No segundo ano, arrisquei um vestibular na Faculdade de Filosofia da USP, na saudosa rua Maria Antônia, que cursei até meu internato. Wladimir Herzog foi meu colega de turma no curso noturno e fui dos poucos ali não ligados a ideologias importadas. No quarto e quinto anos, solicitei estágio em Psiquiatria ao então professor Pacheco e Silva, preclaro membro desta Academia como meu orientador. No quinto ano, estágio na Neurologia e Neurocirurgia. Jamais gozei de férias durante a faculdade, só estágios. Depois do sexto ano, optei pela Neurocirurgia, para desapontamento do professor Pacheco, que me tratava como filho e que me queria como seguidor. Após uma residência de quatro anos, embarquei como bolsista para os Estados Unidos, onde permaneci mais seis longos anos. Surge, agora, ocasião para outra justa homenagem: ainda no colégio, tive minhas aulas de inglês e literatura com o professor Erwin Theodor, ex-presidente desta Academia, e sua encantadora esposa Josefina. Depois disso, não foi difícil falar inglês por mais seis anos em um país distante.

Vários mundos

Diz-se que quem tem o mundo da música tem dois mundos, como bem pode atestar nosso admirado acadêmico maestro Júlio Medaglia. Acredito, agora, na Academia de Letras, que quem tem o mundo da literatura (e da poesia) também tem dois mundos. Vivo, então, em três mundos paralelos, três **novas dimensões**, pois, desde muito cedo, dediquei-me a todos eles, e a minha presença aqui, hoje, vem certificar de que o mundo da literatura e da poesia cedo veio viver no meu cérebro (e no meu coração). Será glorioso, assim, conviver com meus atuais confrades, que tão bem representam esses nossos mundos. Este será, para mim, um mundo novo, e espero compartilhá-lo com todos vocês. Meu primeiro contato com a literatura foi com o livro *O poço do visconde*, de Monteiro Lobato (membro desta Academia). Eu tinha apenas nove anos, e o Visconde de Sabugosa me revelou que se dizia que o Brasil não possuía petróleo – somente nossos vizinhos – e que não adiantava perfurar. Ali, o autor de *Urupês* falava para nós, crianças, o drama que o Brasil vivia. Dali em diante, passei a ler vorazmente todas as suas obras como fiel frequentador da Biblioteca Municipal Infantil da Rua General Jardim. No Natal seguinte, ganhei do Papai Noel os dezoito volumes do *Thesouro da Juventude*, ainda na antiga ortografia, com Th, ph e tudo o mais, que devorei página a página. O problema do petróleo foi, mais tarde, escancarado por Lobato em seu livro polêmico, *O escândalo do petróleo e do ferro*. Pelo que hoje lemos, parece-nos que o problema do petróleo ainda não foi resolvido e está nos levando a uma insolvência agora moral. Se Lobato fosse redivivo, iria se lamentar e se surpreender com o que ora ocorre, depois que o petróleo foi descoberto, confirmando suas previsões.

A busca da verdade

A busca da verdade, tenha ela o nome de Filosofia, Teologia ou poesia, é o que todos buscamos, reunidos em uma sociedade como esta, dedicada aos livros, aos escritores e aos eruditos.

Na casa de meus sonhos, que construí há alguns anos, todos os cômodos abriam portas para uma biblioteca de dois andares, ao redor da qual foi construída, seguindo o aforismo de Cícero, segundo o qual **"uma casa sem livros é um corpo sem alma"**. Um bom livro pode alterar o destino de uma alma. São os túmulos dos que não podem morrer, sendo que um povo sem letras não vive por muito tempo. Latino Coelho afirmava que "nenhum povo culto pode viver sem literatura". Ela é um precioso legado que os autores fazem à humanidade, pois os homens morrem, mas os livros jamais falecem. "Só os livros podem fazer a eternidade de um povo" (Eça de Queiroz). Só a literatura melhora o homem, através do pensamento dos espíritos que pensam. Ela é a alma do mundo. Tudo o que ela toca se transforma em eterna beleza.

Confrades, somos aquilo que pensamos, assim como somos aquilo que nos alimenta, mas é o nosso cérebro que pensa. Por isso, **somos o nosso cérebro!** Ele, dirigido por nossa alma e por nosso espírito, ambos em contato com a consciência Divina, e é esta que nos inspira o que devemos ler, dizer, escrever e descobrir as leis Divinas.

Um livro de cabeceira

Certa vez, sentimos falta de um livro de cabeceira que nos ensinasse a abraçar uma fé mais forte e que nos oferecesse um sentido ao Universo, sentido à vida, nos ensinasse altruísmo e esperança em face da adversidade e da morte; que nos fizesse sentir como um cientista da fé, que respeitasse a vida e nos ensinasse a dar aos outros o tratamento que deles desejamos receber. Pertencer a uma grei. Certo dia, topei com o *Sermão da Montanha* (Mateus 5-7), hoje meu universo paralelo. Notei que ele continha oito bem-aventuranças ou beatitudes que falavam em pobres pelo espírito, em tristeza, mansidão, em fome de justiça, em misericórdia, em pureza de coração, em pacificadores, em perseguição pela justiça e em Reino de Deus. Em sermos o sal da terra e luz do mundo. Que choque! Em seu corpo, continha ainda o *Pai-Nosso* (Mt 6,9), a verdadeira forma de como se aproximar do Pai com toda a reverência e do modo mais rápido e incisivo, repetido até pelas crianças e pelos adultos em plena senilidade. Foi a resposta do Cristo à pergunta dos discípulos de "como devemos orar"? E, até hoje, depois de dois mil anos, todos o repetimos como uma Nova Aliança, selada entre Deus e os homens, como em uma relação de Pai para Filho, todos irmãos, descobrindo nossa missão – para os que querem nascer de novo. Foi então que escrevi meu primeiro livro fora da Medicina, para ser meditado uma página por dia, durante trinta dias. Eu o prescrevi para mim mesmo como remédio de cabeceira, para ser tomado em altas doses. Esse sermão é o problema central do cristianismo. Ele afirma que certos milagres morais podem acontecer e serem feitos por nós como em um sistema de leis e princípios que regulam a conduta e as regras da vida. Mesmo que toda a poesia e todo o lirismo fossem retirados de sua letra, e mesmo que ele não prometesse o Reino dos Céus, ainda assim ele seria o melhor tratado de ética e moral jamais elaborado pelo homem, dizendo-nos: "Não há necessidade de combater os males – basta realizar o bem". Uma agenda para a felicidade de simplicidade diáfana. Em compensação, contém ainda a importante regra de ouro: a arte de não fazer aos outros o que não queremos que nos façam. Pena que alguns políticos redefiniram essa arte para: "Política é **a arte de fazer aos outros aquilo que não queremos que nos façam".**

Saudação ao padrinho

É hora de agradecer ao meu padrinho e paraninfo pela sua generosidade com que me recebe, derramando fraternidade e encômios a este neoacadêmico em sua eloquência serena e candente califasia. Sua presença aqui não foi coincidência. Temos muito em comum. Ambos fomos presidentes de nossas Academias nos seus centenários; eu da Academia de Medicina de São Paulo e ele desta Academia de Letras, tendo ele editado um livro que marcou época nesse evento: *O mito das Academias*, contendo cem artigos celebrando o centenário deste silogeu, inclusive um artigo nosso. Hoje, eu adicionaria um novo subtítulo ao artigo: *do alto deste cenáculo cem anos nos contemplam.*

Segundo o grande historiador Toynbee, todas as civilizações que sofreram decadência moral desapareceram da história porque não seguiram sua tradição inicial e, por isso, duraram um ciclo menor de quinhentos anos (exceto a China e Israel). Já percorremos cem anos de Academia e estou certo de que, pela nossa tradição e através dos atuais ocupantes, também faremos parte da história das letras brasileiras.

Entretanto, o bem maior que nos comunga é o nosso grande amor pela ética e pela **bioética.** Não posso imaginar como alguém com suas pesadas atribuições e responsabilidades judicantes, chefiando um dos mais altos tribunais do país, ainda consegue escrever dois volumes monumentais intitulados *Ética geral e profissional* e *Ética ambiental*, esta última o exponencial da Bioética em um país predador como o nosso. Vamos meditar apenas com um pequeno trecho do primeiro livro. Nalini expressa o pensamento de todos os que amam este país:

> Existe ética em uma nação cujo povo passa fome?
> Onde se morre de doenças banais nas filas de hospitais?
> Cujo povo não recebe a mínima instrução e educação?
> Onde o poder público ampara o crime, sobretudo o organizado.
> Onde os cidadãos perderam o direito de ir e vir com receio da violência.
> Onde a lei leva décadas para analisar uma causa.
> Onde os criminosos não são mais punidos e onde impera a impunidade.

Este é Renato Nalini! Essa passagem bem exprime a arte política da Regra de Ouro ao avesso.

O Dr. Nalini, humanista que é, sensibilizou-se com os princípios da ética e da bioética, neste país que atualmente tanto necessita de seus postulados, tradicionais desde os tempos de Sócrates e Aristóteles e abandonados por nossa política, que se esqueceu de que um povo que não escolhe lutar contra a corrupção será destruído por ela. Um povo que elege corruptos não é vítima, é cúmplice!

A Bioética tem sido definida como a ética da vida e o amor da vida. E o Biodireito de Nalini é o direito à assistência à saúde e sua proteção com dignidade e respeito, tanto em relação aos médicos como aos pacientes. A ética, ramo da filosofia, é o estudo de como devemos agir uns com os outros, outras espécies e sistemas naturais. É a ciência da conduta e da moral do homem em sociedade e suas responsabilidades. É o respeito à moral, que, por sua vez, é o objeto da ética. Acho fastidioso termos de voltar novamente ao nosso cérebro, mas é necessário enfatizar que ele é o único responsável pela ética e suas consequências, pois tem áreas especializadas que as regulam. Assim surgiu a **Neuroética**, uma nova extensão da Bioética a que vimos nos dedicando e que considera o cérebro como sede de nossa pessoalidade e nossa humanitude: a ética das neurociências e das questões éticas, legais e sociais que surgem na pratica médica nos campos da genética, neuroimagens, diagnóstico e previsão de doenças tratadas por médicos, advogados, juízes e legisladores em suas tomadas de decisões, de vez que existem áreas cerebrais responsáveis pelas mesmas. Essa nova aquisição veio originar novas áreas de especialidades, tais como o Neurodireito, a neurofilosofia, a neuroteologia, a neurolinguística e – pasmem os senhores confrades – a Neuroliteratura, que explica as bases neurológicas para o amor por essa arte!

Voltando à bioética, foi com muita comoção que, durante a defesa de nossa tese de Livre-docência em Ética Médica e Bioética, notamos a presença do Dr. Nalini ao fundo da Congregação da Faculdade, em seu proverbial recato, seguindo e apoiando nossos trabalhos, enquanto éramos martirizados pelos cinco examinadores. Outra coisa que temos em comum é nossa profunda amizade e admiração pelo decano desta Academia, o amigo Paulo Bomfim, tantas vezes homenageado com sua presença em nossos saraus "gastroentero-literomusicais", em minha residência.

O decano

E por falar em Paulo Bomfim, não poderia deixar de externar uma delicada homenagem ao grande poeta que tanto estimo e admiro. Tenho ainda na memória de adolescente os dias pacatos que passávamos na vetusta cidadezinha de Santa Branca, ouvindo os pássaros e pescando às margens do Paraíba, por vezes praticando tiro ao alvo e ginástica com meus primos em sua fazenda; eu, muitas vezes, ensaiando *chaconnes* no piano de cauda de minha prima Isabel Mourão, na época famosa pianista. Meu pai foi amigo de seu pai, o Dr. Simeão Bomfim, e seu pai foi meu médico quando ainda criança, tendo indicado uma pequena cirurgia para o pirralho – ainda sinto o cheiro do clorofórmio! A esse tempo, jamais poderia imaginar que estava à frente do futuro "príncipe" dos poetas brasileiros e, que, anos depois, seus versos iriam, para mim, transformar-se em música da alma. Hoje, depois de tantos anos passados, sou obrigado, como médico e seu amigo, a concluir que você é meu único amigo no qual não corre sangue nas veias – corre poesia! Que inveja de suas hemácias! Elas sabem manter acesa a chama de sua arte, pois tudo que suas palavras tocam se transforma em eterna beleza, despertando em nós a vocação para sermos felizes, fazendo-nos sentir que a eternidade visita o tempo, como se nosso Deus o estivesse usando para chamar a nossa atenção de que nada fala na natureza, senão quando o poeta lhe empresta uma voz. No caso, a sua voz. Paulo, sua poesia tornou-se mais do que a memória do seu coração – ela é você! Não foi você que escolheu toda essa veia poética. Foi a poesia que escolheu você. Isso por obra Divina, tornando sua vida obra-prima de Deus. Nós, homens, seríamos animais defeituosos se esse Deus não existisse! Se a poesia não existisse!

Antônio Ermírio de Moraes

Não poderia deixar passar a oportunidade de outra homenagem a um dos amigos a quem mais admirei na existência, o acadêmico Antônio Ermírio de Moraes (Cadeira nº 23), particular amigo e padrinho de casamento, juntamente com sua querida esposa, dona Regina. Só José Pastore, nosso estimado acadêmico, conseguiu ser mais amigo dele do que eu, quotidianamente se debruçando ao leito de seu prolongado sofrimento. Foi Pastore que elaborou, com nosso presidente Gabriel Chalita, o precioso livro *Oitenta olhares nos 80 anos de Antônio Ermírio*, no qual também colaboramos; e depois escreveu sua extensa biografia em livro de sucesso. Antônio foi engenheiro de formação; entretanto, já fez ele mais pela Medicina, pela saúde e pela caridade do que centenas, milhares de profissionais da saúde reunidos. Antes de se tornar presidente da Beneficência Portuguesa, ali demonstrou que a assistência médica de alto padrão também pode ser levada aos pacientes de pequena posse. Ele se distingue dos outros homens, das pessoas comuns, por ter colocado o trabalho como sentinela das virtudes, como o único condimento de sua vida, em suas realizações fora do comum. Todos os dias para ele eram dias de trabalho. Sou testemunha disso! É um pesar que Ermírio não tenha se tornado político. Quase o foi em certa ocasião, mas não foi compreendido pela ignorância de nosso povo, vitimado por políticos profissionais que hoje envergonham este país. Que grande governador perdemos em 1986! O Estado não estaria hoje nesta situação em que se encontra e a presidência poderia ter contado com uma nova estirpe de estadistas sérios, que seriam atraídos por este grande líder. Ele foi o segundo presidente de nosso Centro de Pesquisas Cerebrais no Hospital das Clínicas, sucedendo Pacheco e Silva. A ele, devemos a fundação do maior serviço de Neurocirurgia do Brasil, o Instituto Neurológico de São Paulo, o qual entregou em nossas mãos, com a primeira UTI neurológica do país e laboratórios que hoje recebem alunos de todo o Brasil e do exterior, a

Med-Imagem, o maior serviço de Radiologia; a Neurocirurgia Funcional; e um centro cirúrgico inigualável. Precisaríamos de várias vidas para realizar o que Antônio Ermírio fez em apenas uma.

Meu propósito hoje

Historiamos o caminho que nos conduziu até este pódio e procuramos retirar desse percurso uma possível mensagem a meus confrades que hoje me recebem. O homem é o único animal que sabe que vai morrer, é o único animal que chora, que ri, que faz filosofia e que sabe criar música e literatura. Porém, esta vida não é tudo. Sim, ela é a obra-prima de Deus, o sopro que Deus colocou na matéria. De acordo com Santo Agostinho, **"o coração do homem permanecerá inquieto até que repouse no seu Criador"**. Seu Filho, como vimos no *Sermão da Montanha*, trouxe a sua palavra, que tem sido a bússola moral para nossa cultura, nossa educação, negócios e política, e que dividiu em duas eras a história da humanidade: **antes e depois**. A nosso ver, não ser cristão é arriscar nosso destino eterno. Aceitar o Cristo é a escolha que exige a menor quantidade de fé. É necessário muito mais fé para ser ateu. Deus vê a fé, nós é que não vemos.

Boas-novas médico-literárias – a literatura como terapia em Medicina

A Universidade de Liverpool mantém um fórum *on-line*, que utiliza a influência da literatura clássica, principalmente as poesias, no tratamento de idosos com doença tipo Alzheimer ou acidentes vasculares cerebrais, que afetam milhões de idosos com deterioração de suas funções cognitivas, e também em cuidados paliativos para promover melhor qualidade de vida, indicando a poesia mesmo em fase terminal ou geriátrica. Os pacientes que aderem à leitura se tornam mais confiantes para enfrentar as fases de dificuldade, além de diminuir a angústia em relação à doença, assim desmentindo o "não há nada a ser feito". O professor doutor Phillip Davis, da Universidade de Liverpool, explica que a poesia clássica estimula o funcionamento cerebral em diferentes dimensões, como nas demências, envolvendo não só concentração e atenção, mas, principalmente, excitação, sentimento, memória e lembrança, criando novos caminhos mentais, novas formas e conexões dentro da chamada neuroplasticidade cerebral. Esse método já tem sido implantado no serviço de Geriatria e Cuidados Paliativos do Hospital das Clínicas, que tem sido procurado por vários especialistas interessados na nova especialidade. "Em breve, o Brasil será um lugar melhor para viver a vida até morrer", acredita sua criadora Ana Claudia Quintana Arantes.

Para finalizar, gostaria de pedir emprestados alguns versos esparsos de nosso decano Paulo Bomfim, de quando, poeticamente, aqui recepcionou meu paraninfo Nalini:

Minha Academia que se faz tão linda,
Toda debruçada sobre seu passado.
Minha Academia tão paulista e linda,
Passam gerações e vão chegando outros,
Conduzindo a senha de seus livros-sonhos,
Nas cadeiras vamos navegando.
Minha Academia de cabelos brancos,
Minha Academia de 40 histórias,
As sessões futuras, quando eu for ausência.
Guarda-me no encanto deste chão do Arouche.

Foi com a mesma emoção que sinto agora e arrepios de patriotismo que, há poucos momentos, escutei nosso hino: "E o sol da liberdade, em raios fúlgidos, brilhou no céu da Pátria neste instante". Sim, neste instante! Da mesma forma que o cantávamos como soldados, e futuros oficiais, todas as Armas reunidas e perfiladas no campus do quartel do CPOR, a um só coro. Enquanto vibrávamos de patriotismo, pareceu-nos ouvir de novo o mesmo hino do CPOR, com palavras e músicas compostas por um colega de turma, e que diziam, invocando Bilac e as Arcadas: "Quando se sente bater no peito, forte, a heroica pancada, deixa-se a folha dobrada, enquanto se vai morrer!".

Final

Quero saudar agora a minha família, filhos e netos, estes que são o nosso próprio coração, que saiu para bater em outro corpo!

Espero que tenha tido êxito ao resgatar a memória de meus antecessores e ter merecido a elocução do meu paraninfo, bem como a terna aceitação dos meus confrades, aos quais prometo fidelidade aos ideais desta casa.

Espero contar com o convívio inspirador de todos os senhores, como eu, cultores da sagrada palavra.

E, a uma só voz, saudamos a nossa Academia, **que é de Letras, é Paulista, e é Paulistana!**

Muito obrigado.

A ACADEMIA CRISTÃ DE LETRAS

HÁ ALGUNS ANOS, FILIEI-ME a outra academia: a Academia Cristã de Letras, que tem me proporcionado muitas e novas alegrias, principalmente porque todas suas sessões são abertas com a oração de São Francisco, que todos conhecem, de tão bela. A Academia Cristã tem me cercado dos mais carinhosos cuidados e, em retribuição, pedi ao seu atual presidente, meu colega e médico Dr. Helio Begliomini, um escritor membro de muitas outras academias, que me ajudasse a escrever um posfácio, já que sou um admirador inveterado de seus escritos e

Membros da Academia Cristã de Letras, em comemoração aos seus 50 anos, celebrada em 2017

incríveis biografias sobre acadêmicos, especialmente a que escreveu sobre meu antigo ídolo Monteiro Lobato, que ocupa lugar de destaque em minha cabeceira. Sou-lhe grato, Dr. Hélio, por mais essa delicadeza que não poderei agradecer suficientemente.

ACADEMIA DE MEDICINA DE SÃO PAULO

Por falar em Academias, eu gostaria de lembrar, agora, que fui presidente da Academia de Medicina de São Paulo no ano de seu centenário, reunindo nessa data, em congresso comemorativo, todas as faculdades de Medicina do estado de São Paulo e seus alunos no grande anfiteatro e auditório do Anhembi, em 1995, evento para o qual convidamos grandes nomes da Medicina para palestrar.

Celebração do centenário da Academia de Medicina de São Paulo, ocasião em que Raul Marino Jr. foi seu presidente

Raul, presidente do Congresso do Centenário da Academia de Medicina de São Paulo

APÊNDICES

"O meu mandamento é este: amem uns aos outros como eu amo vocês. O maior amor que alguém pode ter por seus amigos é dar a vida por eles."
(João 15:12)

O MILAGRE DOS TRANSPLANTES*

(Publicado na *Folha de S. Paulo* em 15 de maio de 2001)

Neste fim de século, se nos perguntássemos qual foi o feito mais comovente e mais sublime da medicina em todos os tempos, não hesitaríamos em dizer que foi o milagre dos transplantes. Desde que Eva nasceu, de uma "clonagem" de uma costela de Adão, originando a humanidade, nada se pode comparar a esse fato médico.

Hoje os transplantes não são mais uma curiosidade de laboratório nem fatos heroicos isolados. Transformaram-se, na maior parte dos países, numa rotina da cirurgia, que salva, anualmente, milhares de vidas preciosas. Somente nos Estados Unidos, que têm cerca de 300 milhões de habitantes, fazem-se 18 mil transplantes por ano em 270 centros especializados. Até março último, segundo dados da Unos (United Network for Organ Sharing), 68.371 pacientes encontravam-se na lista de espera.

Nesse mesmo país, cerca de treze pessoas morrem diariamente aguardando um transplante e, com muita tristeza, fomos informados de que, no ano 2000, pelo menos 5 mil pessoas morreriam naquele país tão organizado porque um determinado órgão não chegaria a tempo!

A cada 16 minutos mais um nome é adicionado à lista de espera do National Organ Transplant Organization. Poderemos extrapolar esses dados numéricos

---

* Disponível em: <https://www1.folha.uol.com.br/fsp/opiniao/fz1505200109.htm>.

para o Brasil, com nossos quase duzentos milhões de habitantes? Sem dúvida, guardadas as proporções e considerando-se, sobretudo, o estado atual de nosso sistema de saúde, tão desigual. Segundo a ABTO (Associação Brasileira de Transplantes de Órgãos), até dezembro de 1999 dispúnhamos de duzentos centros ativos transplantadores.

Entretanto, e este agora é o grande problema, transplantes não podem ser efetuados sem doadores. Heróis são difíceis de achar – doadores vivos, doadores potenciais mantidos vivos em UTIs em respiradores artificiais e famílias esclarecidas que acabaram de sofrer a tragédia da perda de um ente querido. É preciso uma alta dose de altruísmo, solidariedade e generosa caridade cristã para transferir a própria vida, por nossa vontade, após nos despirmos das prisões da carne, ou consentir que um parente venha a compartilhar o dom da vida com alguém da lista nacional, após um infortúnio.

Até fins da década de [19]60 e princípios dos anos [19]70, a morte física era sempre inexorável: um trauma craniano, uma parada cardíaca ou respiratória levavam sempre a um desfecho fatal.

Um médico austríaco, Peter Safar, criou um novo capítulo em medicina, o da ressuscitação, tornando os intensivistas os piores inimigos da morte e os melhores amigos da vida. Hoje forte candidato ao prêmio Nobel, Safar demonstrou que a morte é um processo (que leva tempo para ocorrer) e não simplesmente um momento, como muitos pensam.

A tecnologia consegue hoje nos manter vivos, forçando-nos, inclusive, a mudar nossos antigos conceitos de morte, que desde tempos imemoriais eram definidos apenas pela parada da respiração e dos batimentos cardíacos. Graças a ela, cerca de 50% das mortes súbitas são revertidas pela ressuscitação cardiopulmonar e mais de cem mil vidas são salvas por ano com esse método.

Em um congresso internacional realizado em Cuba, em fins de fevereiro último, quarenta países e suas delegações de médicos, neurocirurgiões, fisiologistas, teólogos e filósofos se reuniram – já pela terceira vez – a fim de redefinir os modernos conceitos de coma e da morte do cérebro. Concluíram que a morte é um acontecimento que toca a toda a comunidade do ponto de vista sociológico, médico, político e religioso, não sendo monopólio de nenhuma dessas áreas, pois esbarra no sagrado.

A morte, assim como o nascimento, é um efeito secundário da vida. Ela é o risco que corremos por estarmos vivos e ela ocorre ao mesmo tempo em que acontece a morte do cérebro – a chamada "morte humanística", em que alguns sinais vitais são mantidos por drogas e respiradores.

A unidade do organismo se dissolve com a morte global do cérebro, que geralmente prenuncia uma assistolia inevitável, em horas ou dias. O cérebro é o único instrumento ou órgão que nos separa da condição humana. Sem ele somos quase vegetais. A morte é uma coisa natural e todos os dias são uma preparação para ela. Morrer é como voltar para casa; não é o fim, apenas o começo, pois a morte é uma continuação da vida e o céu é o nosso lar.

Toda religião prega uma eternidade, uma outra vida. Os que temem a morte são os que acreditam que o fim definitivo é aqui neste mundo, do qual ninguém sairá vivo. Poucos acreditam que não somos o nosso corpo e que a morte é apenas uma mudança.

A famosa doutora Elizabeth Kubler-Ross, que entrevistou milhares de pacientes terminais – cerca de vinte mil –, afirma que o corpo é como um casulo que aprisiona a borboleta, um útero grávido que aprisiona a criança. Para ela, morrer é como deixar nossas cascas, do mesmo modo que uma borboleta deixa seu casulo para a percepção de uma nova vida num momento glorioso.

Ela afirmava também que dizer ao mundo que a morte não existe era sua grande missão e que a morte é uma espécie de formatura na escola da vida, sendo ela apenas uma transição de uma para outra existência, em que não há mais angústia ou sofrimento. O nascimento e a morte são experiências semelhantes: cada uma delas é o começo de uma nova viagem.

Entretanto, a vida do homem não é outra coisa senão a vida de seu cérebro. Como dizia o padre Charbonneau, "toda vida humana é cerebral e depende de uma organização sistêmica, que, se for interrompida por um acidente qualquer, deixa de existir, tornando-se o homem apenas uma máquina em decomposição. Se toda vida humana só pode ser cerebral, o mesmo ocorre com a morte. Esta se produzirá com a morte do cérebro. Quando o cérebro entra na letargia que se origina pela lesão irrecuperável dos neurônios, a vida acaba e é a morte que triunfa. O resto é divagação. Estabeleceu-se um elo muito forte entre a vida humana e a vida cerebral, o qual não pode mais ser rompido. Pretender ignorar isso seria resignar-se a ficar por fora do assunto em relação ao estágio atual dos conhecimentos científicos. É, pois, ao nível do cérebro que se deve situar a morte. O homem despojado da força de seu cérebro é apenas um cadáver. É nesse parentesco cerebral que a vida e a morte revelam sua trágica unidade".

Contudo, somente um esforço científico constante, como o que tem sido realizado nas últimas décadas, depois do advento do milagre dos transplantes, tem permitido estabelecer os critérios extremamente rígidos utilizados hoje em dia pela medicina para determinar o momento exato da morte. Poderá, então, a medicina de hoje declarar, com razão, que um indivíduo está morto, mesmo que apresente ainda alguns sinais exteriores de vida?

Os exames clínicos e o exame neurológico ainda são soberanos, assim como a apneia, ou parada respiratória, conhecida desde a mais remota antiguidade. Nos últimos anos, muitos e importantes testes médicos e laboratoriais, chamados de testes confirmatórios da morte cerebral, vêm se desenvolvendo. Eles demonstram que, depois de certas alterações fisiológicas irreversíveis do ponto de vista médico, o corpo deseja morrer, pois se torna instável e incapaz de manter seus processos vitais básicos, morrendo uma "segunda morte" com a parada definitiva do coração e a putrefação que começa minutos depois.

Essas são verdades duras, que todos preferiríamos ignorar, mas a medicina trouxe um lado sobre-humano e sublime à fealdade da morte, tornando-a nobre e generosa: o milagre das doações e o prodígio dos transplantes.

O milagre dos transplantes foi-nos concedido neste século como um dom das modernas conquistas médicas e científicas. Ele surgiu como um dom do Criador a nós, pobres mortais, demonstrando que a medicina existe para o homem e não o homem para a medicina e, neste ponto, nossa medicina cruza com a filosofia moral, com uma nova ética e com uma renovada teologia, pois o médico só pode existir em razão de sua relação com o doente.

Os transplantes, ligados intimamente que estão ao ato supremo das doações, surgiram como que para testar nossas virtudes de solidariedade humana, nosso altruísmo, nossa generosidade, nossa piedade, nossa compaixão, nossa filantropia, nossa benevolência, nossa bondade, nosso amor ao próximo, nosso espírito humanitário, nossa indulgência, nossa excelência moral, nossa grandeza de alma, nossa misericórdia, nosso espírito de socorro, amparo e auxílio, e, sobretudo, a virtude mais decantada nos Evangelhos: o amor e a caridade.

É gratificante observar que, num dos séculos mais materialistas que a humanidade já atravessou, tantas famílias tenham compreendido a nobreza da doação de órgãos a ponto de permitir que milhares de vidas venham a ser salvas anualmente em função de seu heroico desprendimento.

Esse, a nosso ver, é o verdadeiro significado dos transplantes hoje: permitem que nós, pobres médicos, sejamos meros instrumentos tentando imitar o milagre da ressurreição, procurando – depois da morte – continuar a oferecer a vida, revivendo a parábola: "Estava doente e cuidaram de mim!", pois somente o ato heroico de sacrificar a própria vida por outrem irá nos proporcionar a verdadeira experiência de termos estado vivos.

Enquanto nossos laboratórios de pesquisa não resolverem o problema dos xenotransplantes, que nos permitirão receber órgãos de outros animais, ou o problema da clonagem de órgãos específicos, que já estão sendo elaborados em alguns centros, experimentalmente, a doação espontânea continuará constituindo um dos atos mais sublimes como apanágio da espécie humana – um momento que justifica toda uma vida.

Tem sido primoroso o trabalho das Organizações de Procura de Órgãos, que, desde 1997, são gerenciadas pela Secretaria de Saúde, junto com a criação da lista única de receptores, democratizando o sistema de doações. São dezenas de jovens enfermeiros e enfermeiras, orgulhosos de seu extenuante trabalho de correr os hospitais de todo o estado à procura de potenciais doadores. É reconfortante e inspirador observar a tarefa desses jovens idealistas com as famílias inconsoláveis, que acabaram de perder seus entes queridos. São eles que "ousam fazer aquela temida pergunta que ninguém gostaria de ouvir".

Fico assombrado, muitas vezes, quando constato que a influência da mídia, em relação aos transplantes, é maior que a da religião, podendo ser utilizada como instrumento de esclarecimento sobre doação de órgãos, com notícias bem elaboradas, informações sobre novas leis de doações, etc.

Vemos a resistência e as recusas às doações elevarem-se até 60% depois de campanhas de esclarecimento ao público, como o famigerado "efeito Camila", propalado por uma simples novela, que despertou e motivou os doadores de medula. Milhares deixarão de morrer como consequência.

Há tempos vínhamos procurando um termo que definisse quem procura impedir a realização de uma doação que salvará muitas vidas e encontramos essa definição: um monstro! Seja ele médico ou legislador.

> (Raul Marino Jr. é neurocirurgião e Professor Titular de Neurocirurgia da Divisão de Clínica Neurocirúrgica do Hospital das Clínicas da Faculdade de Medicina da USP).

POR UMA ÉTICA PLANETÁRIA**

> (Publicado no *O Estado de S. Paulo*, em 8 de abril de 2009)

Os fatos e os acontecimentos que se têm desencadeado nos últimos anos dentro de nossas fronteiras têm nos levado a estudar melhor as hoje pouco lembradas ciências da Ética, da moral e da Bioética.

Muitos falam delas em palanques e na mídia visual e escrita, mas poucos nos explicam seu significado, sobretudo se empregadas na melhoria e orientação de nossa convivência coletiva, no comportamento dos governos, de nossos políticos e de nosso povo em relação ao restante do universo neste terceiro milênio.

Pode-se definir Ética como um conjunto de normas que regulamentam o comportamento de um grupo particular de pessoas, como, por exemplo, médicos, advogados, psicólogos, odontólogos etc., e até políticos.

É normal que esses grupos tenham o seu próprio código de ética – que normatiza suas ações específicas –, e seu princípio fundamental é o respeito à dignidade e à sacralidade do ser humano como sujeito atuante e autônomo, e que nos permite entender e analisar a vida moral. Essas normas mantêm a sociedade aglutinada e, quando são afrouxadas, a comunidade e a Nação começam a se desintegrar, necessitando de reforço das leis. Ela é, portanto, um sistema de valores morais, direitos e deveres que nos levam a ter caráter, mas um caráter humano ideal em nossas ações e fins.

** Disponível em: <https://acervo.estadao.com.br/pagina/#!/20090408-42176-spo-2-opi-a2-not/busca/%C3%89tica+planet%C3%A1ria>.

A Antropologia demonstra que o homem é o único animal moral e que ele ou é ético ou não é homem. A Sociologia, por sua vez, demonstra que nenhum homem pode ser ético ou moral sozinho – ele precisa viver entre seus semelhantes para sê-lo. Sozinho, o homem pode não saber quem ele é nem para onde vai nem ser responsável por seus atos.

A moral, às vezes considerada como ciência, é também uma arte: a arte de viver e de como viver como um ser humano, dentro dos bons costumes e usando bem sua liberdade. Mas, o que é mais importante, ela tem suas leis: as leis para a felicidade humana, promulgadas no Decálogo em apenas dez linhas e nas oito linhas das bem-aventuranças do *Sermão da montanha*. Projeto que Hans Küng, um dos maiores teólogos da atualidade, denominou de "Ética Mundial" ou Planetária, que tanto se faz necessária no caos moral em que vivemos!

Nenhum tratado filosófico conseguiu superá-la, consagrando a moral como a estética e a ciência do espírito, que nos ensina o que fazer com a nossa vida, colocada em nós como um dom pelo criador, e que nos ensina a considerar o amor desinteressado ou ágape como fundamento de toda ética e do conhecimento da verdade como manifestação de uma lei natural e eterna.

A imoralidade seria a violação dessas leis ou desses mandamentos, que nos revelam a verdadeira noção entre o bom e o mau e entre o certo e o errado, resultados de uma sabedoria infinita e, por isso, não arbitrários. Nem por isso a Ética e a moral deixam de se relacionar com as disciplinas humanas, tais como a Filosofia, a Psicologia, as neurociências, a Antropologia, a Sociologia, as Ciências Políticas, a Teologia, as religiões e a Bioética. A Bioética enfoca os assuntos éticos relacionados à vida, à morte, à saúde humana e à ética ambiental e ecológica e, como ciência epistemologicamente transdisciplinar e parte da Filosofia, permite ao homem resgatar sua dignidade de pessoa e sua qualidade de vida no planeta, dentro de uma ecobiologia em nível antropocósmico.

A própria Casa Branca possui um comitê especializado de eticistas, bioeticistas, filósofos e neurocientistas, para aconselhá-los quanto aos dilemas éticos e morais enfrentados por aquele governo. Podemos catalogar mais de duzentos institutos de Ética e Bioética funcionando naquele país, citando entre os mais proeminentes o Kennedy Institute of Ethics and Bioethics, financiado pelos milhões da família Kennedy; o Edmond Safra Institute of Ethics, da Harvard University, como doação do conhecido banqueiro, cuja lista de publicações e inumeráveis pesquisas cansariam os olhos dos internautas; o Hastings Institutes of Ethics e tantos outros, entre dezenas no Canadá e na Europa.

Perguntem-nos agora quantas instituições desse porte existem em nosso meio. Preferimos não responder. Fugindo da burocracia intransponível dos órgãos governamentais, temos procurado universidades e faculdades privadas e outras instituições que disponham de espaço a fim de reunir, em uma instituição desse tipo, uma poderosa equipe de pensadores especializados espalhados por nossas instituições de ensino – porém ainda isolados.

Entre vários consultados, um importante banqueiro nos disse não estar interessado em assuntos sociais... E o governo está? Das várias faculdades, recebemos apenas evasivas, sem resposta. Quer nos parecer que a ética e a moral são assuntos muito incômodos e mal vistos no Brasil. Quase todas as universidades as têm retirado de seu currículo, mesmo as de cursos superiores como Medicina, Direito, Engenharia e tantas outras, considerando-as apenas como curiosidades filosóficas ou filantrópicas.

São consideradas anátemas, sobretudo por alguns políticos, bastando-nos observar o que tem resultado de suas *soi-disant* Comissões de Ética e de suas Comissões Parlamentares de Inquérito no julgamento da corrupção generalizada, já que não existe um referencial acadêmico ou obediência a tais disciplinas, consideradas imprescindíveis no resto do mundo.

É triste constatar o que isso poderá representar no futuro para o Brasil se nos examinarmos hoje como uma biópsia de um mundo ético, moral e bioético em que vivemos: ou seremos éticos e morais neste milênio que se inicia, ou não seremos nada!

(Raul Marino Jr., Professor Titular Emérito de Neurocirurgia e Professor Livre-docente de Ética Médica e Bioética da Faculdade Medicina da USP, é autor dos livros *A religião do cérebro* e *Bioética global*)

POSFÁCIO

Helio Begliomini

"A memória é o perfume da alma."
Amandine Aurore Lucile Dupin (1804-1876),
baronesa de Dudevant e conhecida pelo pseudônimo de George
Sand, destacou-se como romancista e memorialista francesa.

Fui duplamente privilegiado com este livro – *Um cirurgião sob o olhar de Deus: uma introdução às ciências do cérebro, da mente e do espírito*, do eminente e renomado neurocirurgião, professor emérito, polímata e fecundo escritor Raul Marino Jr.

Primeiro, por ter tido a honra de ter sido convidado para o posfaciar. Segundo e em decorrência da condição anterior, por ter sido um dos primeiros a ler seu extenso, denso e cativante conteúdo!

Aliás, muito sorvi dessa leitura feita ainda quando esta obra não havia sido editada, estando seus capítulos na sequência, jungidos por uma espiral.

Curiosamente, muito me apraz este estilo de leitura. Este arrojado empreendimento pode ser classificado como uma autobiografia ou um livro de memórias. E quantas e belas recordações!

O autor escreve ora na primeira pessoa do singular, ora na primeira pessoa do plural, e essa conjugação não é tão simples assim quando se quer evidenciar o eu próprio. Demanda muita coragem em se expor e até em se "desnudar" perante seus leitores, mostrando não somente a intimidade de sua vida, de suas ideias, propósitos, formação e experiências, como também de seus desacertos e sentimentos. O próprio autor – Raul Marino Jr. – expressa que este é um livro de *memorabilia*.

Já tive também a ousadia de publicar um livro de memórias* e sei bem do que estou falando e dos desdobramentos positivos e negativos que essa empreitada poderá acarretar. Contudo, uma abordagem assim só é possível de se conseguir quando se reúne, além de bravura, despojamento de si mesmo e um imprescindível grau de discernimento e maturidade intelectual, pois, como já dissera o renomado poeta e ensaísta português Fernando Pessoa (1888-1935), "a memória é a consciência inserida no tempo", que, aliás, nem todos tem coragem de torná-la pública.

Entretanto, esta obra tampouco encerra apenas memórias. Embora não seja científica, reúne diversos conhecimentos e reflexões relativos às neurociências *lato sensu*, à ética, à bioética, à teologia, à "neurofilosofia" e à "neuroteologia"– neologismos estes, dentre outros, utilizados no decorrer das páginas – e, tudo, embasado em um cabedal de mais de cem referências bibliográficas!

O livro *Um cirurgião sob o olhar de deus – uma introdução às ciências do cérebro, da mente e do espírito* começa situando seu autor – Raul Marino Jr. – em seus tempos de infância, tendo por pai um destacado profissional dentista e, por avô materno, um criador de cavalos, cuja fazenda, no início do século XX, surpreendentemente se localizava no hoje populoso bairro do Tatuapé! Suas peripécias dessa primeva etapa da vida continuam no bairro do Ipiranga, onde, precocemente, já lhe despontava o interesse pela leitura, deliciando-se, dentre os diversos autores, com a extensa obra de Monteiro Lobato (1882-1948).

Decidido a estudar medicina, Raul Marino Jr. preparou-se e venceu o difícil concurso de ingresso na Faculdade de Medicina da Universidade de São Paulo (FMUSP), onde, desde o início do curso, já demonstrava pendor pela cirurgia, pela investigação científica, como também seu encanto pela psiquiatria. Enquanto acadêmico, foi monitor de neuroanatomia, fato que já demonstrava sua fascinação pelo cérebro humano.

Apesar da difícil e comprometida vida de estudante de Medicina, resolveu ampliar e diversificar seus conhecimentos, estudando também Filosofia, a fim de lhe dar ferramentas para se humanizar e entender melhor os mistérios das ideias e da mente humana. Inteligente e preparado, foi aprovado, ao final do segundo ano de medicina, como calouro da Faculdade de Filosofia da Universidade de São Paulo, curso que lhe abriu não somente seu intelecto, como também o fez se aproximar mais consistentemente de Deus. Contudo, o advento do internato, no sexto ano de medicina – condição que lhe absorvia diuturnamente nas tarefas hospitalares –, obrigou-o a trancar a matrícula.

Seguem-se as experiências no serviço militar realizadas no Centro Preparatório de Oficiais da Reserva (CPOR), bem como no Hospital Militar do Cambuci, assim como os quatro árduos anos de especialização em Neurocirurgia, quando vivia na condição de residente-morador de um modesto quarto ao lado

---

* Esse livro de memórias é intitulado *Rugas* e foi publicado em 2017.

do pronto-socorro do Hospital das Clínicas (HC) da Faculdade de Medicina da Universidade de São Paulo (FMUS, tudo narrado com pormenores e a vivas cores.

Aliás, escolher por se especializar em Neurocirurgia e preterir a psiquiatria foi algo não somente difícil de ele decidir, mas também muito acérrimo ao seu professor Antônio Carlos Pacheco e Silva (1898-1998), que nutria muitas esperanças em vê-lo triunfar nessa seara.

De espírito inquieto e insaciavelmente ávido por novos conhecimentos, Raul Marino Jr. decidiu fazer aprimoramentos no exterior. Estagiou com renomados médicos daquela contemporaneidade e, à mercê de seu interesse e disposição, frequentou e obteve conhecimentos em diversas instituições. Nos Estados Unidos da América, em Boston: Lahey Clinic, Baptist Hospital, Deaconess Hospital, Children's Hospital, Peter Bent Hospital, Boston City Hospital, Harvard Medical School (onde foi *research fellow*), Massachussetts General Hospital e Massachussetts Institute of Technology. No Canadá, Montreal Neurological Institute e Hôpital Notre-Dame, da University of Montreal. Retornando aos EUA, fez estágio no National Institutes of Health e no Walter Reed National Military Medical Center, ambos na cidade de Bethesda. Todo esse investimento e sacrifício pela busca do conhecimentos durou seis anos, além dos seis de graduação e outros quatro de especialização, que ele já tinha cumprido! Sim, ele esteve seis anos imerso em países da América do Norte, solitariamente, longe de sua família, de seus amigos, enfim, de sua pátria, em uma época em que as comunicações eram precárias e demoradas – restando-lhe tão somente as cartas –, visto que ligações telefônicas interurbanas e, particularmente as entre países, eram peremptoriamente proibitivas pelo altíssimo custo.

Anos mais tarde, Raul Marino Jr. fez também aprimoramentos no Hôpital Sainte-Anne, em Paris; novamente na cidade de Bethesda (EUA); assim como no Japão, país pelo qual nutriu grande simpatia e onde esteve por doze vezes.

À medida em que eu ia avançando na leitura – página por página, parágrafo por parágrafo, linha por linha –, transportava-me no tempo, pois também vivi, a meu modo e na minha cronologia, grandes dificuldades em realizar o maior de todos os sonhos que tive na vida, acalentado desde os seis anos, que foi estudar e me graduar médico. Saga que também se desdobrou na realização da residência, que foi disputadíssima em virtude de haver tão somente duas vagas; da prestação do serviço militar como médico, no CPOR e no mesmo hospital do Cambuci, bem como, de modo mais modesto, uma inaudita alegria de conhecer serviços médicos em estágio realizado na Austrália, obtido através de uma bolsa de estudos da Rotary Foundation, outra concorrida façanha que também tive a oportunidade de auferir.

Esse extenso tempo de dedicação e de desprendimento pela busca do saber fala por si só, e Raul Marino Jr. merece encômios, reconhecimento, reverência e aplausos.

Interessante é que o autor viveu tempos heroicos, em que a Neurocirurgia ainda estava engatinhando, quando comparada ao seu estágio atual. Em sua saga, conheceu profissionais que já se faziam protagonistas da história da especialidade – inclusive ganhadores do prêmio Nobel de Medicina! – e tantos outros que seriam reconhecidos ulteriormente como grandes homens da ciência, particularmente da medicina, sendo reverenciados pela história e pelos seus continuadores. Neste particular, ressoam, prazerosamente em minha mente, os ensinamentos impregnados de eloquência que meu inesquecível e saudoso professor de microbiologia, o insigne mestre Carlos da Silva Lacaz (1915-2002) incutia em seus alunos. Dentre tantos aforismos que dizia com a finalidade de inspirar em seus pupilos conhecimentos e humanismo, repetia à exaustão: "Bem-aventurados os que vivem na glória de seus feitos, no ensino dos discípulos, na sequência dos continuadores. Que os moços saibam recordá-los com imperecível fidelidade". Quanto privilégio Raul Marino Jr. teve em poder participar de tanta riqueza humana e científica! De estar no "bojo do vento" ou no "arrebentar de ondas" da evolução do conhecimento nas neurociências!

***

De regresso ao Brasil, Raul Marino Jr. destacou-se tanto como empreendedor quanto como na carreira universitária. Assim, fundou, nas dependências da Clínica Psiquiátrica do Hospital das Clínicas, o Centro de Neuropsicocirurgia (CENEPSI), em 1972, e criou a Divisão de Neurocirurgia Funcional, em 1977, onde, à mercê do aprendizado vanguardeiro auferido no exterior, começou a fazer, com êxito, tratamento cirúrgico de epilepsias; tratamento estereotáxico de movimentos anormais da doença de Parkinson e outras síndromes extrapiramidais, bem como de algumas doenças mentais (psicocirurgia); e tratamento cirúrgico dos distúrbios neuroendócrinos por tumores ou microadenomas hipotálamo-hipofisários, assim como da dor crônica intensa e refratária à terapêutica clínica. Tudo ilustrado com a experiência de alguns casos que serviram como paradigmas. Não tardou o reconhecimento, e a Divisão de Neurocirurgia Funcional foi considerada Centro de Referência do Ministério da Saúde em 1989. Seu empreendedorismo não se encerrou por aqui. Houve ainda a fundação do Laboratório Experimental de Investigação Médica em Neurocirurgia Funcional (LIM45), na FMUSP; a criação e direção do Serviço de Neurocirurgia do Hospital Sírio-Libanês; a fundação do Instituto Neurológico de São Paulo (Inesp), no Hospital da Beneficência Portuguesa de São Paulo; e a criação do Centro de Estudos em Neurociências (Cenec) no Inesp, que, posteriormente, recebeu merecidamente, por seus colaboradores, o epônimo de Centro de Estudos em Neurociências "Raul Marino Júnior".

Contudo, carreira exitosa foi igualmente por ele propiciada a seus residentes, pois muitos deles conseguiram não somente realizar estágios nos países EUA, Canadá, Alemanha, França e Inglaterra, como também vários se tornaram docentes e Professores Titulares em Neurocirurgia em outras universidades do país.

Por oportuno, deve-se salientar também que o autor é honesto e transparente ao tecer suas desolações em episódios como o insucesso da viabilização do então alvissareiro Instituto Brasileiro de Ética e Bioética (Ibraeb), que tanto planejou e acalentou.

Da mesma forma, por uma ironia do destino infligida ao grande neurocirurgião Raul Marino Jr., ele narra que teve de ser submetido, por duas vezes, a procedimentos concernentes à sua especialidade. Na primeira, em decorrência de uma hérnia de disco na região da sétima vértebra cervical, foi operado com sucesso, em Cincinnati (EUA). Na segunda, por estenose do canal lombar, foi operado em São Paulo e, em decorrência, teve um pós-operatório tormentoso, chegando a ficar temporariamente paraplégico! Tudo explicitado com uma realidade à flor da pele, pois o autor dá à sua narrativa matizes apreensivos e cativantes.

Paralelamente aos seus empreendimentos, o autor vai conquistando todos os degraus da vida acadêmica na FMUSP: Doutorado (1971), Livre-docência (1979) e Titular de Neurocirurgia (1990). Contudo, tendo em vista sua preocupação com a ética, realizou posteriormente seu Mestrado em Bioética na Universidade São Camilo (2007) e galgou a condição de Livre-docente em Bioética e Ética Médica no Departamento de Medicina Legal da FMUSP (2008).

Ainda não satisfeito com o diversificado conhecimento acumulado, fascinado pela dimensão ciclópica e pelo ordenamento do cosmos, encantado pela grandeza, perfeição e funcionalidade que o cérebro humano possui, denominando-o "universo que habita em nós" e sedento por melhor conhecer seu Criador, Raul Marino Jr., já na condição de Professor Titular de Neurocirurgia, partiu novamente para um vestibular e cursou Teologia na Faculdade Pontifícia de Teologia Nossa Senhora da Assunção.

Toda essa saga, sua persistência, seu esforço e sua necessidade de sempre buscar mais e novos conhecimentos, a fim de dessedentar seu espírito irrequieto e investigativo, tornam Raul Marino Jr. um homem que sempre procurou dar respostas às mais nobres indagações da alma humana.

Nesse quesito, vale observar, no capítulo 27 "O fenômeno da consciência", a ênfase que ele dá aos relatos das experiências de quase morte (EQMs) e experiências fora do corpo (EFC), também recheadas de vivas narrativas, sobre os quais faz ilações substanciosas com a vida que continua depois da morte. Aliás, para ele e para muitos, a vida é uma só, e a morte é apenas uma etapa da vida em um corpo que irá se "pulverizar".

***

Depreendi da leitura deste agradável e cativante livro, tanto implícita quanto explicitamente, muitos predicados valiosos de seu autor, dentre os quais destaco cinco, que também tenho perseguido ao longo da vida:

1. **Euforia** contagiante pela Medicina, pela Neurociência e, sobremodo, pela Neurocirurgia, bem como pelo conhecimento do homem em sua essência, fazendo que Raul Marino Jr. também se dedicasse ao estudo da ética, bioética,

filosofia e teologia. Esse grande entusiasmo perpassa e transborda de toda esta obra, dando a impressão de que o autor, apesar do seu imenso cabedal de conhecimento conquistado arduamente ao longo de décadas, seja um jovem idealista que não perdeu o viço em perseguir os objetivos sublimes e perenes da existência.

2. **Preocupação pela ética** e, em especial, **pela bioética**, tornando-o um homem obstinado por essas disciplinas, como a condição *sine qua non* de um relacionamento entre as pessoas mais verdadeiro, harmônico, construtivo, justo e promissor. Todavia, sua decepção é imensa ao verificar que não somente os políticos ignoram (desprezam) a ética, como também profissionais e faculdades dos mais tradicionais cursos, como advocacia, engenharia e medicina.

Contudo, apresento uma preocupação e um contraponto, pois, na bioética, alinham-se implícita e explicitamente protagonistas com proposituras e conceitos diametralmente antagônicos, parecendo até que, em determinadas situações, estão eivados de incoerência, quando não do salutar bom-senso e da lógica.

Raul Marino Jr. constitui-se em uma respeitável autoridade sobre esse campo, pois não somente galgou uma Livre-docência nessa disciplina, como também publicou sua tese no livro *Em busca de uma bioética global – princípios para uma moral mundial e universal e uma medicina mais humana* (2008).

Neste particular, tenho grande afinidade com o autor, pois, além de ter participado por muitos anos da Câmara Técnica de Urologia do Conselho Regional de Medicina do Estado de São Paulo (Cremesp) e de ter publicado vários trabalhos afins, eu tive a inaudita honra e o espinhoso trabalho de exercer, por três vezes, a presidência do Departamento de Ética Médica e Defesa Profissional da Sociedade Brasileira de Urologia, experiência acumulada que também culminou na publicação de um livro.**

3. **Gratidão** a Deus e, em reconhecimento, a todas as instituições e pessoas que lhe proporcionaram conhecimentos, oportunidades, tirocínio, enfim, que colaboraram para sua formação, evolução e maturidade como ser humano. A propósito, Raul Marino Jr. fez questão de incluir nesta obra, no Apêndice 1, a reprodução de seu discurso proferido no evento de posse na veneranda Academia Paulista de Letras, como seu reconhecimento, felicidade, benquerença e gratidão por pertencer a tão augusto sodalício!

A propósito, penso que a gratidão é uma dentre tantas virtudes que diferenciam os racionais dos irracionais, apesar de nem sempre ser naqueles cultivada e, nestes, por vezes esboçada; é uma gangorra em que ambos os lados se encontram para cima: quem dá e quem recebe. Agradecer não rima com fingir, mas

---

** *Urologia, vida e ética*, publicado em 2006.

identifica-se com reconhecer; não é somente um ato da razão, como também do coração; é penhorar-se delicadamente, pois agradecer é uma reverência ao outro, pois quem agradece se despoja de sua autossuficiência e quem recebe um agradecimento robustece sua autoestima; é reconhecer o outro melhor do que a si próprio em alguns ou em muitos aspectos. Agradecer, enfim, é reconhecer-se humildemente endividado. Se o ser não sabe agradecer, não é humano.

4. **Respeito pela vida humana**, que perpassa, transpassa e transborda deste livro de Raul Marino Jr. Por incrível que possa parecer, infelizmente, membros de destaque de templos sagrados da arte hipocrática, nominalmente faculdades de medicina em seu corpo docente, entidades e sociedades de especialidades médicas e conselhos regionais de medicina, nem sempre se posicionam equanimemente a favor da vida e do ser humano.

A vida – vocábulo difícil de se definir – é um tema igualmente muito caro a mim, que, depois de muitas elucubrações ao longo de anos e anos, redundou em um pequeno e denso ensaio, que também tive o privilégio de publicar.*** Penso que jamais existiram, existem ou existirão prêmios que possam ser ganhos em quaisquer loterias que sejam sequer comparáveis em termos de dificuldade e de valor ao inefável dom da vida, pois o valor da vida aproxima-se do fascinante gesto gerador, desinteresseiro e altruísta do Criador. Em outras palavras, a vida é um dote exponencialmente inestimável, imerecido e incompreensível. A vida traduz--se no imensurável e imperscrutável milagre de existir. A vida é indivisa, e um embrião humano é um ser humano em seus primórdios, com toda a sua importância e dignidade. A vida é o primeiro e o maior de todos os bens que o homem pode auferir. Nem mesmo a saúde a sobrepuja. Não há maior bem do que a vida. Ela é o primeiro e o maior patrimônio que o ser vivente poderia receber. Não há meia vida ou duas vidas e meia. Quem não a defende não encerra reservas morais e idoneidade suficiente para pleitear conquistas de menor monta, como melhores condições de saúde, trabalho, moradia, remuneração mais justa, formação técnico-profissional mais adequada, saneamento da corrupção, redução da violência, etc.

Por oportuno, cito que a inclusão do Apêndice 2, intitulado "O milagre dos transplantes", dentre tantas passagens contidas nas linhas e entrelinhas desta obra, adorna e explicita a preocupação e respeito que Raul Marino Jr. tem pela vida humana.

5. **Teísmo**, entendido como doutrina que professa a existência de um único Deus, de caráter pessoal e transcendente, soberano do universo e em intercâmbio com a criatura humana. Aliás, esse teísmo está explícito já no título desta

---

*** O livro em questão teve por título *Dissecando a vida*, publicado em 2008.

obra: *Um cirurgião sob o olhar de Deus – uma introdução às ciências do cérebro, da mente e do espírito.*

Que bonito ver um grande intelectual e um renomado profissional, que galgou os píncaros da glória na ciência e nas letras, alguém da envergadura de Raul Marino Jr., não ter vergonha de dizer que acredita em Deus! Ao contrário, ele tem orgulho de professar a sua fé em um Ser superior a todos e a todo o colossal universo, que está em contínua expansão, que é inatingível, imensurável e incognoscível em sua plenitude, pela limitadíssima e, por vezes, presunçosa inteligência humana! Se, por um lado, Raul Marino Jr. testemunha com muita humildade, assim como muitíssimos outros grandes homens e gênios da humanidade fizeram por se reconhecer ínfimo perante o Criador, por outro, atesta que não são incompatíveis a coexistência da ciência com a religião ou, em outras palavras, que um homem da ciência pode ser, ao mesmo tempo, um homem de fé em Deus. Aliás, é digno de nota e reflexão o que ele escreveu ao término do capítulo 30 "O cérebro, nosso amigo". Talvez, algum dia, possamos responder à pergunta "você acredita em Deus?" com uma resposta bem científica: "Claro, sou um cientista!".

Eu, particularmente, também acredito que o ser humano possui, além do instinto de sobrevivência, o da religiosidade, o da transcendência. Aliás, desde priscas eras esse anseio está consignado no Salmo 63 (62:2): "Ó Deus, vós sois o meu Deus, com ardor vos procuro. Minha alma está sedenta de vós, e minha carne por vós anela como a terra árida e sequiosa, sem água".

Por seu turno, o filósofo racionalista Benedict Spinoza (1632-1677) asseverava, já no século XVII, que "é da natureza da razão perceber as coisas sob um certo aspecto de eternidade". Contudo, acredito que quem melhor sintetizou a necessidade imanente de o ser humano buscar a Deus foi o genial e santo filósofo Aurélio Agostinho (354-430), bispo de Hipona. Em poucas e modestas palavras, ele alinhavou esse conceito em uma singela, porém densa oração – verdadeira pérola! –, em seu livro *Confissões I,* 1: "Senhor, Tu nos fizeste para Ti, e inquieto é o nosso coração enquanto não repousar em Ti".

Ciência e religião não se podem anular, mas devem se complementar na busca insaciável da verdade. Aliás, o filósofo iluminista e escritor François-Marie Arouet (1694-1778), mais conhecido por Voltaire, em seu tempo e com sua irreverência, já dissera: "A voz de Deus nos diz constantemente: uma falsa ciência faz um homem ateu, mas uma verdadeira ciência leva o homem a Deus". A desqualificação da ciência como todo-poderosa foi jocosamente definida por George Bernard Shaw (1856-1950), dramaturgo e romancista irlandês, galardoado com o prêmio Nobel de Literatura em 1925: "A ciência nunca resolve um problema sem criar pelo menos outros dez". A arrogância que a ciência e seus militantes ateus tentam impingir aos mais incautos e pouco reflexivos foi sintetizada sutilmente por Jean Rostand (1894-1977), filósofo e escritor francês: "A ciência fez de nós deuses antes mesmo de merecermos ser homens".

Penso que chegaríamos próximos à verdade se, ao analisarmos um determinado fato, o víssemos não somente por todas as suas arestas, mas também pelo seu avesso, por meio da sua imanência interior, de maneira ubíqua ao longo do tempo, cabal quanto à sua forma e conteúdo, e onissapiente ao sabor do conhecimento. E, para tal, devem convergir todo o conhecimento disponibilizado pela ciência e pela sabedoria da religião, pois tanto uma quanto a outra têm limitações e metodologias nem sempre parecidas.

Com relação ao confortável *status* de ateu, poder-se-ia tranquila e despretensiosamente dizer que a alegria do ateu é saber que Deus não pode ser provado. Sua tristeza é saber que tampouco se pode provar a inexistência Dele. Sua desolação é saber que, entre as evidências racionais a favor e contra, as primeiras prevalecem.

Em outras palavras, por incrível que possa parecer, a segurança dos que acreditam em Deus é a mesma daqueles que O negam. Contudo, as considerações dos ateus desarticulam-se e volatilizam-se mais facilmente diante da argumentação filosófica, científica, lógica e racional.

Há deficientes que foram desprovidos total ou parcialmente de suas funções. Entretanto, também há aqueles que, embora tenham suas funções preservadas, não querem ou não as utilizam na busca da verdade. Figuradamente, são pessoas que veem, mas não enxergam; mastigam, mas não saboreiam; escutam, mas não ouvem; deglutem, mas não assimilam; entendem, mas não compreendem; tocam, mas não sentem; pensam, mas não refletem; andam, mas não saem do lugar. E nesse rol, seguramente, encontra-se boa parte dos crentes e dos ateus.

Em contrapartida, acredito também que a fronteira intelectual que separa o crente do incréu é paradoxalmente tênue, sinuosa e com nuanças sutis, favorecendo, por vezes, a mudança de posição tanto de um lado quanto do outro.

Tendo por base este livro, *Um cirurgião sob o olhar de Deus – uma introdução às ciências do cérebro, da mente e do espírito*, penso que qualquer pessoa que se diz ateia – não por comodismo, mas por convicção e pela razão – é porque tem menos neurônios em seu cérebro; ou, se os têm em número suficiente, boa parte deles talvez estejam enferrujados, embolorados ou mesmo desativados à abstração, quando o assunto toca a metafísica.

Penso que a fé é uma resposta às nobres indagações do imo humano. É uma ousadia incoercível do intelecto e da liberdade. É uma penhora indefectível de si mesmo. É querer enxergar nítido o que está sutilmente velado.

***

Assim, concluindo, ousei fazer em poucas linhas uma resenha comentada que julgo estar acanhada e modesta em comparação à importância e à notoriedade do autor desta obra, que é membro honorário e ex-presidente (1993-1995) da augusta Academia de Medicina de São Paulo, titular da querida Academia Cristã de

Letras e da egrégia Academia Paulista de Letras, dentre tantas outras entidades das quais tem participado e dirigido.

Um cirurgião sob o olhar de Deus – uma introdução às ciências do cérebro, da mente e do espírito, do prolífico escritor Raul Marino Jr., homem de ciência, de fé e das letras, é um livro sui generis. Contudo, melhor mesmo do que dizer, é convidar o leitor a saborear todo o seu contexto, sorvendo este livro por inteiro e tirando suas próprias impressões e conclusões.

Helio Begliomini
Presidente da Academia Cristã de Letras

REFERÊNCIAS E BIBLIOGRAFIA
COM COMENTÁRIOS

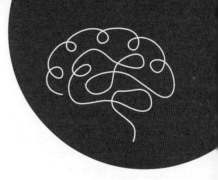

REFERÊNCIAS

1. Alexander, E. Living in a mindful universe: a neurosurgeon's journey into the heart of consciousness (with Karen Newell). Danvers: Rodale Books; 2017.
2. Alexander, E. Proof of heaven: a neurosurgeon journey into the afterlife. New York: Simon & Schuster; 2012.
3. Alexander, E. The map of heaven: how science, religion and ordinary people are providing the afterlife. New York: Simon & Schuster; 2014.
4. Axelrod, J.; Wurtman, R. Control of hydroxyindole o-methyltransferase activity in the rat pineal gland by environmental lighting (Controle da atividade de hidroxindol-O-metiltransferase na glândula pineal). Journal of Biological Chemistry. 1965;240:949-954. [Axelrod foi ganhador do prêmio Nobel de Fisiologia em 1970 pela descoberta da melatonina na glândula pineal.]
5. Bailey, P.; Cushing, H. A classification of the tumors of the glioma group on a histogenetic basis with a correlated study of prognosis. Philadelphia: J.B.Lippincott; 1926.
6. Ballantine, H.T.; Cassidy, W.L.; Flanagan, N.B.; Marino Jr., R. Stereotactic anterior cingulotomy for neuropsychiatric illness and intractable pain. Journal of Neurosurgery. 1967;26:488-495.
7. Beauchamp, T.L.; Childress, J.F. Princípios da ética bioética. 4.ed. São Paulo: Loyola; 2002.
8. Boff, OSM, C. Teoria do método teológico. Petrópolis: Vozes; 1999.
9. Bohr, N. Collected works. 12v. Amsterdam: Elsevier; 2008. [Nielsen, J.R. (ed.). Volume 3: The correspondence principle (1918–1923); Stolzenburg, K. (ed.). Volume 5: The emergence of quantum mechanics (mainly 1924–1926); Kalckar, J. (ed.). Volume 6: Foundations of quantum physics I (1926–1932).]
10. Carretto, C. Cartas do deserto. São Paulo: Paulinas; 1968.
11. Churchland, P.S. Brain wise. Studies in neurophilosophy. Cambridge: The MIT Press; 2002.

12. Churchland, P.S. Neurophilosophy, toward a unified science of mind. Boston: MIT Press; 1988.
13. Collins, F.S. A linguagem de Deus. Um cientista apresenta evidências de que Ele existe. São Paulo: Gente; 2007.
14. Crick, F. The astonishing hypothesis: the scientific search for the soul. New York: Scribner; 1995.
15. Cushing, H. The life of Sir William Osler. 2v. Oxford: The Clarendon Press; 1926. [Ganhador do Prêmio Pulitzer]
16. Damásio, A.R. O sentimento de si: o corpo, a emoção e a neurobiologia da consciência. 14.ed. Mem Martins (Portugal): Publicações Europa-América; 1999.
17. Doyle, I. Introdução à medicina psicológica. Rio de Janeiro: Casa do Estudante do Brasil; 1950.
18. Fletcher, J. Situation ethics. The new morality. Philadelphia: The Westminster Press; 1966.
19. Frankl, V.E. Man's search for meaning. An introduction to logotherapy. 23.ed. Boston: Beacon Press; 1974.
20. Fulton, J.F. Harvey Cushing, a biography. Springfield, IL: Charles C. Thomas; 1946. 755p.
21. Hakim, S.; Adams, R.D. The special clinical problem of symptomatic hydrocephalus with normal CSF pressure. J Neurol Sci. 1965;2:307-327.
22. Hameroff, S.; Penrose, R. Orchestrated reduction of quantum coherence in brain microtubules. In: Proceedings of the International Neural Network Society. Washington, DC: Hillside, New Jersey; 1995.
23. Hardy, J.; Marino Jr., R. Cirurgia da hipófise por via transesfenoidal sob controle radiofluoroscópico e microdissecção: novo tratamento da retinopatia diabética, tumores selares e neoplasias endocrinodependentes. Arq Neuropsiquiat. 1968; 26:9-2.
24. Heath, R.G. (ed.). The role of pleasure in behavior. New York: Harper & Row; 1964.
25. Kant, I. Crítica da razão prática. São Paulo: Ícone; 2005.
26. Kempis, T. Imitação de Christo. Trad. do texto latino por J.I. Roquette. Turnhout/Mechlinae (Bélgica): Brepols/Livraria Catholica Internacional/ Imprimatur; 1952.
27. Killian, H. Sob o olhar de Deus: memórias de um cirurgião. São Paulo: Flamboyant; 1956.
28. Kubler-Ross, E. Death is of vital importance: on life, death and after death. New York: Station Hill Press; 1995.
29. Lommel, P.V.; Wees, R.V.; Meyers, V.; Elfferich, I. Near-death experience in survivors of cardiac arrest: a prospective study in the Netherlands. Lancet. 2004;358:2039-2045.
30. Long, J. Evidence of the afterlife: the science of near-death experiences. New York: Harper One; 2010. 215p.

31. Macer, D. Bioethics is love of life. Christchurch (New Zealand): Eubios Ethics Institute; 1988.

32. MacLean, P.D. Psychosomatic disease and the "visceral brain": recent developments bearing on the Papez theory of emotion. Psychosom Med. 1949;11:338-353.

33. MacLean, P.D. Some psychiatric implications of physiological studies on the frontotemporal portion of the limbic system (visceral brain). EEG Clin Neurophysiol. 1952;4:407-418.

34. MacLean, P.D. The limbic system (visceral brain) in relation to central gray and reticulum of the brain stem. Psychosom Med. 1955;17:355-366.

35. MacLean, P.D.; Marino Jr., R. Neural substrate of mirror display in squirrel monkey Saimiri Sciureus. NIH Annual Report. 1968;2:581-583.

36. MacLean, P.D., Sudakov, K., Reeves, A.G.; Marino Jr., R. Microelectrode study of the relation of the insular cortex to the auditory and other systems. NIH Annual Report. 1968;2:593-596. [ou Unit study of exteroceptive inputs to claustrocortex in awake, sitting squirrel monkey. Brain Research. 1971;28:19-32].

37. Marino Jr., R. A religião do cérebro: uma introdução à neuroteologia. São Paulo: Gente; 2005.

38. Marino Jr., R. Avaliação de métodos confirmatórios e complementares no diagnóstico da morte encefálica: aspectos clínicos, éticos e bioéticos. Dissertação de Mestrado em Bioética. São Paulo: Centro Universitário São Camilo; 2007.

39. Marino Jr., R. Cingulotomia estereotáxica para tratamento de distúrbios neuropsiquiátricos e das dores rebeldes (contribuição para o estudo dos mecanismos neurais da emoção). Tese de doutorado em Medicina. São Paulo: Faculdade de Medicina da Universidade de São Paulo. 23 de dezembro de 1971.

40. Marino Jr., R. Em busca de uma bioética global: princípios para uma moral mundial e universal e uma Medicina mais humana. São Paulo: Hagnos; 2007. 270p. [Este livro foi publicado após defesa de tese do mesmo nome, defendida como tese de Livre-docência em Bioética e Ética Médica, em agosto de 2008, junto ao Departamento de Medicina Legal da Faculdade de Medicina da Universidade de São Paulo.]

41. Marino Jr., R. Ensaio sobre o amor: do Eros carnal ao sublime ágape. Prefácio de Paulo Bomfim. São Paulo: Editora Nacional; 2011. 88p.

42. Marino Jr., R. Epilepsias. São Paulo: Sarvier; 1983.

43. Marino Jr., R. Fisiologia das emoções. Introdução à neurologia do comportamento, anatomia e funções do sistema límbico. Prefácio de Paul D. MacLean. São Paulo: Sarvier; 1975.

44. Marino Jr., R. Functional neurosurgery as a specialty. In: Rasmussen, T.; Marino Jr., R. Functional neurosurgery. New York: Raven Press; 1979. p.1-5.

45. Marino Jr., R. Neuroética: uma nova extensão da Bioética. Revista Brasileira de Bioética. 2007;3:150-156.
46. Marino Jr., R. Neurologia. (Apostila) 2v. São Paulo: Massao Ono (Centro Acadêmico Oswaldo Cruz da Faculdade de Medicina da USP); 1960.
47. Marino Jr., R. O cérebro japonês. 2.ed. ampl. São Paulo: Telucazu Edições, 2018. [Primeira edição publicada pela Editora Massao Ono, em 1989.]
48. Marino Jr., R. Osler, o moderno Hipócrates: a vida e o tesouro de exemplos de Sir William Osler, o pai da Medicina moderna. São Paulo: Balieiro; 1999. 90p.
49. Marino Jr., R. Meditação diária à luz do sermão da montanha. São Paulo: Alvorada; 1988.
50. Marino Jr., R. The anterior cerebral artery. 1. Anatomo-radiological study of its cortical territories. Surgical Neurology. 1976;5:81-87. [Estudo baseado em tese de Livre-docência defendida em 21 de junho de 1979, referente a estudo experimental vascular da artéria cerebral anterior, intitulada "Proposição de um método para obtenção de modelos matemáticos de estruturas anatômicas cerebrais através do computador eletrônico".]
51. Marino Jr., R. Ultrassom focalizado: nova arma terapêutica na cirurgia estereotáxica. Arq Neuropsiq. 1967;25:227-234.
52. Marino Jr., R.; Cukiert, A.; Pinho, E. Epidemiological aspects of epilepsy in São Paulo, Brazil: a prevalence rate study. In: Wolf, R. et al. (eds.). Advances in epileptology. New York: Raven Press; 1987. p.759-767.
53. Marino Jr., R.; MacLean, P.D. An attempt to perform bilateral limbic lobectomy in the capuchin monkey. NIH Annual Report. 1968;2:597-598.
54. Marino Jr., R.; MacLean, P.D. An attempt to produce selective damage to the corpus striatum by interference with its blood supply. NIH Annual Report. 1968;2:599-600.
55. Marino Jr., R.; Rasmussen, T. Visual field changes after temporal lobectomy in man. Neurology. 1968;18:825-835.
56. Melzack, R.; Wall, P.D. Pain mechanisms: a new theory. Science. 1965;150:337.
57. Newton, Sir I. [1675] Letter to Robert Hooke.
58. Olds, J.; Milner, P. Positive reinforcement produced by electrical stimulation of septal area and other regions in the brain. J Comp Physiol Psychol. 1954;47:419-427.
59. Oliveira Pinto, O.M. Novo catálogo das aves do Brasil. 2v. São Paulo: Revista dos Tribunais; 1938.
60. Osler, W. Aequanimitas. Philadelphia: The Blakiston Co.; 1904. 453p.
61. Osler, W. A way of life. Baltimore: The Armington-Putnam Book Co.; 1904. 47p.
62. Osler, W. The Principles and practice of medicine. New York: D. Appleton and Company; 1892.
63. Papez, J.W. A proposed mechanism of emotion. Arch Neurol Psychiat. 1937;38:725-743.

64. Papez, J.W. Visceral brain: its component paths and their connections. J Nerv Ment Dis. 1958;126:40-56.
65. Pascal, B. Oeuvres. Pensées. 3v. par Léon Brunschvicg. Paris: Hachtte; 1925.
66. Pellegrino, E.O.; Engelhadt Jr., H.T.; Jotterand F. (eds.). The philosophy of Medicine reborn: a Pellegrino reader. Notre Dame, IN: University of Notre Dame Press; 2008.
67. Penfield, W. No man alone: a surgeon's life. Boston: Little, Brown and Company; 1977.
68. Penfield, W. The mystery of the mind: a critical study of consciousness. Princeton: Princeton University Press; 1975.
69. Penfield, W. The torch. Boston: Little, Brown and Company; 1960.
70. Penfield, W.; Jasper, H. Epilepsy and the functional anatomy of the human brain. Boston: Little, Brown & Co.; 1954.
71. Penfield, W.; Roberts, L. Speech and brain mechanisms. Princeton: Princeton University Press; 1959.
72. Poppen, J.L. An atlas of neurosurgical techniques. Philadelphia: W.B. Saunders; 1960.
73. Poppen, J.L.; Marino Jr., R. Pinealomas and tumors of the posterior portion of the third ventricle. Journal of Neurosurgery. 1968;28:357-364.
74. Potter, V.R. Bioethics: bridge to the future. New Jersey: Prentice-Hall; 1971.
75. Ramón y Cajal, S. Reglas y consejos sobre investigación científica: los tónicos de la voluntad. Santiago de Chile: Austral, 1998.
76. Ranson, S.W.; Clark, S.L. Anatomia do sistema nervoso. Rio de Janeiro: Atheneu; 1955.
77. Rasmussen, T.; Marino Jr., R. Functional neurosurgery. New York: Raven Press; 1979. [Primeiro livro sistematizado sobre os diferentes capítulos da nova especialidade chamada Neurocirurgia Funcional, lançado na inauguração do novo serviço no Hospital das Clínicas da FMUSP.]
78. Robb, P. Effect of cortical excision and stimulation of the frontal lobe on speech. Res Publ Assoc Res Nerv Ment Dis. 1948;27(1 vol.):587-609.
79. Rohden, H. O sermão da montanha. São Paulo: Editora Martin Claret; 1960.
80. Safire, W. In: Marcus, S.J. Neuroethics: mapping the field. Conference Proceedings. San Francisco, CA: Dana Press; 2002.
81. Strassman, R. DMT - the spirit molecule: a doctor's revolutionary research into the biology of near-death and mystical experience. Rochester: Park Street Press; 2001. 380p.
82. Strassman, R. DMT and the soul of prophecy: a new science of spiritual revelation in the Hebrew Bible. Rochester: Park Street Press; 2014. 338p.
83. Sudakov, R.D.; MacLean, P.D.; Reeves, A.; Marino Jr., R. Unit study of exteroceptive inputs to claustrocortex in awake sitting squirrel monkey. Brain Research 1971;28:19-32.
84. Tahan, M. O homem que calculava. Rio de Janeiro: Record; 1938. [Premiado pela Academia Brasileira de Letras.]

85. Vidal, M. Moral de opção fundamental e atitudes. São Paulo: Paulus; 1999.
86. Vidal, M. Ética teológica. Petrópolis: Vozes; 2003. 836p.
87. White, J.C.; Sweet, W.M. Pain and the neurosurgeon. Springfield, IL: Charles C. Thomas; 1969. 1.000p.
88. Yamamoto, Y.L.; Thompson, C.J.; Diksic, M.; Meyer, E.; Feindel, W.H. Tomografia por emissão de pósitrons (PET scanner). Neurosurgical Review. 1983;7(4):233-252.

BIBLIOGRAFIA

Albright, C.R.; Ashbrook, J.B. Where God lives in the human brain. Illinois: Sourcebooks/Pillgrim Press; 2001. 233p.

Alper, M. The "God" part of the brain. A scientific interpretation of human spirituality and God. New York: Rogue Press; 2001.

Beauregard, M.; O'Leary, D. The spiritual brain: a neuroscientist's case for the existence of the soul. New York: Harper One; 2007.

Clark, K.J. Philosophers who believe. Illinois: InterVarsity Press; 1993.

Eccles, J.C. How the self controls its brain. Berlin: Springer-Verlag; 1994.

Eccles, J.C. The neurophysiological basis of mind. New York: Oxford University Press; 1953.

Geisler, N.; Turek, F. Não tenho fé suficiente para ser ateu. São Paulo: Vida Acadêmica; 2004.

Gelhorn, E.; Kiely, W. Mystical states of consciousness. Journal of Nervous and Mental Diseases. 1972; 154:399-405.

Giovanolli, J. The biology of belief: how our biology biases our beliefs and perceptions. s.l.: Rosetta Press; 2000.

Incontri, D.; Santos, F.S. A arte de morrer: visões plurais. Bragança Paulista: Comenius; 2007.

Jonsen, A.R. Encephaloethics: a history of the ethics of the brain. The American Journal of Bioethics. 2008;8:37-42.

Joseph, R. (ed.). Neurotheology: brain, science, spirituality and religious experience. San Jose, CA: University Press; 2002. 639p.

MacLean, P.D. Chemical and electrical stimulation of hippocampus in unrestrained animals. II – Behavioral findings. Arch Neurol Psychiat. 1957;78:128-142.

MacLean, P.D. Contrasting functions of limbic and neocortical systems of the brain and their relevance to psychophysiological aspects of medicine. Am J Med. 1958;25:611-626.

MacLean, P.D. The limbic system and its hippocampal formation in animals and their possible application to man. J Neurosurg. 1954;11:29-44.

MacLean, P.D. The limbic system with respect to self-preservation and the preservation of the species. J Nerv Ment Dis.1958;127:1-10.

MacLean, P.D.; Delgado, J.M.R. Electrical and chemical stimulation of frontotemporal portion of the limbic system in the animal. EEG & Clin Neurophysiol. 1953;5:91-100.

MacLean, P.D.; Pribram, K.H. Neuronographic analysis of medial and basal cerebral cortex. I – Cat J Neurophysiol. 1953;16:312-323.

Mandell, A. Toward a psychobiology of transcendence: God in the brain. In: Davidson J.M.; Davidson, R.J. (eds.). The psychobiology of consciousness. Springer, Boston, MA; 1980.

Marino Jr., R. Funções da Neurocirurgia funcional. Arq Bras Neurocirurgia. 1982;1:67-76.

Marino Jr., R. Le parkinsonisme est-il une maladie generalisée? Quelques constatations faites a l'occasion de transplantation de surrenales dans le cerveau. Med et Hygiene. 1988;1749:1612-1614.

Marino Jr., R. Neurosurgery in Brazil. Neurosurgery. 1982;1:454-456.

Marino Jr., R. Reflexions on a stereotactic and functional neurosurgery: the blessing and inspiration of working among giants. Neurosurgery. 2005;56:172-177.

Marino Jr., R. Stereotactic anatomy and vascularization of cingulated gyrus and adjacent areas. In: Sweet, W.H.; Obrador, S.; Martin-Rodriguez, J.G. (eds.). Neurosurgical treatment in psychiatry, pain and epilepsy. Baltimore: University Park Press; 1977.

Marino Jr., R. Transplantes no cérebro (enxertos fetais dopaminérgicos e adrenais autólogos. Bol. Corpo clínico do Hospital das Clínicas da FMUSP. 1988;37:3-4.

Marino Jr., R.; Gonzales, P.M. Preconquest Peruvian neurosurgeons: a study of Inca and pre-columbian trephination and the art of medicine in ancient Peru. Neurosurgery. 2000;47(4):940-950.

Marino Jr., R.; Oliveira Neto, L.A. The anterior cerebral artery. II. A computer model of its cortical branches stereotaxically obtained from anatomical specimens. Arq Neuropsiquiatr. 1979;37:351-355.

McKinney, L.O. Neurotheology: virtual religion in the 21st century. Pasadena, CA: American Mindfulness Research Association; 1994.

Moody, R.A. Life after life. Atlanta: Mockingbird Books; 1975.

Morse, M. Where God lives. The science of the paranormal and how our brains are linked to the Universe. New York: Cliff Street Books; 2000.

Nalini, J.R. Ética ambiental. 4.ed. São Paulo: Revista dos Tribunais; 2003.

Nalini, J.R. Ética geral e profissional. 13.ed. São Paulo: Revista dos Tribunais; 2016. 864p.

Nalini, J.R. Reflexões jurídico-filosóficas sobre a morte: pronto para partir? São Paulo: Revista dos Tribunais; 2011.

Nee, W. O homem espiritual. v.I. Belo Horizonte: Betânia; 2003.

Newberg, A.; D'Aquili, E.; Rause, V. Why God won't go away: brain science and the biology of belief. New York: Ballantine Books; 2001.

Penrose, R. Shadows of the mind. Oxford: Oxford University Press; 1994.

Penrose, R.; Hameroff, R. What "gaps" reply to Grush and Churchland. Journal of Consciousness Studies. 1995;2:99-112.

Persinger, M.A. Neuropsychological basis of God beliefs. New York: Praeger; 1987.

Persinger, M.A. The neuropsychiatry of paranormal experiences. J Neuropsych Clinical Neurosci. 2001;134:515-524.

AGRADECIMENTOS

AGRADEÇO À MINHA ESPOSA, Dra. Maria Angela, pela ajuda e incansáveis revisões.

À Di Bonetti, pelo trabalho fotográfico.

À Eliane Otani e à Daniela Manole, pelos cuidados da edição.

Ao meu filho Rodolfo, pelas bem-vindas críticas.

O autor

Gostaria de terminar este volume com uma única frase que resumisse tudo o que já foi dito e escrito:

A vida do homem é sagrada!

E ela deve ser vivida

sob o olhar de Deus!